Mark Driscoll es uno de los mejores pensadores y maestros de Biblia en la iglesia contemporánea. Además, él es profundamente espiritual y comprende la obra del Espíritu Santo desde su propia experiencia personal. Mark es un amigo mío muy querido, y no hay nadie a quien yo respete más que a él como teólogo, pastor, maestro de la Biblia y un verdadero hombre de Dios. *Jesús lleno del Espíritu* es un libro maravilloso que alumbrará su entendimiento de Cristo y enriquecerá su vida espiritual.

—JIMMY EVANS
FUNDADOR Y PRESIDENTE DE *MARRIAGE TODAY*
LÍDER APOSTÓLICO PRINCIPAL, PASTOR Y ANCIANO DE GATEWAY CHURCH

Cuando pensamos en cómo es estar llenos del Espíritu, probablemente pensamos en el libro de los Hechos y en la obra maravillosa que Dios hizo a través de los primeros cristianos. Sin embargo, Mark nos recuerda que el ejemplo perfecto de vivir por el poder del Espíritu Santo fue Jesús mismo. Ya sea que Mark esté enseñando o escribiendo, él tiene el don de hacer que la Biblia sea entendible y accesible. Me da mucho gusto que haya escrito este libro, y ¡usted necesita leerlo!

—GREG SURRATT
PASTOR FUNDADOR DE SEACOAST CHURCH
PRESIDENTE DE LA *ASSOCIATION OF RELATED CHURCHES (ARC)*

A veces, confiamos erróneamente en nuestras propias fuerzas en lugar de darnos cuenta de que tenemos acceso a un poder más grande que el nuestro, el mismo poder que levantó a Jesús de la tumba. En su libro *Jesús lleno del Espíritu*, el pastor Mark Driscoll nos desafía a apoyarnos en el Espíritu Santo cuando tomamos decisiones, resistimos la tentación y superamos los obstáculos que nos limitan. Este libro cambiará la manera en que usted se relaciona con las personas, soporta el sufrimiento y agranda su fe.

—CRAIG GROESCHEL
PASTOR DE LIFE CHURCH
AUTOR DE LIBROS DE MAYOR VENTA DEL *NEW YORK TIMES*

Lo esencial para tener una vida abundante es el ministerio del Espíritu Santo dentro de cada creyente. Esta vida es la viva presencia y el poder de Jesús en nosotros. Mark Driscoll describe esta vida en *Jesús lleno del Espíritu* de una manera tal que iluminará su mente, energizará su caminar y fortalecerá su testimonio. Deseo que este libro extraordinario le anime y equipe para experimentar la llenura y f_____ de una vida llena de Jesús en su diario vivir.

PASTOR DE PRESTONW

PRESIDENTE DE LA *SOUTHERN BAPTIST CONVENTION* (___

D1564050

Jesús lleno del Espíritu es uno de los libros más prácticos, que yo haya leído, sobre el poder del Espíritu Santo obrando en la vida de un creyente. Mark Driscoll es verdaderamente un comunicador dotado. Mark hace sencillo lo complejo. Yo recomiendo este libro a todos; leerlo me conmovió y bendijo.

—GREG LAURIE
PASTOR PRINCIPAL DE HARVEST CHRISTIAN FELLOWSHIP
ESCRITOR
HARVEST CRUSADES

Si usted escogió este libro con la esperanza de encontrar más, algo maravilloso ha empezado para usted. Más fortaleza, más sabiduría, más gracia para soportar y conquistar; ¡más de Jesucristo! No solo lo que Jesús hizo, ¡sino *cómo* lo hizo! Gracias a Dios por darle a mi amigo, Mark Driscoll, un entendimiento tan maravilloso de las Escrituras. La verdad que cambia su vida está al alcance de su mano en este nuevo libro increíble: *Jesús lleno del Espíritu.*

—DR. JAMES MACDONALD
PASTOR PRINCIPAL DE HARVEST BIBLE CHAPEL;
MINISTERIO *WALK IN THE WORD;*
AUTOR DE *ACTÚA COMO HOMBRE,* Y *VERTICAL CHURCH*

Si no está viviendo por el poder del Espíritu Santo, ¡no está viviendo! Vivir llenos del Espíritu es la única forma en que Dios quiere que vivamos. En el libro magnífico y accesible de Mark Driscoll, usted encontrará un manual básico e insuperable sobre el tema más importante que hay.

—ERIC METAXAS
AUTOR DEL ÉXITO DE VENTAS DEL *NEW YORK TIMES:* BONHOEFFER,
MIRACLES, E *IF YOU CAN KEEP IT*

Esto es típico de Driscoll: una enseñanza bíblica evangélica, profunda y sólida. Mark, en un lenguaje práctico, nos muestra no solo cómo el Espíritu facultó a Jesús, sino también cómo el Espíritu faculta nuestra vida como cristianos hoy. De hecho, el Espíritu Santo es central, tan importante en nuestro caminar diario, que no puedo imaginar a un creyente que no se beneficie de este mensaje cautivador.

—LES PARROTT, PHD
AUTOR DEL ÉXITO DE VENTAS DEL *NEW YORK TIMES: LOVE LIKE THAT: 5
RELATIONSHIP SECRETS FROM JESUS*

Como experto de la salud mental, estoy interesado particularmente en recursos que edifican integralmente a la persona y equipan a individuos para andar en fortaleza y sanidad durante dificultades extremas, y a encontrar redención en relaciones desafiantes. Usted encontrará esa *esperanza* en estas páginas y ánimo para vivir una vida de victoria.

—GREGORY L. JANTZ, PHD. CEDS
FUNDADOR, *THE CENTER: A PLACE OF HOPE*; TERAPEUTA; AUTOR

Desde un fundamento bíblico y por su recorrido personal que cambia la vida, Mark Driscoll nos ha dado un libro ameno, reflexivo, práctico y útil para cualquier creyente que seriamente desea ser más como Jesús. Su conocimiento en el ministerio del Espíritu Santo en la vida de Jesús y de cada creyente nos anima y nos desafía. ¡Usted querrá profundizar en esta obra!

—CLAUDE THOMAS
PRESIDENTE, *C3 GLOBAL NETWORK*

Jesús lleno del Espíritu proviene de la pluma de uno de los grandes expositores de la Biblia. El conocimiento de Mark proviene de un estudio cuidadoso de las Escrituras, así como de un ojo cauto en nuestra cultura cambiante. La futura generación de creyentes tendrá que ser de un sabor diferente, y deberá tener, una fe competitiva y, además, modelarla valientemente sin transigir. Sin embargo, el propósito de toda verdad es el amor, y eso vendrá del Espíritu de Dios en nosotros. Si la luz del evangelio va a iluminar a una nueva generación de fe, saldrá de los cristianos que tienen una buena comprensión de lo que significa seguir a Jesucristo. Mark le ha dado un regalo a la iglesia al compartir cómo el poder de Cristo puede impregnarse en nuestra vida.

—DARRYL DELHOUSAYE
PRESIDENTE, SEMINARIO DE PHOENIX

Jesús no vivió, aprendió, amó y dirigió por sí mismo. Él lo hizo con la ayuda del Espíritu. El libro de Mark, *Jesús lleno del Espíritu*, no solo aumentará su entendimiento teológico, sino que también le ayudará a caminar en el poder del Espíritu en cada área de su vida.

—JOHN LINDELL
PASTOR PRINCIPAL, JAMES RIVER CHURCH

Conozco a Mark Driscoll desde hace muchos años, pero desde que él y su familia se trasladaron a vivir al desierto de Arizona nos hemos vuelto amigos. Mark tiene una mente increíble, un amor profundo por Jesús y una pasión por la Palabra de Dios. En *Jesús lleno del Espíritu*, Mark teje historias personales, conocimiento de la Escritura, citas de autores y sabiduría práctica en un tapiz de verdades que son, a su vez, interesantes y reveladoras. En este libro, Mark se enfoca en la verdad que da vida. Él evita temas innecesarios porque su compromiso es producir discípulos saludables de Jesús. Admiro el estilo de Mark porque está inspirado por el Espíritu Santo y lleno de verdad, lo cual será muy útil tanto para creyentes con experiencia como para quienes están iniciando su caminar con Jesús.

—Mark Buckley
Living Streams Church
Grace Association
Mark Buckley Ministries

En *Jesús lleno del Espíritu*, Mark nos recuerda que la mejor forma de entender el poder del Espíritu Santo es ver profundamente el ejemplo que Cristo nos dio. Al aprender cómo vivió Jesús una vida llena del Espíritu, descubrirá el poder y la presencia de Dios a través de su propio andar cristiano. Mark comparte una obra bíblicamente confiable, integral, que seguramente provocará un movimiento fresco en su propia vida y en la vida de la iglesia.

—Brandon Thomas
Pastor principal, Keystone Church
Presidente, *Passionate Life Ministries*

El Espíritu Santo es uno de los temas más ignorados en las conversaciones en la iglesia, especialmente la relación que el Espíritu tuvo con Jesús. Por el contrario, la Biblia no es, ni de cerca, así de silenciosa. El Espíritu dio vida a Jesús, bautizó a Jesús, guio a Jesús, facultó a Jesús y resucitó a Jesús de los muertos. Hay mucho de qué hablar, y Driscoll acepta el desafío. Nos hemos acostumbrado a que el pastor Mark sea directo y bíblico. El gran deleite de este libro, sin embargo, es que retoma una conversación ignorada con la claridad de una voz pastoral. Da consejos sobre el perdón, el sufrimiento, y el trato con personas difíciles. Es psicología, así como teología; es autoayuda, así como estudio bíblico. Nuestra curiosidad por el Espíritu es recompensada con claridad en nuestras relaciones.

—Mark Moore
Pastor educativo, Christ's Church of the Valley
Autor, profesor de la Universidad Internacional *Ozark Christian and Hope*

Mark Driscoll ha hecho un trabajo fantástico capturando lo que significa ser profundamente dirigido por el Espíritu Santo. *Jesús lleno del Espíritu* es una historia minuciosa, experta y un relato estratégico sobre Jesús viviendo por el Espíritu. Nos da lineamientos claros y prácticos de cómo nosotros también podemos vivirlo y proviene de un autor que practica lo que escribe. El estudio de Driscoll sobre la dirección del Espíritu Santo en relaciones, familia, sufrimiento y perdón da claridad sorpresiva a algunos temas que previamente no han sido tan claros. Voy a comprar este libro para mi familia y amigos.

—J.D. PEARRING
DIRECTOR, *EXCEL LEADERSHIP NETWORK*

Ya que Jesús vivió su vida como un hombre perfectamente lleno del Espíritu, Él reaccionó a los desafíos de la vida a través del poder del Espíritu (Mateo 12:28; Lucas 4:18-19; Hechos 10:38) en lugar de usar sus poderes divinos. Eso significa que su vida es verdaderamente ejemplar para la nuestra. Como Jesús, necesitamos tener al ayudador en nosotros. El pastor Mark explora esta verdad maravillosa de una manera muy útil en este libro ameno e interesante. Cuando lo lea, profundizará su entendimiento de Jesús, quien es Emanuel, y su vida, como seguidor de Jesús, recibirá poder.

—GERRY BRESHEAR, PhD
PROFESOR DE TEOLOGÍA
WESTERN SEMINARY, PORTLAND, OREGON

Mark Driscoll comprende, de manera singular, la cultura actual. Su dominio teológico y su gran entendimiento de los temas que enfrentan los cristianos hoy se unen hermosamente en *Jesús lleno del Espíritu*. Jesús dijo a sus discípulos que era mejor que Él los dejara para poder enviar a su Espíritu Santo. Aprender a aceptar al Espíritu Santo en nuestra vida diaria es el aspecto fundamental del cristianismo que todos debemos abrazar para tener éxito. A través de este libro, Mark nos muestra el camino.

—JIMMY WITCHER
PASTOR PRINCIPAL, TRINITY FELLOWSHIP CHURCH
TRINITY FELLOWSHIP ASSOCIATION OF CHURCHES

Como pastor de quinta generación con raíces espirituales profundamente plantadas en la tierra del pentecostalismo clásico, pensé que tenía una aceptable y amplia perspectiva de la persona, naturaleza y obra del Espíritu Santo. Sin embargo, *Jesús lleno del Espíritu* abrió mis ojos a una realidad más profunda. Usando su sabiduría pastoral y aptitudes extraordinarias para darle vida a la Escritura, Mark Driscoll comparte un conocimiento único sobre la relación de Jesús con el Espíritu Santo y nos enseña cómo tener lo mismo. Si lo permite, este libro le posicionará de una mejor manera a vivir una vida facultada por el Espíritu.

—TERRY CRIST
PASTOR TITULAR, IGLESIA HILLSONG, PHOENIX

Jesús lleno del Espíritu le llevará a comprender el rol del Espíritu Santo en su vida, y le conducirá hacia la salud y plenitud que solo se encuentra en Cristo. La profundidad y el entendimiento de *Jesús lleno del Espíritu* le equipará para la batalla que enfrenta y le ayudará a descubrir a Jesús como nunca antes.

—BIL CORNELIOUS
PASTOR PRINCIPAL Y FUNDADOR, CHURCH UNLIMITED

Jesucristo es el prototipo para tener una vida llena del Espíritu. Puede escucharse radical, pero es una realidad poderosa que todos los cuatro evangelios nos exponen. En su reciente libro, *Jesús lleno del Espíritu*, Mark Driscoll profundiza en la relación que Jesús tuvo con el Espíritu Santo y nos da ideas prácticas sobre cómo podemos seguir sus pasos. Lea este libro, batalle con su mensaje y luego viva una vida llena del Espíritu como Jesús lo hizo.

—LEE CUMMINGS
PASTOR PRINCIPAL, RADIANT CHURCH
DIRECTOR, *RADIANT NETWORK OF CHURCHES*

El libro del pastor Mark Driscoll *Jesús lleno del Espíritu* es una lectura obligatoria para cualquier cristiano que desee tener una vida llena del Espíritu. Aunque la Biblia habla mucho sobre el Espíritu Santo, para muchos, la identidad del Espíritu Santo y lo que hace permanece como un misterio de fe. El pastor Mark, un teólogo docto y uno de los comunicadores más dotados de nuestra generación, esboza desde una perspectiva profundamente bíblica verdades y sus propias experiencias de vida, explicando con un lenguaje laico quién es el Espíritu Santo y cómo los creyentes pueden experimentar la naturaleza y el poder del Espíritu Santo de Dios en su propia vida.

—DAVID MIDDLEBROOK
COFUNDADOR, *THE CHURCH LAWYERS*
COAUTOR, *NONPROFIT LAW FOR RELIGIOUS ORGANIZATIONS*

JESÚS
LLENO DEL ESPÍRITU

MARK DRISCOLL

CASA
CREACIÓN

La mayoría de los productos de Casa Creación están disponibles a un precio con descuento en cantidades de mayoreo para promociones de ventas, ofertas especiales, levantar fondos y atender necesidades educativas. Para más información, escriba a Casa Creación, 600 Rinehart Road, Lake Mary, Florida, 32746; o llame al teléfono (407) 333-7117 en Estados Unidos.

Jesús lleno del Espíritu por Mark Driscoll
Publicado por Casa Creación
Una compañía de Charisma Media
600 Rinehart Road
Lake Mary, Florida 32746
www.casacreacion.com

A menos que se indique lo contrario, el texto bíblico ha sido tomado de la versión Reina-Valera © 1960 Sociedades Bíblicas en América Latina; © renovado 1988 Sociedades Bíblicas Unidas. Utilizado con permiso. Reina-Valera 1960® es una marca registrada de la American Bible Society, y puede ser usada solamente bajo licencia.

El texto bíblico marcado (NVI) ha sido tomado de la Santa Biblia, Nueva Versión Internacional® NVI® Copyright © 1986, 1999, 2015 por Bíblica, Inc.® Usada con permiso. Todos los derechos reservados mundialmente.

El texto bíblico indicado con (NTV) ha sido tomado de la Santa Biblia, Nueva Traducción Viviente, © Tyndale House Foundation, 2010. Usado con permiso de Tyndale House Publishers, Inc., 351 Executive Dr., Carol Stream, IL 60188, Estados Unidos de América. Todos los derechos reservados.

Las citas de la Escritura marcadas (DHH) han sido tomadas de la Biblia Dios Habla Hoy ®, Tercera edición © Sociedades Bíblicas Unidas, 1966, 1970, 1979, 1983, 1996. Usada con permiso.

2005 by Bíblica, Inc.® Usada con permiso. Todos los derechos reservados mundialmente.

Traducción: Yvette Fernández-Cortez | www.truemessage.co
Revisión de la traducción: Nancy Carrera
Diseño de la portada por: Lisa Rae McClure
Director de diseño: Justin Evans

Originally published in the U.S.A. under the title: *The Spirit-Filled Jesus*
Published by Charisma House, Charisma Media/Charisma House Book Group
Copyright © 2018 Mark Driscoll
All rights reserved

Visite el sitio web del autor en: www.markdriscoll.org

Copyright © 2018 Casa Creación
Todos los derechos reservados

Library of Congress Control Number: 2018951873
ISBN: 978-1-62999-400-0
E-book ISBN: 978-1-62999-401-7

Impreso en los Estados Unidos de América
18 19 20 21 22 * 7 6 5 4 3 2 1

CONTENIDO

PRÓLOGO

DE VEZ EN cuando, uno tiene la oportunidad de conocer a alguien a quien admira. Al principio es magnífico; pero, luego, cuando se relaciona con esa persona, uno termina sintiéndose un poco decepcionado. Quizá no está a la altura de las expectativas que tenía de ella, o no es la persona que usted esperaba que fuera. Puedo decirle que este definitivamente *no* es el caso con Mark Driscoll.

Hace cinco años recibí una llamada de Mark. Él me habló para contarme sobre algunos de los pastores de su iglesia que acaban de asistir a la Conferencia Gateway, un evento anual para pastores y líderes ministeriales de nuestra iglesia. Ellos regresaron emocionados por la manera en que Dios había usado la Conferencia en su vida y compartieron con él algunas de las ideas nuevas que aprendieron aquí. Su llamada fue para agradecerme, pero también quería conectarse conmigo con la esperanza de saber más.

Yo había escuchado sus mensajes y sabía que era un maestro ungido y dotado, pero no habíamos sido presentados ni le había hablado personalmente. Este hombre me impresionó, era alguien a quien Dios estaba usando poderosamente, todavía tenía hambre por aprender más y estaba esforzándose para ser un mejor pastor.

Unos meses después, mi esposa, Debbie, y yo tuvimos el privilegio de reunirnos con Mark y su esposa, Grace, y pudimos conocerlos mejor. Yo ya tenía un alto concepto de Mark por nuestras conversaciones telefónicas; sin embargo, ahora que él y Grace estaban de visita en nuestro hogar y conversando con nosotros, yo estaba aún más impresionado. Su autenticidad era evidente. Ahora, años después, Debbie y yo los consideramos amigos personales cercanos, y los amamos profundamente.

Me siento honrado de tener a Mark como amigo y compañero en la obra del reino. También tengo el privilegio de servir en la junta directiva de la iglesia *Trinity* en Scottsdale, Arizona, de la cual él es el pastor principal. Su amor por el Señor, su familia, y su deseo de servir al Señor en todo lo que hace me ha impresionado extremadamente. Él es un gran hombre de Dios, un hombre de integridad y de carácter.

Además, Mark está singularmente dotado para enseñar la Palabra de Dios. Él es uno de aquellos individuos que pueden enseñar sobre un pasaje de la Escritura y extraer tesoros y perlas que yo nunca había visto. A veces, cuando está predicando, pienso: "He leído ese versículo cientos de veces y ¡nunca había visto eso! ¿Cómo pude haberlo pasado por alto?".

Y eso es exactamente lo que usted encontrará cuando lea este libro. Repentinamente, la Palabra de Dios cobrará vida de manera completamente nueva mientras Mark señala algo que usted nunca había visto y trae revelación nueva a lo que significa experimentar una vida llena del Espíritu.

La mayoría de la gente sabe que el Espíritu Santo es *nuestro* ayudador; sin embargo, muchas veces no se da cuenta de que Él también ayudó a Jesús. Cuando Jesús estuvo en la tierra, en forma humana, Él resistió la tentación, soportó el sufrimiento y venció a Satanás, todo por el poder del Espíritu Santo. Si Jesús necesitó el poder del Espíritu Santo, entonces, ¿cuánto más nosotros? Él es nuestro modelo para llevar una vida llena del Espíritu y vivir victoriosamente.

Quizás usted es como yo y creció en una iglesia que trataba al Espíritu Santo como al tío extravagante que hay que soportar en las reuniones familiares. Quizás haya visto algún abuso del Espíritu Santo y sus dones. O, tal vez, usted es un cristiano recién convertido y no sabe mucho sobre Él. No importa cuál sea su trasfondo, quiero que sepa que el Espíritu Santo desea tener una relación con usted, así como la que Él tiene con Jesús. Tengo la esperanza de que, conforme vaya leyendo este libro, llegue a conocer al Espíritu Santo de una manera completamente nueva y de que entienda cuán victoriosa puede ser la vida cristiana cuando tiene una relación con Él.

Estoy muy emocionado por usted que comienza este recorrido. Es mi oración que abra su corazón y mente al Espíritu Santo mientras empieza a verlo como Él es realmente y obtiene un entendimiento más profundo de lo que significa experimentar un aumento de su presencia y poder en su vida. Una vez que empiece a andar en una relación con el Espíritu Santo y a experimentar a la misma fuente de poder que da vida, tal como lo hizo Jesús, usted nunca volverá a ser el mismo.

–ROBERT MORRIS
FUNDADOR Y PASTOR PRINCIPAL DE *GATEWAY CHURCH*
AUTOR DE LOS LIBROS DE MAYOR VENTA: *UNA VIDA DE BENDICIÓN,*
EL DIOS QUE NUNCA CONOCÍ Y *FRECUENCIA*

DOS AÑOS DESPUÉS...

*Recibiréis poder cuando el Espíritu Santo
haya venido sobre vosotros.*[1]
—JESUCRISTO

VEO MI BIBLIA de la misma forma que una persona en una pequeña balsa, a la deriva en el océano, nadando por su vida, mira a un salvavidas. Sin mi Biblia, estaría ahogado, acabado y perdido.

Tengo muchas biblias, pero una de ellas, en particular, es mi posesión preciada. Cuanto tenía dieciocho años, en 1989, la hija de un pastor (de quien estaba enamorado) me dio mi primera Biblia. Ella hasta hizo que grabaran mi nombre al frente. (Finalmente, le compré un anillo; así que, para todos los solteros leyendo este libro, la moraleja de la historia es: Si una linda chica cristiana les compra una Biblia, ¡ustedes deben comprarle un anillo!). Llevé esa Biblia conmigo a la universidad, empecé a leerla por curiosidad y me convertí en cristiano simplemente por leer la Biblia, algo que no había hecho mucho. Luego, encontré una iglesia maravillosa que me ayudó a aprender más de la Biblia.

Llevé mi Biblia, y un libro grande sobre teología sistemática, a una clase de estudio bíblico. Le pregunté a mi pastor si el libro de teología era bueno. Él señaló mi Biblia y preguntó si ya la había leído toda. Le dije que todavía no. Él me quitó el texto teológico de las manos. Fue como un asalto sin arma. Luego, mi sabio pastor me

xvii

dijo que necesitaba leer toda la Biblia antes de leer cualquier otra cosa.

Me fui a casa y empecé a leer mi Biblia. La leí completa en poco tiempo, en semanas o quizá en meses. Regresé con mi pastor para reportarle que había terminado la tarea, con la expectativa total de que él me dijera que empezara a leer la teología. En vez de eso, me dijo que debía leer un libro corto de mi Biblia, que lo estudiara hasta que hubiera impregnado la mayor parte de él en mi memoria y pudiera explicarlo desde mi corazón, y que continuara este proceso hasta el día de mi muerte. Eso es lo que he estado haciendo desde entonces.

También he estado haciendo otras cuatro cosas que me indicaron al principio de mi andar cristiano. En ese tiempo, recién acababa de haber empezado a ir a la iglesia, y me había inscrito impulsivamente para un retiro de varones, era mi primer retiro. En un fin de semana frío, un grupo de nosotros condujimos hacia la frontera entre Idaho y Washington, deteniéndonos en un campamento situado en medio del panorama escabroso de altas montañas y rocas.

Como era un joven citadino, este no era el tipo de lugar a donde acostumbraba a ir ni de personas con las que acostumbraba a estar. No había nada en varios kilómetros a la redonda, y los hermanos barbudos se reunieron para estudiar y cantar. Ellos entonaron a viva voz himnos antiguos con mucha convicción. Hacia el final de la reunión, el pastor anunció: "Quiero que cada uno de ustedes aparte un tiempo con Dios, solo para hablar con Él".

"¿Una reunión con Dios?", pensé. "Bien, no sé lo que significa". Decidí ir a caminar.

Un río grande fluía a través del campamento, separando los árboles y creando un sonido hermoso cuando el agua chocaba con las rocas dejando una ola espumosa. Caminé río arriba, disfrutando el silencio, el sol y la belleza natural. Estuve caminado quizás por una hora, hablándole a Dios como en una conversación. "Dios, es como, bueno, se supone que haga una cita contigo". Hablé en voz alta. No sabía si eso era una buena idea. No sabía cómo hacerlo. "Entonces, soy yo...Mark...y, ya sabes...yo...ehh...¿qué quieres que haga ahora que soy cristiano?". Después de una pausa, agregué algo como esto: "haré lo que tú quieras".

Esperé allí, a solas.

Y Dios me habló audiblemente.

Me dijo: "Cásate con Grace, predica la Biblia, capacita hombres y planta iglesias".

Dios acababa de decirme que hiciera cuatro cosas, pero, sinceramente, yo no tenía idea alguna de lo que cualquiera de ellas significaba. Acababa de conocer a Jesús. Grace y yo no estábamos comprometidos. En realidad, no sabía lo que hacían los pastores pues yo crecí en el catolicismo y el único pastor al que conocía era un sacerdote, un pobre virgen que vivía en la iglesia y usaba una bata (o al menos eso era lo que pensaba cuando era niño). Esperaba que hubiera otro tipo de pastor.

Imagine cuando usted tenía diecinueve años, tratando de descubrir lo que vendría después. Yo no estaba seguro de lo que Dios me tenía reservado, pero sonaba como una aventura. Solo quería obedecer a Dios, independientemente de lo que significara.

Me casé con Grace estando en la universidad en 1992 y, hoy en día, tenemos cinco hijos, todos aman y sirven a Jesús. Empecé a predicar usando mi Biblia y lo he estado haciendo desde entonces.

> Mientras trabajaba en cada línea del testimonio magnífico de Lucas sobre Jesús, un tema inesperado aparecía continuamente. Una página tras otra hablaba de las formas en que el Espíritu Santo saturaba la vida terrenal de Jesucristo.

PREDICAR LA PALABRA

A lo largo de los años, me he quedado en esas primeras instrucciones que Dios me dio y el consejo de mi primer pastor. Como regla general, predico por medio de los libros de la Biblia y, versículo por versículo, durante una hora en cada sermón.

Cuando estaba por cumplir los cuarenta, prediqué la serie de sermones más larga que haya predicado al enseñar el evangelio de Lucas.[2] Me tomó casi dos años predicar ese libro a una audiencia compuesta, en su mayoría, de solteros de educación universitaria que asistían a los servicios nocturnos porque se les dificultaba levantarse temprano. Mientras trabajaba en cada línea del testimonio magnífico de Lucas sobre Jesús, un tema inesperado aparecía continuamente. Una página tras otra hablaba de las formas en que el Espíritu Santo saturaba la vida terrenal de Jesucristo. Para este tiempo, había amasado una

> Entender adecuadamente al Espíritu Santo y la vida cristiana en Hechos primero requiere un aprendizaje sobre el Espíritu Santo en la vida de Cristo en el evangelio de Lucas.

gran biblioteca y había completado (o casi completado) mi maestría en lo que básicamente es la Biblia. Sin embargo, pude hallar escrito muy poco sobre este tema que había encontrado en Lucas.

Con la curiosidad de ver lo que otros podrían pensar de mi descubrimiento, enseñé una sesión especial sobre la vida llena del Espíritu de Jesucristo en una conferencia para un grupo llamado *Coalición del evangelio*. Resultó en algunas reacciones positivas y otras negativas; ambas fueron útiles.

Este es el resumen de lo que descubrí: El Dr. Lucas aporta más contenido que ningún otro al Nuevo Testamento.[3] Él escribe un libro histórico en dos partes con el libro de Lucas, que registra la vida llena del Espíritu de Jesús, y el libro de los Hechos, que registra la vida llena del Espíritu del pueblo de Jesús. Estos libros están escritos en orden cronológico como si fuera el *Indiana Jones* del Nuevo Testamento en busca de dar seguimiento a los hechos sobre Cristo y el cristianismo.

Sir William Ramsay, exprofesor de arte clásico en la universidad de Oxford, en algún punto se opuso vehementemente a la idea de que Lucas fuera considerado un historiador exacto. Sin embargo, después de emprender su investigación arqueológica en Asia Menor, el profesor Ramsay cambió de opinión.

> Lucas es un historiador de primer rango; sus declaraciones no son sencillamente dignas de confiar; él es poseedor del verdadero sentido histórico; él fija su mente sobre la idea y el plan que gobierna la evolución de la historia; y ajusta la escala de su enfoque a la importancia de cada acontecimiento. Él capta los eventos importantes y críticos y muestra su verdadera naturaleza en mayor capacidad, mientras toca ligeramente u omite por completo mucho de lo que no tiene valor para su propósito. En resumen, este autor debería ser colocado junto a los máximos historiadores.[4]

En su primer libro, Lucas registra cómo el Espíritu Santo descendió sobre Jesús en su bautismo y facultó toda su vida y ministerio como perfectamente llena del Espíritu. En su segundo libro, Lucas registra cómo después descendió el Espíritu Santo sobre los seguidores de Jesús en el Pentecostés y los facultó para llevar una vida y ministerio llenos del Espíritu, así como lo hizo Cristo. Entender adecuadamente al Espíritu Santo y la vida cristiana en Hechos primero requiere un aprendizaje sobre el Espíritu Santo en la vida de Cristo en el evangelio de Lucas. Si solamente tomamos Hechos, es como ver la segunda mitad de una película de dos partes y tratar de entender la historia de la secuela sin haber visto la primera parte.

Todo el objetivo de este libro es ayudarle a pensar profundamente en la vida de Jesús llena del Espíritu a fin de que, luego, pueda vivir por el poder de Él. El orden es crucial y bíblico: primero, piense en Jesús, y luego, piense en usted. Este conocimiento de Lucas ha cambiado mi vida, familia y ministerio, y sé que hará lo mismo por usted si se somete al Espíritu a medida que avanzamos por las Escrituras.

Una relación personal con el Espíritu Santo

Es común que los cristianos hablen de tener una relación personal con Jesucristo. Como pastor que cree en la Biblia, definitivamente animo a la gente para que lo haga.

Sin embargo, Jesús llevó su vida por medio de una relación con el Espíritu Santo. En el resto de este libro, examinaremos juntos cómo Jesús fue ungido por el Espíritu, bautizado por el Espíritu, lleno del Espíritu, guiado por el Espíritu y más. Usted llegará a darse cuenta de que cuando Jesús necesitaba ayuda, Él acudía al Ayudador. El Espíritu Santo es nuestro ayudador y mucho más.

- Como persona de Dios, el Espíritu Santo es totalmente Dios y es el tercer miembro de la Trinidad.

- Como presencia de Dios, el Espíritu Santo es Dios con nosotros.

- Como poder de Dios, el Espíritu Santo facultó la vida de Jesucristo y también faculta la de los creyentes.

Si usted es cristiano, ya sabe que tiene una relación personal con Jesús. Ahora, lo invito a tener una relación personal con el Espíritu Santo tal como lo hizo Jesús.

Al cerrar esta introducción, me gustaría compartirle una historia de mi crianza. Mi padre, católico, parte del sindicato laboral, alimentó a nuestra familia de siete personas por medio del trabajo arduo en la construcción. Empecé a ir a la obra con mi papá cuando era niño. A temprana edad, vistiendo overoles, botas y casco, aprendí que la integridad de cualquier cosa que construya depende de colocar primero un cimiento fuerte.

Como maestro de Biblia, noté lo mismo al leer al apóstol Pablo. En libros como Efesios y Colosenses, él pasa la primera parte de su libro colocando un fundamento teológico. En los capítulos siguientes, él edifica sobre ese fundamento con aplicaciones muy prácticas de las verdades fundamentales en áreas tales como la fe, la familia y el perdón.

En este libro, estoy siguiendo el mismo patrón. Reconozco que el próximo capítulo podría parecer un poco denso, grueso y técnico. Tenga paciencia mientras vierto un poco de concreto teológico. Una vez que haya colocado el cimiento, usted podrá empezar a construir su vida como un hogar en el que vive el Espíritu Santo con usted tal como lo hace con Jesús.

Capítulo 1

JESÚS LLENO DEL ESPÍRITU

Usted piensa demasiado en sí mismo.
Usted no piensa lo suficiente en Jesús.
Este, específicamente, es el problema que
empeora todos sus problemas.

CLARO, USTED TIENE fallas, imperfecciones y fracasos. Por supuesto, tiene dolores, planes y problemas. Sin embargo, pensar más y más en usted y luego tomar un libro de autoayuda no va a servir de mucho. ¿Por qué? Porque la autoayuda, no ayuda. Lo mejor que puede hacer es pensar primero más y más en Jesús y tomar un libro que le ayude a aprender sobre la ayuda del Espíritu. La ayuda del Espíritu es una ayuda seria. El Espíritu Santo ayudó a Jesús y quiere ayudarle a usted.

No estoy tratando de desanimarlo, pero debo ser sincero antes de poder edificarlo.

Vayamos a la base de su vida, ¿qué lo mantiene despierto en la noche, hace que se estrese durante el día e inunda su mente antes de levantarse en la mañana? La mayoría de las veces está pensando en usted, ¿cierto? Luego, va a la iglesia por una hora un par de veces al mes y se frustra con Dios porque no parece que Él estuviera haciendo lo suficiente para ayudarlo. Mientras tanto, el líder de alabanza canta sobre la bondad de Dios, el predicador le recuerda de las promesas de Él y usted va a casa preguntándose qué es lo que no entiende.

1

¿A dónde va en busca de esperanza, ayuda o sanidad?

Ha examinado su vida a la luz de estas preguntas: ¿Cómo vivió Jesucristo y dejó su legado? Si Jesús estuviera viviendo mi vida, ¿qué estaría haciendo y cómo lo haría? Esa es la llave que abre el resto de su vida. No quiero que viva su vida por Cristo. ¡Quiero que Cristo viva la vida de Él a través de usted!

Pensaremos en usted en un momento. Pero, primero, pensemos en Jesús.

La historia de Jesús comienza más bien humilde y calladamente, con casi ningún recurso ni riqueza. He estado en el lugar donde nació, en Nazaret, y no es impresionante. El pueblo tenía supuestamente solo un pozo como fuente de agua, lo que significaba que la población que podía suplir debe haber sido entre unas docenas a unas centenas de personas. La casa de su niñez era muy parecida al tamaño del espacio para estacionar un vehículo. Él nació en una familia pobre, rural, campesina, y sus padres probablemente eran adolescentes. Él nunca se casó. Nunca viajó a más de ciento cincuenta kilómetros de su casa. Nunca fue a la universidad. No fue empresario ni ganó mucho dinero. Nunca escribió un libro. No tuvo casa propia. No tuvo un cargo político. Jamás fue a la guerra. Pasó casi el 90 por ciento de su vida en el anonimato, construyendo con su papá. Sus tres años de ministerio público incluyeron mucha persecución, difamación constante y ataques despiadados.

Para ser alguien que no tuvo electricidad, propaganda, redes sociales, una agencia de relaciones públicas, hijos, dinero, poder, soldados, tarjeta de presentación, cuenta en Twitter, ni cargo alguno, Jesucristo se ha convertido de alguna manera en la figura más destacada de toda la historia de la humanidad. Él logró esta proeza en tres cortos años de un ministerio itinerante, caminado por todas partes y predicándole principalmente a personas del área rural, incluyendo campesinos analfabetos, sin tener el beneficio de transmitir en vivo por internet. H. G. Wells, un historiador no cristiano, dijo: "Nadie puede escribir una historia sobre la raza humana sin darle el primer y primordial lugar al maestro pobre de Nazaret".[1]

EL IMPACTO DE JESÚS EN LAS ARTES

La Biblia, que documenta las enseñanzas y la vida de Jesús, es el libro de mayor venta en la historia del mundo. Es más, es el libro más traducido en la historia del mundo porque el cristianismo siempre ha tratado de educar a la gente y de traducir documentos a los idiomas que la gente puede leer por sí misma.

Un cristiano, Johannes Gutenberg, inventó la imprenta, y la Biblia fue el primer libro ampliamente publicado. Se han escrito más libros sobre Jesús que sobre ninguna otra persona que haya existido. En el mundo de la literatura, la influencia innegable de la fe cristiana aparece en las obras de Dante, Chaucer, Donne, Dostoevsky, Bunyan, Milton, Dickens, Hans Christian Andersen, Tolstoy, T. S. Eliot, C. S. Lewis, Tolkien, Sayers y Solzhenitsyn.

En el mundo de las artes, Miguel Ángel, Rafael y Leonardo da Vinci fueron inspirados por la fe cristiana y presentaron a Jesús en algunas de sus obras. Catedrales e iglesias alrededor del mundo han sido bellamente construidas en honor a Jesús.

En el mundo de la música, Bach, Handel y Vivaldi aseguraron ser adoradores de Jesús. Hoy día, un género completo de música de adoración dedicada a Jesús llena las ondas aéreas, estadios e iglesias con personas que cantan sobre Él y le cantan a Él.

Las menciones de la cultura pop a Jesús aparecen en todo, desde películas hasta espectáculos de televisión. Su rostro aparece frecuentemente en todas partes, desde ropa hasta calcomanías. Su cruz también podría ser el artículo de joyería más popular, usado por todos desde las más modestas y santas monjas hasta las no tan modestas divas de Hollywood. El historiador Philip Schaff dijo: "Él ha puesto más bolígrafos en movimiento y ha renovado temas para más sermones, oraciones, discusiones, obras de arte, volúmenes de instrucción y canciones dulces de alabanza que todo el ejército de grandes hombres de los tiempos ancestrales y modernos".[2]

El impacto de Jesús en la dignidad

Nadie ha inspirado más bien que Jesús. Desde que salió el decreto del Primer Concilio de Nicea en el año 325 D.C. en que los hospitales estarían abiertos para prestar atención médica en todos los lugares donde las iglesias estuvieran abiertas para dar cuidado al alma, los cristianos han estado a favor del cuidado. Por esta razón, tenemos a la Cruz Roja, fundada por el cristiano Henri Dunant, y hospitales con afiliaciones cristianas tales como bautistas, presbiterianos y católicos.

En el tiempo en que la mayoría de las mujeres eran analfabetas y se les consideraba propiedad de sus esposos, Jesús puso al mundo de cabeza al sostener una amistad con las hermanas María y Marta, al perdonar y enseñar a María Magdalena y la mujer samaritana en el pozo e incluir mujeres en su círculo de discípulos. Las mujeres también fueron las primeras en encontrar vacía la tumba de Jesús.

Ya que Jesús técnicamente fue adoptado por José y creció para cuidar a las viudas, los huérfanos y los marginados, los cristianos siempre han tenido compasión por los pobres y los indefensos. El historiador y miembro de la *American Antiquarian Society*, W. E. H. Lecky, dijo: "El carácter de Jesús no solo ha sido el patrón máximo de la virtud, sino el incentivo más fuerte en su práctica, y ha ejercido una influencia tan profunda que podría decirse con veracidad que el simple registro de los tres años de vida activa ha hecho más para regenerar y ablandar a la humanidad que todas las disertaciones de los filósofos y todas las exhortaciones de los moralistas".[3]

El impacto de Jesús en la historia

Jesús se vislumbra tanto a lo largo de la historia que medimos el tiempo histórico en el contexto de su vida. AC se refiere al tiempo "antes de Cristo" y DC significa "después de Cristo". Nuestras festividades mayores están dedicadas a Él cuando celebramos su nacimiento cada Navidad y su resurrección cada Semana Santa.

Las naciones, causas y líderes han ido y venido. Sin embargo, durante más de dos mil años, la iglesia de Jesucristo se ha esparcido de una nación a las naciones, del idioma hebreo a miles de idiomas y de una generación a generación tras generación.

El cristianismo se clasifica como la religión más popular, grande y como el movimiento que más tiempo ha permanecido en comparación con cualquier otro en la historia del planeta, con más de dos mil millones de personas que, hoy en día, afirman ser seguidores de Jesucristo.

Napoleón Bonaparte admitió que Jesús superaba grandemente sus propias conquistas diciendo: "Conozco a los hombres; y le digo que Jesucristo no es un hombre. Las mentes superficiales ven un parecido entre Cristo y los fundadores de imperios, y los dioses de otras religiones. Ese parecido no existe. Entre el cristianismo y cualquier otra religión hay una distancia infinita...Su religión es la revelación de una inteligencia que ciertamente no es la del hombre...Alejandro, César, Carlo Magno y yo fundamos imperios; pero ¿sobre qué fundamento apoyábamos las creaciones de nuestro ingenio? ¡Sobre la fuerza! Sin embargo, Jesucristo fundó el suyo sobre el amor; y en este momento, millones de hombres morirían por Él".[4]

La mayoría de las religiones se centran en un lugar santo que funciona como su centro de operaciones. El cristianismo se centra en una Persona santa que funge como nuestra cabeza. Refiriéndose al nuevo milenio, la revista *Newsweek* publicó una historia en su portada que decía: "Por cualquier estándar secular, Jesús también es la figura dominante de la cultura occidental. Al igual que el milenio en sí, mucho de lo que conocemos como ideas, inventos y valores occidentales tiene su inicio o inspiración en la religión que adora en el nombre de Dios. El arte y la ciencia, el individuo y la sociedad, la política y la economía, el matrimonio y la familia, el bien y el mal, el cuerpo y el alma, todos han sido tocados y, muchas veces, transformados radicalmente por la influencia cristiana".[5]

Al investigar el registro de la vida humana sobre el planeta, quizá el historiador Kenneth Scott Latourette lo ha expresado de la mejor manera: "Jesús es la vida más influyente que haya vivido sobre este planeta".[6]

CINCO CONCEPTOS FALSOS DE CRISTO

Cuando alguien hace algo increíble, queremos aprender de él. Esto explica la razón por la que estudiamos en detalle la vida de grandes líderes, guerreros, atletas y músicos. Por eso escribimos biografías y documentamos historias. Descubrir cómo alguien hizo un impacto que cambia al mundo nos ayuda a aprender sus lecciones e imitar su ejemplo.

Ya que Jesús es la persona más importante e impactante en la historia del mundo, no es de sorprenderse que haya un exceso de especulaciones sobre el secreto de su éxito. No hace falta decir que dos mil años de teorizar nos han guiado a muchas ideas equivocadas sobre Jesús. A fin de ser breves, consideraremos cinco conceptos populares, falsos, sobre Cristo.

1. Jesús era un extraterrestre.

Este punto de vista se ha vuelto muy popular entre los no cristianos y ha sido el tema varios espectáculos televisivos estilo documental presentados en redes tales como el *History Channel*. Cuando pensamos en un extraterrestre, tendemos a imaginar los monstruos creados en la ciencia en lugar de alguien como *Supermán*. Piense, por un momento, en la similitud entre Jesucristo y Supermán.

- Ambos provenían de otros lugares y fueron enviados a la tierra por sus padres.

- Ambos fueron criados por padres pobres, en áreas rurales.

- Ninguno de los dos empezó a publicitar sus poderes hasta que tenían aproximadamente treinta años.

- Ambos aparentaban ser personas comunes desde todo punto de vista, si usted solo los veía en sus asuntos como carpintero o reportero respectivamente.

- Ambos tenían un carácter ejemplar dedicado a la verdad y la justicia.

- Ambos ayudaban a la gente necesitada poniendo en peligro su propia vida.

- Ninguno de ellos se casó.

- Ninguno de ellos tuvo hijos.

- Ambos resucitaron personas.

- Ambos resucitaron.

- Ambos salvaron a la gente de la tierra.

Claro está, Supermán es ficticio mientras que Jesús verdaderamente estuvo en la tierra. Si acaso existen, los extraterrestres no son Dios, así que Jesús no era un extraterrestre si hemos de creer lo que dice la Biblia. Jesús recibió oposición y fue finalmente asesinado por decir repetida, enfática y públicamente que Él era Dios, no un extraterrestre.

En Juan 10:33, los líderes religiosos buscaban matar a Jesús "por blasfemia; porque tú, siendo hombre, te haces pasar por Dios" (NVI). Marcos 14:61–64 (NVI), dice:

> — ¿Eres el Cristo, el Hijo del Bendito? —le preguntó de nuevo el sumo sacerdote.
>
> —Sí, yo soy —dijo Jesús—. Y ustedes verán al Hijo del hombre sentado a la derecha del Todopoderoso, y viniendo en las nubes del cielo.
>
> —¿Para qué necesitamos más testigos? —dijo el sumo sacerdote, rasgándose las vestiduras—. ¡Ustedes han oído la blasfemia!

Jesús usaba el título "Hijo del Hombre", tomado de Daniel 7, donde Dios viene a la tierra como hombre, unas setenta veces. Cuando los líderes religiosos escucharon esto, ellos entendieron correctamente que Jesús estaba diciendo que Él era Dios, que venía del cielo y no un extraterrestre proveniente de otro planeta.

El cristianismo es el único entre las principales religiones que asegura que su fundador es Dios. Jesús sufrió y murió por decir que Él era Dios, y nunca dio a entender que fuera un extraterrestre o un ser creado, de otro planeta, sino más bien el Dios creador que hizo todos los planetas y los seres.

2. Jesús era un ángel.

El grupo que desde 1931 se conoce como Testigos de Jehová empezó con C. T. Russel como el *Zion's Tower Track Society*. Ellos enseñan que Jesucristo y el arcángel Miguel son, de hecho, el mismo ser, creado hace miles de millones por Jehová Dios antes de otros seres y, luego, ayudaron en el resto de la creación. Algo muy importante es que ellos no ven a Jesús como Dios todopoderoso.

Un teólogo dice: "Los Testigos de Jehová creen que cuando Jesucristo vivía en la carne, Él era sencilla y exclusivamente un ser humano, ni más ni menos. Desde el principio, Russel [un fundador] ha descartado la idea de las dos naturalezas en el único Cristo. Jesús no era 'una combinación de dos naturalezas, humana y espiritual', pues tal 'mezcla' produciría 'ni lo uno ni lo otro, sino un híbrido imperfecto, lo cual es ofensivo al arreglo divino'. Siendo así, 'cuando Jesús estaba en la carne, Él era un ser humano perfecto; antes de eso, era un ser espiritual perfecto; y desde su resurrección, Él es un ser espiritual perfecto'".[7]

Jesús negó esta opinión. En Lucas 24:36–40, después de su resurrección, leemos que Jesús "se puso en medio de ellos, y les dijo: 'Paz a vosotros'. Entonces, espantados y atemorizados, pensaban que veían espíritu [o un ángel]. Pero él les dijo: ... 'Mirad mis manos y mis pies, que yo mismo soy; palpad, y ved; porque un espíritu no tiene carne ni huesos, como veis que yo tengo'. Y diciendo esto, les mostró las manos y los pies". Luego, Jesús desayunó, abrazó a sus amigos y les mostró sus manos y su costado a los que dudaban, lo cual son cosas que un ser angelical sin un cuerpo físico no puede hacer.

3. Jesús era un buen hombre, pero no el Dios hombre.

Este, quizás, es el concepto falso de Cristo más popular, no como el Dios hombre, sino más bien solo un buen hombre. Este punto de vista enfatiza las obras convincentes de Jesús mucho más que sus palabras controversiales sobre ser Dios. Este parecer reestructura a Jesús como simplemente un gran humanista que amaba a la gente, alimentaba a los pobres, luchaba por la justicia, se preocupaba por los niños, facultaba a las mujeres y ejemplificaba la tolerancia, la inclusión y la bondad.

Muchas, si no todas, las religiones principales del mundo reconocen a Jesús como un buen hombre y un ejemplo moral, pero no como Dios. Algunos "cristianos" liberales o progresistas también tienen una opinión similar de Jesús como el mejor, aunque simple, mortal que haya vivido y un poco más. Esto podría incluir la presentación de Jesús en *El código de Da Vinci* como un hombre muy típico que se casa, lleva una vida común y un poco más.

Jesús negó este falso concepto. En Lucas 18:18 un gobernador llamó a Jesús "Maestro bueno". A lo que Jesús respondió: "¿Por qué me llamas bueno? Ninguno hay bueno, sino solo Dios" (versículo 19). Jesús no le permitió a nadie que lo llamara bueno a menos que también lo llamaran Dios.

4. Jesús fue un hombre que se convirtió en dios.

Existen muchas corrientes de enseñanza que presentan a Jesús como un simple hombre que escaló al estatus de deidad. Esto incluye una herejía de la iglesia primitiva llamada adopcionismo. Esta enseñanza falsa decía que Jesús era simplemente un hombre a quien se le había dado poderes sobrenaturales al momento de su bautismo y posteriormente fue resucitado y adoptado en la Deidad como el Hijo de Dios. Tristemente, el adopcionismo continúa en una variedad de formas.

En la Nueva espiritualidad (o Nueva Era), enseñando que Jesús era un hombre que ascendió a un nivel más alto de consciencia y se volvió más integrado con la fuerza de la vida espiritual que atraviesa todas las cosas. Como resultado, Él alcanzó un plano más alto del ser y un estatus divino.

Con relación al mormonismo, se nos dice: "Quizá la enseñanza ampliamente divergente de ese cristianismo ortodoxo es la creencia mormona de que Dios y la pluralidad de dioses fueron hombres antes de ser dioses. Una de las declaraciones citadas con más frecuencia con este propósito fue hecha por Joseph Smith: "Dios mismo estuvo donde estamos nosotros ahora, y es un hombre exaltado, y ¡se sienta en el trono más allá del cielo! Una vez, Él fue un hombre como nosotros…Dios mismo, el Padre de todos nosotros, habitó en una tierra".[8]

Seguimos aprendiendo, "Para el mormonismo, la eternidad de Dios significa una existencia espiritual prehumana seguida por un periodo de prueba en un cuerpo físico, y luego, la evolución a un estatus de deidad nuevamente. El sentido de esta idea es que la humanidad misma está destinada a convertirse en dios. El epigrama ampliamente citado articulado por Lorenzo Snow, el quinto presidente de la iglesia, captura esta ecuación curiosa y paradójica: 'Como es el hombre, Dios lo fue una vez; como Dios es, el hombre puede volverse'. Otras muchas declaraciones por los teólogos mormones confirman esta enseñanza".[9]

Estos conceptos evolucionarios, en efecto, ven a la humanidad como subiendo la escalera espiritual hacia el estatus de volverse como dioses. El primero en usar esta tentación fue Satanás cuando le dijo a Adán y a Eva: "seréis como Dios" (Génesis 3:5). La verdad no es que nosotros subamos por la escalera de las buenas obras o conocimiento a un estatus de ser como dioses, sino que Dios, en Jesucristo, bajó humildemente para estar con nosotros tal como se prefigura en la escalera de Jacob en Génesis. En un mundo de gente luchando para subir la escalera, Jesús, quien estaba hasta arriba, humildemente descendió.

Jesús mismo dice precisamente esto en Juan 6:38–42: "'Porque he descendido del cielo, no para hacer mi voluntad, sino la voluntad del que me envió…' Murmuraban entonces de él los judíos, porque había dicho: 'Yo soy el pan que descendió del cielo'. Y decían: '¿No es este Jesús, el hijo de José, cuyo padre y madre nosotros conocemos? ¿Cómo, pues, dice éste: 'Del cielo he descendido'?'". Jesús dijo claramente que Él no era un hombre terrenal que se había vuelto dios, sino más bien Dios que descendió del cielo a la tierra convirtiéndose en hombre.

5. Jesús representó continuamente su deidad.

¿Tal vez Jesús llevó una vida perfecta y sin pecado porque Él era Dios y Dios hace cosas que nosotros no podemos? Mucha gente cree que Jesús evitó el pecado, venció lo demoníaco y, así, anduvo en autoridad espiritual. Pero ya que nosotros no somos Dios, no podemos hacer ese tipo de cosas. En esta línea de pensamiento Jesús es Dios, pero no realmente humano.

La gente que se aferra a este pensamiento generalmente lucha con la humanidad de Jesús y cosas tales como ir al baño. Para algunos, este tipo de humanidad terrenal parece estar al filo de la irreverencia.

Este pensamiento se remonta a los griegos antiguos que creían que nuestro cuerpo material estaba corrupto, pero que nuestra alma inmaterial, no. El objetivo era liberar el alma del cuerpo al morir. Esto nos lleva al pensamiento agnóstico, por lo que creen que un libro entero de la Biblia, llamado 1 Juan, fue escrito en gran parte para combatirlo, diciendo repetidamente cosas como: "En esto conoced el Espíritu de Dios: Todo espíritu que confiesa que Jesucristo ha venido en carne, es de Dios; y todo espíritu que no confiesa que Jesucristo ha venido en carne, no es de Dios" (1 Juan 4:2–3).

El mundo del arte exagera comúnmente a Jesús como Dios y le resta importancia como humano. Después de todo, ¿quién de nosotros no ha visto una pintura de Jesús como bebé o como hombre adulto con el tradicional resplandor angelical a su alrededor y un halo encima de su cabeza?

Algunas de las primeras películas que se hicieron de Jesús también contribuyen a exagerarlo como Dios, pero no como hombre. El documental de dos horas del *History Channel*, titulado *The Passion: Religion and the Movies* despliega la tensión entre la humanidad y la divinidad de Jesús para los cineastas cristianos.

Jesús ha sido representado en las películas desde la era del silencio, y en 1927, el director de cine, cristiano, Cecil B. DeMille produjo la película silenciosa de Jesús, *The King of Kings*. Esa película representó cuidadosamente a Jesús más como un ícono (completo, con un aura resplandeciente a su alrededor) que como un hombre. Esta tendencia continuó hasta 1965 con la película de Jesús de George Stevens, llamada *The Greatest Story Ever Told*.

Las películas sobre Jesús son importantes porque forman grandemente la manera en que la gente lo ve a Él. Hasta la revolución cultural de 1960, quizá cada película con un personaje interpretando a Jesús enfatizaba su deidad por encima de su humanidad. Esto ayudó a crear una tendencia fuerte para que la gente viera más fácilmente a Jesús como Dios que a Jesús como hombre.

El Espíritu Santo entrelaza a Jesús

¿Recuerda cuando era niño cómo aprendió a amarrarse sus zapatos? Al principio, parecía imposible jalar ambas agujetas al mismo tiempo para que estuvieran del mismo largo y se entrelazaran para proveer seguridad, pero después de mucha práctica, finalmente descubrió cómo hacerlo.

Aprender de Jesús es igual a aprender a amarrar su zapato. Las dos agujetas proverbiales son la divinidad de Jesús como completamente Dios y la humanidad de Jesús como completamente hombre. Jalar ambas agujetas al mismo tiempo ha eludido a muchos y creado una variedad de enseñanzas falsas enredadas.

Ciertamente, hay algunos versículos sobre Jesús que es difícil saber cómo unirlos. Sopese estos versículos a la luz de que la Biblia dice repetidamente que Jesucristo es Dios:

Santiago 1:13 dice que Dios no puede ser tentado por el
mal.
Mateo 4:1 dice que el diablo tentó a Jesús.
Dios no puede ser tentado. Jesús es Dios. Jesús fue
tentado.

¿Cómo puede conciliarse esto, si acaso es posible? ¿Acaso Jesús
no fue tentado en realidad ya que Él era Dios? ¿O, Jesús fue tentado,
pero no era Dios realmente? Un sinnúmero de noches se ha gastado
en cada universidad bíblica debatiendo solo este ejemplo. Estos son
algunos otros ejemplos, empezando con el atributo de Dios de ser
inmutable (que no cambia):

En Malaquías 3:6, Dios dice: "Yo, el Señor, no cambio".
Lucas 2:52, dice que Jesús creció en sabiduría, estatura y
en favor para con Dios y los hombres.
Dios no cambia. Jesús es Dios. Jesús cambió.

¿O qué tal este con relación a el atributo de Dios de ser omnisciente?

Primera Juan 3:20 dice que Dios lo sabe todo.
Marcos 13:32 dice: "Pero de aquel día y de la hora [de la
segunda venida de Jesús] nadie sabe, ni aun los ángeles
que están en el cielo, ni el Hijo, sino el Padre".
Dios lo sabe todo. Jesús es Dios. Pero Jesús dice que hay
algo que Él no sabe; específicamente, cuándo ocurrirá
su segunda venida.

Finalmente, ¿qué hay de este con relación a la energía infinita de
Dios?

Isaías 40:28 dice que el Señor no desfallece ni se fatiga.
Juan 4:6 dice que Jesús cansado del camino, se sentó
junto al pozo.
Dios no se fatiga. Jesús es Dios. Jesús se cansó.

Para tratar con este tipo de preguntas, más de quinientos eruditos cristianos se reunieron para el Concilio de Calcedonia. Como resultado de su tiempo en oración, estudio de la Biblia y debate concentrado, emitieron el Credo Calcedonio en el año 451 DC. Este incluía la "unión hipostática", que significa que Jesucristo es una persona con dos naturalezas: totalmente Dios y totalmente hombre. La Biblia lo comunica exactamente cuando dice que Jesús es Emanuel, lo que significa Dios con nosotros.

En el Antiguo Testamento, cosas como la escalera divina, la nube de día y la columna de fuego por la noche, el tabernáculo y, luego, un templo que albergaba la presencia de Dios cierra la distancia entre el Dios santo y el pueblo impío. Todo esto presagia la venida de Jesucristo como el punto de conexión entre Dios en el cielo y la gente de la tierra. Primera Timoteo 2:5 describe el cumplimiento así: "hay un solo Dios, y un solo mediador entre Dios y los hombres, Jesucristo hombre". En Jesucristo, Dios se humilló a sí mismo por la tarea especial de reconciliar a la gente consigo. Con relación al "porqué", la prédica legendaria del evangelista George Whitefield dice: "Jesús era Dios y hombre en una sola persona, para que Dios y el hombre puedan volver a ser felices juntos".[10]

Jesús vivía eternamente en la gloria como el segundo miembro de la Trinidad, pero por la misión de traer salvación a la tierra, Él se humilló a sí mismo. La persona más santa también es la más humilde. El Creador entró a la creación, el Dios eterno entró a la historia de la humanidad, el Dios omnipresente caminó de un lugar a otro; todo a fin de revelar a Dios y redimir a la gente, tal como lo dice Filipenses 2:5–8.

> Haya, pues, en vosotros este sentir que hubo también en Cristo Jesús, el cual, siendo en forma de Dios, no estimó el ser igual a Dios como cosa a que aferrarse, sino que se despojó a sí mismo, tomando forma de siervo, hecho semejante a los hombres; y estando en la condición de hombre, se humilló a sí mismo, haciéndose obediente hasta la muerte, y muerte de cruz.

Jesús no perdió sus atributos divinos; sencillamente decidió no usarlos en ciertos momentos.

Al convertirse en ser humano, Jesús no perdió nada, sino que añadió su divinidad a su humanidad.[11] Por lo tanto, Jesucristo retuvo todos sus atributos divinos. No obstante, Él no se permitió a sí mismo el uso continuo de sus atributos divinos. Quizá esto fue así por dos razones principales.

La primera: en ocasiones Jesús revelaba su divinidad como Dios. Mateo 9:35 dice: "Recorría Jesús todas las ciudades y aldeas, enseñando en las sinagogas de ellos, y predicando el evangelio del reino, y sanando toda enfermedad y toda dolencia en el pueblo". En Marcos 4, algunos pasajeros en el barco donde iba Jesús estaban cansados de remar toda la noche hasta que Jesús se levantó y ordenó a la tormenta que se detuviera, y así fue. Los presentes "temieron con gran temor, y se decían el uno al otro: '¿Quién es éste, que aun el viento y el mar le obedecen?'" (versículo 41). En Juan 2:11, Jesús convirtió el agua en vino, y leemos: "Este principio de señales hizo Jesús en Caná de Galilea, y manifestó su gloria; y sus discípulos creyeron en él". En resumen, a veces Jesús hacía milagros para revelar el reino de Dios y así mismo como Rey.

La segunda: Jesús usaba sus características divinas para beneficiar a los demás, pero no a sí mismo. Por ejemplo, leemos en Marcos 2:5-7: "Jesús...dijo al paralítico: 'Hijo, tus pecados te son perdonados'. Estaban allí sentados algunos de los escribas, los cuales cavilaban en sus corazones: '¿Por qué habla éste así? Blasfemias dice. ¿Quién puede perdonar pecados, sino sólo Dios?'". Finalmente, pecamos contra Dios; por lo tanto, solo Dios tiene la autoridad para perdonar verdadera, completa y eternamente nuestro pecado. Cuando Jesús perdonó el pecado, los críticos religiosos que lo escucharon estaban en lo correcto; Él estaba haciendo una obra divina, reservada exclusivamente para Dios, para beneficiar a un pecador necesitado.

En resumen, mientras estuvo en la tierra, Jesús sí retuvo sus atributos divinos, pero Él no se permitía el uso continuo de ellos. Es más,

Jesús no usó sus características divinas (por ejemplo: omnisciencia, poder absoluto y omnipresencia) para su propio beneficio.

En cuanto al sufrimiento, Jesús sufrió igual que nosotros; con referencia al aprendizaje, Jesús aprendió como nosotros; y cuando fue tentado, Jesús enfrentó la tentación igual que nosotros. En ninguna manera, Jesús hizo trampa para facilitar su vida usando atributos que nosotros no tenemos.

De este modo, Jesús no era lo mismo que Clark Kent. Supermán tenía poderes especiales que otras personas no, pero vivía disfrazado de Clark Kent, pretendiendo ser como el resto de nosotros cuando, de hecho, no lo era. Jesús no es así. Jesús no fingía ser humilde, indigente, campesino odiado que aparentaba su sufrimiento, aprendizaje y tentación. Cuando la Biblia dice que Jesús estaba hambriento, cansado, que lloró, sangró y murió, Él estaba en su humanidad completa sin un ápice de falsedad. Hebreos 2:17–18 habla de esto.

> Por lo cual debía ser en todo semejante a sus hermanos, para venir a ser misericordioso y fiel sumo sacerdote en lo que a Dios se refiere, para expiar los pecados del pueblo. Pues en cuanto él mismo padeció siendo tentado, es poderoso para socorrer a los que son tentados.

Si Jesús no usó sus atributos divinos para vivir su vida y dejar su legado, ¿cómo lo hizo? Él recibió el apoyo del Ayudador. ¿Puede usted tener acceso al mismo poder y apoyo que da vida, altera su destino y revela a Dios?

Si acudimos a los credos de la iglesia primitiva (doctrinas) que son de mucha utilidad para muchas cosas, algo falta: la manera en que Jesús vivió su vida. Observe cómo cada credo pasa del nacimiento a la muerte de Jesús y omite la totalidad de su vida. El credo de los apóstoles (Siglo IV, DC) dice que Jesús "nació de la virgen María; sufrió bajo Poncio Pilato, fue crucificado…".[12] El Credo de Nicea (Siglo IV, DC) dice que Jesús "por obra del Espíritu Santo se encarnó de María, la Virgen, y se hizo hombre y fue crucificado en tiempos de Poncio Pilato…".[13]

¿Qué falta? La vida terrenal de Jesús.

¿ESTÁ VIVIENDO ACTUALMENTE SU VIDA ETERNA?

Esta omisión puede haber contribuido al enfoque en el cristianismo de que, si usted acepta a Jesús, irá al cielo cuando muera. Indudablemente, eso es cierto, pero ¿cuándo empieza la vida eterna? ¿Es vida eterna la duración de una vida que solo empieza cuando muere? Si así fuera, entonces el cristianismo se trata de morir y no mucho de vivir. El cristianismo es, por lo tanto, algo en que pensar para los ancianos al final de la línea y nada de que preocuparse para los jóvenes en el principio de la línea. Esto podría explicar por qué las iglesias están llenas de abuelos, pero no de sus nietos.

Por otro lado, ¿es la vida eterna una calidad de vida que empieza al momento de su salvación, contagia y afecta toda su vida, y culmina en su muerte? Si así fuera, entonces el cristianismo se trata de vivir una nueva vida, desde el momento en que conoce a Jesús y recibe su Espíritu, que continúa por siempre

> Si la vida eterna es la vida de Jesús llena del Espíritu facultando su vida entera, entonces cada día que vivimos de manera diferente es un día desperdiciado.

y para siempre. Si la vida eterna es la vida de Jesús llena del Espíritu facultando su vida entera, entonces cada día que vivimos de manera diferente es un día desperdiciado.

Yo creo en el cielo. Espero el cielo. Tengo la esperanza de que en mi cuerpo resucitado mi cabello no vaya a ser tan fino como ahora, que va camino a casa para estar con el Señor antes que el resto de mí. Espero que mi salto vertical de cuatro centímetros sea reemplazado por la capacidad de insertar una pelota de básquet y que cuando cante no suene como ahora. En el cielo, también espero recorrer las calles de oro en una patineta y descubrir el verdadero sabor de una quesoburguesa perfecta.

Incluso si no hubiera cielo, querría ser un cristiano solamente por los beneficios en esta vida. Si muero y solo me convierto en polvo, o si todos fuéramos al infierno, todavía querría conocer a Jesús y ser lleno de su Espíritu en esta vida porque es la única manera de vivir verdaderamente. La vida de Jesús llena del Espíritu es tan maravillosa que incluso un solo día de ella hace que valga la pena vivir. En el siguiente capítulo, aprenderemos cómo se ve esto para usted y su familia.

Capítulo 2

CÓMO UNA FAMILIA LLENA DEL ESPÍRITU CUMPLE SU DESTINO

S IN EL ESPÍRITU Santo, podría haber sido un pirata en vez de un pastor.

Mi apellido es O'Driscoll. Mi familia proviene de County Cork en el sur de Irlanda. Aunque un incendio en Dublín destruyó muchos de los documentos que pertenecían a la historia de nuestra familia, mi papá y yo reconstruimos parte del legado familiar cuando fuimos juntos a Irlanda. *O'Driscoll* significa "el mensajero de Dios", y puede referirse a un predicador. Durante cientos de años, fuimos un clan que poseía tierras con castillos fortificados y un pequeño imperio.

Las cosas cambiaron cuando surgió un nuevo liderazgo político. En el país donde pelearon nuestros ancestros contra los vikingos, los nórdicos, los españoles y una variedad de tribus europeas pequeñas, el gobierno inglés le dio un vuelco a todo cuando aprobaron las leyes para prohibir a todos los que no pertenecían a la iglesia anglicana episcopal que tuvieran tierras o casas. Aparentemente desposeídos, perdimos nuestras tierras, casas y castillos fortificados, presuntamente junto con nuestra dignidad.

Nuestra familia optó por un nuevo negocio familiar y se convirtieron en piratas. No estoy seguro cómo se veía una reunión familiar: "Todos los que estén a favor del saqueo y el pillaje, digan ¡sí!". Ganamos nuestra reputación como asaltantes de los barcos que pasaban por el Puerto de Baltimore en el sur de Irlanda. En por lo menos una ocasión, abordamos y tomamos el mando de un barco proveniente de Argelia que llevaba un cargamento de vino. Esa incautación desencadenó un incidente internacional, en que los irlandeses fueron llevados como esclavos a manera de retribución. Cuando las únicas habilidades enumeradas en su página de *LinkedIn* son pelea y robo de alcohol, es seguro que la historia no terminará en un final feliz. Cuando la Gran hambruna llegó a Irlanda, muchos familiares murieron y algunos de los hombres de nuestra familia abordaron barcos sarcófago, los cuales no estaban construidos para transportar seres humanos, y arriesgaron su vida para llegar a América.

Fue entonces cuando nos volvimos sembradores de papas y vivíamos en granjas. Allí fue donde nací. En años recientes, por lo menos uno de mis primos ha aparecido en el programa televisivo *Cops* [Policías], y él no era uno de los policías. Me contaron que mi tío murió de gangrena porque no dejaba de beber y una infección se apoderó de sus órganos sanos hasta que lo mató.

Crecí en una comunidad con dos asesinos en serie: Ted Bundy y el asesino de *Green River*. Las drogas y el abuso del alcohol, junto con la prostitución y la violencia pandillera, eran parte de mi vecindario cuando era niño. El primer funeral al que recuerdo haber asistido fue por alguien de mi edad, una joven adolescente de mi escuela que murió por sobredosis de drogas.

Mis padres comenzaron un nuevo legado que yo tengo la intención de continuar. Ellos no consumían drogas ni abusaban del alcohol, y trabajaban duro para mantenernos, a mis cuatro hermanos y a mí, fuera de problemas. Estoy profundamente agradecido con mis padres por mantenerme fuera del camino del mal mientras yo crecía. Mi mamá fue salva en el avivamiento católico carismático de 1970, fue sanada en un grupo de oración y el Espíritu empezó su obra de transformar nuestras vidas y legados a través de la fe de mi mamá. Por la gracia de Dios y las oraciones de mi mamá, hoy soy un pastor en vez de un pirata.

¿De qué clase de familia, en generaciones pasadas, desciende usted? ¿Qué tipo de legado quiere dejar para su familia en las generaciones futuras?

JESÚS ESTABA LLENO DEL ESPÍRITU

La familia de Jesús tenía un legado divino. Lucas 1:5–7 dice: "Hubo…un sacerdote llamado Zacarías…, su mujer era de las hijas de Aarón, y se llamaba Elisabet. Ambos eran justos delante de Dios, y andaban irreprensibles en todos los mandamientos y ordenanzas del Señor. Pero no tenían hijo, porque Elisabet era estéril, y ambos eran ya de edad avanzada".

Lucas nos dice que Elizabet viene de generaciones de ministros y que Zacarías es un sacerdote, el equivalente en esos días a un pastor rural en un pueblo pequeño, y que también había nacido en una familia ministerial. Zacarías y Elizabet amaban al Señor, servían fielmente en el ministerio; y esperaron hasta su vejez para que Dios los bendijera con un hijo sin volverse amargados o cometer adulterio como Abraham y Sara lo habían hecho. Ellos son sencillos y están tristes, pero continúan firmes.

Durante años, incluso décadas, Zacarías hacía un largo recorrido para ir a Jerusalén, pero la suerte nunca estuvo a su favor para la oportunidad única de entrar al templo, echar incienso sobre los carbones y decir una oración.

Luego, un día, el gran momento de Zacarías llega finalmente; ¡es el día que él ha esperado durante gran parte de su vida adulta! El ángel Gabriel les informa, a Zacarías y Elizabet, que van a tener un hijo. Las credenciales de Gabriel eran incomparables: "estoy delante de Dios", dijo (Lucas 1:19).

Gabriel les dice que el bebé será llamado Juan (Dios es misericordioso): "Y hará que muchos de los hijos de Israel se conviertan al Señor Dios de ellos. E irá delante de él con el espíritu y el poder de Elías…para preparar al Señor un pueblo bien dispuesto (versículos 16–17).

Los primos de Jesús no tienen fama, dinero, ni poder; sin embargo, ambos tienen al Espíritu Santo. En Lucas 1:41 leemos que "Elisabet fue llena del Espíritu Santo" y, luego, profetizó sobre María. En Lucas 1:67, "Y Zacarías su padre fue lleno del Espíritu Santo, y profetizó" sobre su hijo al momento de nacer. No solo los primos de Jesús están llenos del Espíritu, sino también la madre de Jesús.

LA MADRE DE JESÚS ESTABA LLENA DEL ESPÍRITU

María es parienta de Elisabet, pero cuando Lucas toma la narrativa, María todavía no sabe que su prima anciana está embarazada. María es solo una joven que lleva una vida tranquila en Nazaret.

Ni el Antiguo Testamento, ni otros textos históricos significativos mencionan Nazaret. ¿Alguna vez ha hecho un viaje largo por tierra y se ha detenido en medio de la nada para comprar gasolina, algo de comer, usar el baño, limpiar los bichos de su parabrisas, y se ha ido tan rápido como pudo, alabando a Dios por no tener que vivir allí? Eso es Nazaret.

Después de la visita de Gabriel a Zacarías dentro de las paredes sagradas del templo en Jerusalén, ¿a dónde manda Dios al ángel? A Nazaret, a encontrarse con María.

María está desposada con José, lo que significa que han jurado casarse, el uno con el otro, en un arreglo mucho más serio y obligatorio de lo que entendemos como compromiso en la actualidad. En un pueblo rural, pequeño, como Nazaret, donde casi todos funcionarían como una gran familia extendida, declarar públicamente el compromiso es algo que se haría solamente si la novia y el novio están completamente comprometidos a dar el paso.

La mayoría de los teólogos cree que María tiene entre doce y catorce años cuando Gabriel la visita. Medite en eso. Todo está en juego alrededor de una adolescente. ¡Eso es fe!

Gabriel le cuenta a María la noticia maravillosa: tu hijo será llamado Jesús, lo que significa Dios salva del pecado. Su hijo será el Hijo de Dios y el Salvador de ella.

La respuesta de María al plan de Dios es legendaria: "He aquí la sierva del Señor; hágase conmigo conforme a tu palabra" (Lucas 1:38). Ella es una joven humilde que tiene una fe sencilla, pero sincera.

María cree en Dios. Su hijo, un día, imitará esta resolución sencilla, valiente. En el huerto de Getsemaní, cuando Jesús expía los pecados del mundo a través del derramamiento de su sangre, dice: "hágase tu voluntad" (Mateo 26:42). Hay momentos en su vida cuando Jesús hace eco a las palabras de su madre piadosa.

Soltera. Pobre. Joven. Embarazada de Dios.

María tenía mucho de qué preocuparse.

En vez de preocuparse, María empieza a adorar. Su canto hermoso, espontáneo, ungido, empieza con las palabras: "Engrandece mi alma al Señor" (Lucas 1:46). Su espíritu y el Espíritu Santo se cruzan para adorar.

Culturalmente, quizá no apreciemos lo que María y José están dispuestos a sacrificar en esta coyuntura. María se arriesga a perder a su prometido y su reputación. (En los pueblos pequeños, el chisme religioso puede ser brutal). José, probablemente se da cuenta que su niño, Jesús, será llamado ilegítimo, su esposa será llamada infiel y que él será llamado tonto el resto de su vida. Él no tiene que aceptar este destino y puede cancelar la boda. Él parece ser la clase de hombre fuerte y firme que hace mucho más de lo que dice. Sabemos que él tiene varias visitas angelicales, y que cada vez que se le dice que haga algo, obedece al Señor sin importar el costo.

> La respuesta de María al plan de Dios es…"hágase conmigo conforme a tu palabra". Su hijo, un día, imitará esta resolución sencilla, valiente. En el huerto…dice: "hágase tu voluntad". …Hay momentos en su vida cuando Jesús hace eco a las palabras de su madre piadosa.

Ya que Jesús no será su hijo biológico, José permanece como un héroe para los padres temporales, adoptivos y familias mixtas. Él parece ser un hombre callado, humilde, piadoso cuyo ministerio más significativo resultó ser tener un trabajo honesto, amar a su esposa, obedecer a Dios y criar hijos piadosos que cambian al mundo. Gracias a la obediencia humilde de José, Jesús tendrá un padre devoto.

El Espíritu es tan activo en la vida de esta familia que incluso su pastor profetiza cuando dedicaron a Jesús en el templo. María y José viajaron de Belén a Jerusalén para dedicar a Jesús en el templo, así que sabemos que esta familia muy devota hace "conforme a lo que se dice en la ley del Señor" (Lucas 2:24).

Una vez estando en Jerusalén, José y María conocen a un pastor del antiguo pacto llamado Simeón, quien ama a Dios. Lucas 2:26–27, dice: "Y le había sido revelado por el Espíritu Santo, que no vería la muerte antes que viese al Ungido del Señor. Y movido por el Espíritu, vino al templo". Luego, Simeón alaba a Dios por Jesús y profetiza la salvación y sufrimiento para el Salvador.

José y María encuentran otra profecía inspirada por el Espíritu Santo durante su viaje. Ana, la profeta, adora a Dios por la oportunidad de atestiguar "la redención de Jerusalén" (versículo 38). Después de esos encuentros poderosos con el Espíritu de Dios, José, María y Jesús completan las ceremonias e inician su retorno a su hogar en Nazaret.

No solo Jesús, mamá, papá, el pastor que dedicaba a los bebés y la profeta estaban llenos del Espíritu, sino también el primo de Jesús.

El primo de Jesús estaba lleno del Espíritu

Emocionada por ver a su parienta Elisabet y celebrar el embarazo de ambas, María camina sola más de ciento cincuenta kilómetros, probablemente bajo el sol.

Al retomar la historia, vemos la obediencia inmediata de María a la palabra de Dios en Lucas 1:39–40: "En aquellos días, levantándose María, fue de prisa a la montaña, a una ciudad de Judá; y entró en casa de Zacarías, y saludó a Elisabet".

En la cultura del Nuevo Testamento la sociedad, muchas veces, marginaba a las mujeres, particularmente a las jóvenes, pobres y solteras; y a los ancianos, pobres y sin hijos; especialmente, a aquellos que vivían lejos de los grandes centros urbanos y carecían de conexiones con familias influyentes. María y Elisabet llenaban todo este criterio. Ellas estaban entre las que tenían menos probabilidad de ser elegidas para algo significativo.

Cuando nuestra Biblia fue escrita, casi el 25 por ciento era profecía (predecía eventos futuros). A veces, la profecía es un mensaje personal; Dios quiere que alguien sepa algo, así que envía a un mensajero a entregar la palabra a ese individuo. Este es el tipo de profecía que vemos en Elisabet. Lucas 1:41–42, nos dice: "Elisabet fue llena del Espíritu Santo, y exclamó a gran voz, y dijo: 'Bendita tú entre las mujeres, y bendito el fruto de tu vientre'".

Elisabet continúa honrando a María, lo cual es inusual ya que la costumbre era que la más joven honrara a la mayor. Elisabet no solo honra a María, sino que también honra al bebé de María.

"¿Por qué se me concede esto a mí, que la madre de mi Señor venga a mí?", pregunta Elisabet (versículo 43). Ella no ha visto a Jesús caminar sobre el agua, resucitar a los muertos, sanar a la gente, morir en la cruz ni resucitar de los muertos, ni siquiera lo ha visto nacer, pero Elizabet está asombrada de estar cerca de Jesús, y ella lo adora y lo declara su Señor. Estando en la presencia del Señor por nacer, es todo lo que ella necesita para inspirarse en adorarlo. De hecho, Elisabet es la primera persona, en el Nuevo Testamento, ¡en adorar a Jesucristo!

Al momento siguiente, las dos mujeres se acercan la una a la otra, y con ellas los dos hijos que representan el antiguo pacto y el nuevo pacto; las promesas y el cumplimiento; el profeta y el Señor. Sus vientres se unen, y el hijo de Elisabet que aún no nace, Juan, ¡adora junto con su madre! Lucas 1:41 relata que "la criatura saltó en su vientre; y Elisabet fue llena del Espíritu Santo".

Eso es increíble.

Juan es conocido por Dios, lleno del Espíritu y nombrado con un llamamiento del destino en su vida, todo antes de que él hubiera siquiera visto la luz del sol, sentido el viento o respirado aire fresco en sus pulmones. El Espíritu Santo lo llena, y nosotros tenemos nuestro primer vistazo de Juan como un líder de adoración dentro del útero, danzando y celebrando en el vientre. No puedo pensar en una descripción de personalidad en el vientre más fuerte que esa.

Lucas, un doctor en medicina, escribe bajo la inspiración de Dios el Espíritu Santo. ¿Qué significa cuando él dice de Elisabet que "el bebé saltó dentro de ella" (Lucas 1:41, PDT)? ¿Qué quiere decir la Biblia por la palabra *bebé*?

Un análisis de cada vez que Lucas usa la palabra griega *brephos* muestra una consistencia. (He añadido las cursivas con el fin de hacer énfasis).

- "Cuando Elisabet escuchó el saludo de María, el *bebé* saltó dentro de ella" (Lucas 1:41, PDT).

- "Encontrarán a un *bebé* envuelto en retazos de tela, acostado en un pesebre" (Lucas 2:12, PDT).

- "Encontraron a María y a José, y vieron al *bebé* acostado en el pesebre" (Lucas 2:16).

- "Traían a él [Jesús] hasta *los niños de pecho* para que los tocase… Jesús, llamándolos, dijo: Dejad a los *niños* venir a mí" (Lucas 18:15–16, RVR1977).

- "[El faraón pagano] actuó pérfidamente contra nuestra raza y fue cruel con nuestros antepasados, obligándolos a dejar abandonados a sus *niños recién nacidos* para que no sobrevivieran" (Hechos 7:19, BLPH).

La misma palabra, *brephos,* se usa para un bebé no nacido, un bebé recién nacido y para los niños pequeños porque Dios los ve a todos igual; como personas que portan la imagen de Dios y su semejanza, merecedores de toda dignidad y derechos. Un bebé en el vientre es conocido por Dios, así como lo fue Juan, nombrado por Dios, así como lo fue Juan, y puede ser lleno de Dios el Espíritu Santo tal como lo fue Juan (Lucas 1:15). ¿Cuán maravilloso es que Dios se preocupe por los niños no nacidos? ¿Cuán reconfortante es que, hasta cuando los niños son abortados espontáneamente o por decisión humana, vemos la posibilidad de que Dios puede conocerlos, amarlos, nombrarlos y llenarlos con su Espíritu aun desde el vientre como lo hizo con Juan?

Si hacemos una encuesta para nombrar a la persona más significativa que la historia haya conocido, es altamente improbable que Juan el Bautista pudiera siquiera entrar entre los primeros diez o los primeros mil. Jesús está en su propia categoría: Dios encarnado. Con relación a la grandeza de Juan, en Lucas 1:15 leemos que Juan "será grande delante de Dios". Jesús lo deja aún más claro cuando dice: "Os digo que entre los nacidos de mujeres, no hay mayor profeta que Juan el Bautista" (Lucas 7:28).

¿Qué es lo grande de este excéntrico que come insectos, toma miel, predica el evangelio, bautiza pecadores y se viste con ropa hecha de pelo de camello? Juan pasa toda su vida en el poder del Espíritu. Antes del nacimiento de Juan, el ángel Gabriel dice: "será lleno del Espíritu Santo, aun desde el vientre de su madre" (Lucas 1:15). La Biblia dice, además: "Y la mano del Señor estaba con él" (versículo 66). Esta es otra manera de decir que el Espíritu Santo estaría presente *con* él, *en* él y *a través de* él toda su vida. Por el poder del Espíritu Santo, Juan pudo convertirse en el hombre más grande que haya vivido.

Juan tiene un poco del hombre salvaje que crece en el desierto y que no está reconocido por la institución religiosa. Él es joven, tiene carisma, es fuerte, excéntrico e intrépido. Las multitudes se acercan a él como si fuera una estrella de rock exitosa o un joven político revolucionario.

Juan no está concentrado en sí mismo. Juan está enfocado en Jesús. "Viene tras mí el que es más poderoso que yo, a quien no soy digno de desatar encorvado la correa de su calzado" (Marcos 1:7). En aquellos días, un estudiante haría lo que fuera y todo por su maestro, excepto: quitarle sus sandalias, una tarea reservada para el esclavo de mejor rango. Aun cuando todo su repertorio estaba en su punto máximo de la historia, su primera gira acababa de comenzar y los artículos publicitarios saliendo de la imprenta, Juan dice que él es indigno de hacer por Jesucristo la labor de un esclavo. Cuando su fama está en su *momentum* y él puede conseguir un enorme ministerio, lo deja todo de lado y envía a todos sus discípulos a ser seguidores de Jesús, y dice: "Es necesario que él crezca, pero que yo mengüe" (Juan 3:30).

El ministerio público de Juan dura apenas seis meses, es más corto que el primer año académico de una facultad bíblica. Él predica un montón de sermones, bautiza a miles de personas quizás, le entrega su ministerio a Jesús y es sacrificado; todo antes de cumplir los 30 años.

Muchos, si no la mayoría, de los primeros seguidores de Jesús son originalmente parte del ministerio de Juan. Sin embargo, Juan acepta su papel como la banda de apertura y sale del escenario una vez que el público ha entrado en calor y Jesús está listo para tomar el protagonismo. El Espíritu Santo ayuda a Juan a tener un espíritu humilde. Lo mismo sucede con los hermanos de Jesús.

LOS HERMANOS DE JESÚS ESTABAN LLENOS DEL ESPÍRITU

Más allá de solo algunos de sus nombres, conocemos muy poco de los hermanos y las hermanas de Jesús, a excepción de sus hermanos Santiago y Judas.

Aun siendo hermano de Jesús (Mateo 13:55), Santiago no es un creyente hasta que Jesús se le aparece después de la resurrección (Marcos 3:21; 1 Corintios 15:7). Él está con los apóstoles en Pentecostés (Hechos 1:14) y se convierte en un líder de la iglesia de Jerusalén (Gálatas 1:19, 2:9; Hechos 12:17, 15:12–21). Sus dos sobrenombres son "Santiago el Justo" por su carácter y "Rodillas de Camello" por orar tanto.[1]

En Judas 1 (NTV), el autor se presenta a sí mismo como: "Judas, siervo de Jesucristo, y hermano de Santiago". En Gálatas 2:9, Pablo llama a Santiago pilar de la iglesia junto con Cefas (Pedro) y Juan. Ambos, Santiago y Judas llegan a ser pastores cristianos devotos que adoran a su hermano mayor, Jesús, y escriben libros de la Biblia que llevan su nombre. Santiago también preside la conferencia llevada a cabo en Jerusalén para dar la bienvenida a los gentiles convertidos en la iglesia (Hechos 15). Su obra extiende al evangelio más allá del pueblo judío y puede acreditársele, en gran parte, la existencia del cristianismo como un movimiento mundial del Espíritu hoy en día.

Sabemos que tanto Santiago como Judas viven por el poder del Espíritu porque escriben en la Biblia. Para escribir en la Biblia, uno tiene que tener al Espíritu (2 Pedro 1:21; 2 Timoteo 3:16).

En su breve carta, Judas menciona al Espíritu en los versículos 19–20: "Estos son los que causan divisiones; los sensuales, que no tienen al Espíritu. Pero vosotros, amados, edificándoos sobre vuestra santísima fe, orando en el Espíritu Santo". Judas no solo recibe poder del Espíritu, sino que, además, como pastor le enseña a su gente a orar en el Espíritu.

El libro de Santiago se trata de la sabiduría. Aunque Santiago habla frecuentemente sobre la sabiduría, él está diciendo lo mismo que otros escritores del Nuevo Testamento cuando mencionan al Espíritu Santo.[2] La Biblia hace la conexión entre la presencia del Espíritu y poseer sabiduría tanto en el Antiguo como en el Nuevo Testamento.[3]

Santiago, el hermano de Jesús, está lleno del Espíritu Santo, escribe en la Biblia por el poder del Espíritu, e instruye a los cristianos que se requiere sabiduría del Espíritu Santo para conocer y seguir la voluntad de Dios. Adicionalmente, Santiago muere como mártir al servicio de su medio hermano.

Leemos que "Santiago, el medio hermano de Jesús, fue ejecutado…lo tiraron del templo y, aún con vida, lo apedrearon hasta la muerte".[4] Muriendo, Santiago hace eco de las palabras de su hermano, Jesús, en Lucas 23:34, diciendo: "perdónalos, porque no saben lo que hacen".

Un experto en arqueología dice: "Cuando asesinaron a Santiago…es Simón…quien toma el liderazgo del movimiento".[5] La historia parece indicar que, para reemplazar a Santiago, otro de los hermanos de Jesús, llamado Simón (a veces conocido también como Simeón) es escogido para asumir el liderazgo. Si así fuera, María y José tienen por lo menos tres hijos en posiciones significativas en el ministerio, además de su hijo Jesucristo. La mayoría de nosotros estamos familiarizados con el ministerio de Jesús y su impacto en la historia; pero muchas veces pasamos por alto el enorme papel que la familia de Jesús jugó en su ministerio. ¡Jesús no tenía ministerio sin su familia!

¿Está su familia llena del Espíritu?

He hablado de mi familia. Hemos estudiado a la familia de Jesús. ¿Qué hay de su familia? Si su familia es piadosa, ¿cómo puede continuar ese legado? Aun si su familia fuera incrédula, ¿cómo puede trazar un nuevo curso para las futuras generaciones? Si quiere que su familia sea piadosa, tiene que aprender tres lecciones de la familia de Jesús y empezar a aplicarlas hoy mismo.

1. Dios era el centro gravitacional del universo para la familia de Jesús.

Su vida y su familia son como la tierra. Así como nuestro planeta gira alrededor del sol, nuestras almas fueron creadas para girar alrededor de Dios. Fuera de Dios, no sabemos quiénes somos, a dónde pertenecemos, por qué estamos aquí o cuál es nuestro propósito.

Trágicamente, debido a que somos pecadores, olvidamos, ignoramos o abandonamos al Dios que nos creó. Cuando esto sucede, escogemos a alguien o a algo que no es Dios para que funcione como el centro de nuestra vida. Esto explica por qué la Biblia denuncia la idolatría, que es reemplazar la posición de Dios como el centro de nuestra vida.

Cualquier cosa que escojamos para girar alrededor de—nosotros mismos, nuestros hijos, nuestro trabajo, nuestro cónyuge, nuestros ministerios, nuestros amigos o Dios—tiene implicaciones masivas y potencialmente horribles. Así como el sistema solar, cada familia necesita un centro gravitacional. Todos se reúnen alrededor del centro como máxima prioridad, sirviéndolo como el lugar que atrae y reúne a cada uno y a todo.

La familia de Jesús tenía al Señor como su centro gravitacional. Mamá y papá, hermanos y hermanas, y primos, todos permanecieron firmemente comprometidos con el Señor. Esto mantuvo a la familia junta y sana.

2. Cada miembro de la familia estaba lleno del Espíritu Santo.

La presencia de Dios los dirigía, y el poder de Dios los sustentaba. El poder del Espíritu capacitó a los primos de Jesús para servir fielmente a Dios durante décadas, aun cuando soportaban la pobreza e infertilidad. El poder del Espíritu capacitó a la madre y al padre de Jesús para aceptar el llamado complicado de criar al Señor, sabiendo por las Escrituras, que derramarían lágrimas al verlo sufrir por los pecadores. El poder del Espíritu le dio al primo de Jesús, Juan, la capacidad para incendiar al mundo por unos cuantos meses, entregar su ministerio a Jesús y ser decapitado para la gloria de Dios. El poder del Espíritu les dio a los hermanos de Jesús la capacidad de servir en el ministerio, escribir libros de la Biblia y llevar el mensaje y la misión de su hermano y Salvador hasta que murieron como mártires por su hermano. Continúa para demostrar que más que el dinero, la fama o el poder, la clave para una familia es que cada miembro sea continuamente lleno del Espíritu Santo.

3. Cada miembro de la familia de Jesús era siervo.

Jesús nos dijo que Él no había venido a ser servido, sino a servir, y Él lo aprendió de su familia. (Vea Mateo 20:28.) Lo opuesto de un siervo es un consumidor. Un siervo da; un consumidor toma. Un siervo hace lo que es mejor para los demás; un consumidor o cliente toma lo que quieren para sí mismos.

Uno de los defectos más ofensivos en el cristianismo moderno sucede cuando la iglesia parece un negocio proveyendo bienes y servicios religiosos a las familias, quienes actúan como clientes. Los adoradores adoran a Dios; los clientes esperan ser adorados como dioses. Cuando esto sucede, el cliente determina el mensaje y la misión. En vez de ellos mismos servir en el ministerio, la gente anda en busca de una iglesia que les diga lo que quieren escuchar y que provea los servicios que quieren recibir. En lo espiritual, esto equivale a tratar de volverse físicamente saludable pagándole a un atleta para que se ejercite mientras usted se sienta y lo ve hacer ejercicios.

¿Qué ministerio tiene Dios para su familia?

Jesús llevó una vida llena del Espíritu, y la familia de Jesús, llena del Espíritu, servía. Punto. Este era un ministerio familiar. No hay manera de madurar espiritualmente sin servir. De lo contrario, muchas veces buscamos hacer de nosotros mismos el centro gravitacional de nuestro universo, queriendo que todos giren a nuestro alrededor y nos sirvan y llamando a eso ministerio cuando en realidad es idolatría. El reino de Dios funciona exactamente de manera opuesta. Una gran familia con un gran legado sucede solamente cuando el Señor es el centro y cada miembro de la familia se somete al Espíritu y sirve.

Para cerrar, esto se ha vuelto más aparente para mí con mi propia familia en años recientes. Mi esposa, Grace, y yo tenemos cinco hijos: tres varones y dos mujeres. Nos trasladamos a Arizona por un duro reinicio de vida y ministerio después de años de sentirnos como maniquíes de prueba de choque en un vehículo sin

> No hay manera de madurar espiritualmente sin servir.

bolsas de aire. Después de casi dos décadas en el ministerio, tomamos un tiempo libre para sanar antes de entrar a la siguiente temporada de la voluntad de Dios para nuestra vida.

Durante varios meses, tuvimos iglesia en casa, en familia, todos los domingos en la mañana antes de mudarnos. Nuestros hijos la organizaban, uno dirigía los cantos; otro leía la Escritura, otro guiaba la oración, otro recogía la ofrenda (nuestro hijo menor quería reunir dinero para una madre soltera), otro organizaba la Santa Cena y yo predicaba. En poco tiempo, algunos amigos de la familia nos acompañaban. Nuestros hijos añadieron un área de cuidado infantil en nuestro salón de juegos y empezaron a preparar desayuno para quienes nos visitaban. Pronto, nuestros chicos manejaban una pequeña y divertida iglesia en el hogar que llegó a llenarse antes de mudarnos a otro estado. Esta época llena de gozo permitió que nuestros hijos y otras personas sanaran de una temporada difícil.

Nuestros hijos disfrutaron tanto esa experiencia, que empezaron a tener ideas sobre plantar una iglesia juntos, como un proyecto familiar, unos meses después de llegar a Arizona. Cuando Grace y yo plantamos nuestra primera iglesia, teníamos veinticinco años y no teníamos hijos. Con el paso de los años, cuando los hijos llegaron, situaciones desafiantes y complejas hicieron cada vez más difícil que mi esposa y nuestros hijos se involucraran mucho. Sin embargo, esta vez, podría ser diferente, y podríamos plantar una iglesia como un ministerio familiar.

Así que empezamos a reunirnos a la hora de la cena para tener una lluvia de ideas sobre la nueva iglesia. Los niños escogieron el nombre *The Trinity Church* para honrar a sus abuelos del lado de Grace, quienes plantaron y pastorearon una iglesia con ese nombre durante más de cuarenta años hasta que el abuelo murió. Sorprendentemente, el dominio *thetrinitychurch.com,* estaba disponible a bajo precio, así que lo compramos. Oramos sobre cómo empezar una iglesia como familia y recibimos a otras familias. Era muy divertido, y nuestros hijos ayudaron a diseñar toda la iglesia. Nunca olvidaré la conversación a la hora de la cena cuando uno de mis hijos menores me preguntó: "¿Papá, soy parte de la directiva de la iglesia?".

Reí en mis adentros, sonreí y dije algo como esto: "Sí, creo que sí, pero como eres menor de edad, no puede ser oficial".

Cada noche, en la cena, orábamos por cosas específicas. En realidad, no teníamos nada ni conocíamos a nadie excepto a unas cuantas personas, así que necesitábamos que Dios lo definiera todo.

Nuestra oración más grande era por un edificio. Dios hizo un milagro. La primera vez que vi el hogar de la iglesia que íbamos a plantar estaba con mi hijo menor. Una noche, él acababa de terminar su práctica deportiva, y pasamos por el lugar para verlo. Él dijo que sintió que era la voluntad de Dios que nosotros tuviéramos ese edificio, así que se quitó su gorra, levantó su mano y, de pie frente al lugar y en la oscuridad de la noche, le pidió al Señor que nos lo diera.

Dios respondió la oración de mi pequeño hijo, y la manera en que sucedió es una anécdota risible que solo Dios pudo haber armado; obtuvimos el edificio. Era una iglesia de 50 años que necesitaba mucho trabajo de reparación, así que mis hijos se pusieron los guantes y pasaron el cálido verano de Arizona demoliendo para renovar el edificio viejo. Temprano, un domingo por la mañana, bajé y mis hijos estaban sentados en el sofá, tenían puestos los guantes y estaban preparados para ir a trabajar. Les pregunté por qué estaban levantados tan temprano y me respondieron que ellos eran mis pastores asociados, listo para cumplir el trabajo del día. Sonreí y me tragué las lágrimas. No hay nada más reconfortante que ver al Espíritu en acción en su familia. No hay nada mejor que servir al Señor con su familia.

En poco tiempo, otras familias nos acompañaron para realizar los proyectos. No somos una familia perfecta y, al igual que todos los hijos y los padres, resolvemos nuestras diferencias. Sin embargo, ver al Espíritu en acción en nuestros hijos y poder servir juntos en el ministerio al Señor ha sino uno de los mayores gozos de mi vida.

Tal vez Dios no llame a su familia a plantar una iglesia, pero parte de su destino sí incluye el ministerio. No sabemos mucho del padre de Jesús, José, o de sus otros hermanos porque ellos sirvieron más discretamente, pero no tenemos razón alguna para creer que ellos no sirvieron fielmente a Dios. La familia de Dios es igual a cualquier familia: todos tienen un papel importante que jugar, con algunas personas sirviendo en formas que la gente ve y otros apoyando en maneras que solo Dios ve.

¿Cómo ha usado Dios a su familia para ministrar a otros en el pasado? ¿Se han tomado el tiempo como familia para invitar al Espíritu Santo a que les revele, a usted y a su familia, cuál podría ser su llamado ministerial? ¿Cómo y dónde quiere Dios que ustedes sirvan? ¿Qué dones les ha dado el Espíritu a los miembros de su familia para el ministerio que Él tiene para ustedes? ¡Dios le ama a usted y a su familia, y Él les invita a ministrar llenos del Espíritu, así como Jesús y su familia lo hicieron!

Capítulo 3

MADURE COMO SU MESÍAS

L OS ADULTOS PUEDEN aprender mucho de Dios a través de las preguntas que hacen los niños. Una noche, estaba leyéndoles una historia bíblica para niños a los tres hijos pequeños que teníamos en ese entonces (ya se acercaba la llegada de los otros dos).

No recuerdo qué historia bíblica leí en la Biblia para niños con todas sus ilustraciones, pero sí recuerdo la conversación que inició. Los niños empezaron a preguntar cómo era Jesús a su edad y se emocionaron mucho sobre el tema. Repentinamente, sentí que estaba en un episodio del torneo infantil de ¡Jeopardy! sobre el tema de Jesús.

"¿Jesús tenía tareas en el hogar cuando era niño?".

"¿Jesús tenía que ir a la escuela cuando era niño?".

"¿Jesús peleaba con sus hermanos?".

"¿Podía Jesús lanzar una bola curva perfecta cuando era niño?".

"Cuando Jesús era niño y le daba gripe a Jesús, ¿se sanaba a sí mismo o faltaba a la escuela y esperaba a curarse?".

No le había puesto mucha atención a este asunto anteriormente, pero los niños estaban en algo. Les expliqué que sí, nuestro Dios Jesús sabía cómo era tener la edad de ellos. Jesús tuvo que aprender a dar sus primeros pasos, a beber en taza, a decir palabras, a leer palabras, a obedecer a sus padres, a llevarse bien con sus hermanos, y a descubrir cómo subir y bajar de un árbol. Jesús experimentó todas las etapas de la vida que nosotros atravesamos, incluyendo estar en el vientre de María; el primer año como un bebé, luego los primeros tres años, los años preescolares (de los tres a los cinco años), la primaria (de los cinco a los doce años), la adolescencia (desde los trece a los dieciocho) y los años siguientes como adulto joven y la edad adulta. Jesús sabía cómo era tropezar y caer, que le saliera el vello facial, el cambio incómodo de la voz durante la pubertad y, con el tiempo, llegar a ser adulto.

Cuando me senté en la cama con los niños, listo para imponer manos y orar por cada uno de ellos, me di cuenta de cuán maravillosamente útil es que Jesucristo sea un Dios con quien todos pueden identificarse en cualquier etapa de la vida en que se encuentren. Es más, Jesús puede identificarse con nosotros y comprender lo que atravesamos en cada etapa, lo que lo hace la persona perfecta para dirigirnos y guiarnos hacia adelante.

TRES LECCIONES DE LA MANERA EN QUE JESÚS MADURÓ

Con relación a madurar y reflexionar sobre la vida de Jesús, es importante observar tres cosas:

1. Deberíamos determinar la madurez por características tales como edad y etapa en la vida.

No tiene nada de malo actuar de manera infantil si usted es un niño. Por ejemplo, si tanto uno de los padres y un niño pequeño no pudieron dormir, ambos estarán cansados. Pero, si ambos se lanzan al suelo pataleando y gritando en la tienda de abarrotes, estaríamos más preocupados por el comportamiento del padre porque tenemos la expectativa de que él o ella sea más maduro. Esta era la clave de lo escrito por Pablo en 1 Corintios 13:11: "Cuando yo era niño, hablaba como niño, pensaba como niño, juzgaba como niño; mas cuando ya fui hombre, dejé lo que era de niño".

2. La madurez física y la espiritual no suceden de la misma manera.

Como regla general para la mayoría de la gente, la madurez física sucede mucho más natural y fácilmente que la madurez espiritual. Madurar espiritualmente requiere mucho trabajo para cultivar el carácter, mientras que el crecimiento físico sucede más naturalmente con mucho menos esfuerzo intencional y de conciencia.

3. En cualquier edad y etapa de la vida, Jesús era perfectamente maduro.

A los dos años, Jesús era perfectamente maduro para esa edad. A las edades de doce, veintidós y treinta y dos, Él era más maduro de lo que había sido en las etapas previas de su vida. Un comentador de la Biblia lo dice así: "El crecimiento intelectual, moral y espiritual, así como el crecimiento físico del Niño, fueron reales. Su desarrollo humano era perfecto, sin impedimentos hereditarios, ni defectos adquiridos. Fue el primer ejemplo de tal crecimiento en la historia. Por primera vez, un infante humano estaba cumpliendo el ideal de la humanidad".[1] Un experto en el lenguaje original del Nuevo Testamento dice: "Su desarrollo físico, intelectual, moral, espiritual fue perfecto. 'En cada etapa Él era perfecto para dicha etapa'".[2]

JESÚS MADURÓ A TRAVÉS DE LA PRUEBA Y EL ERROR

Una vez, prediqué un sermón sobre la impecabilidad de Jesús que me metió en más problemas de lo normal. Su perfección, dije, no significa que Él nunca aprendió cómo hacer algo descubriéndolo por medio de la prueba y el error.

La idea dio en el blanco cuando Grace y yo estábamos en una cafetería, rodeados de nuestros hijos, disfrutando unas hamburguesas ligeramente diferentes a la comida rápida. La mesa siguiente también estaba llena de niños y, en eso, llegó una bebida para el de dos años. Cualquier persona que ha estado a cargo de un niño de esa edad, en un restaurante, debería saber que todas las bebidas se sirven en un vaso con tapadera o en una taza especial para niños. Pero al chico le dieron un vaso grande, lleno de hielo y mojado por el frío.

El vaso debió haber tenido una etiqueta de precaución: "RESBALOSO CUANDO ESTÁ MOJADO", pero, de todos modos, el pequeño era muy joven para poder leerla. Alcanzó la bebida, la levantó y se le resbaló de las manos. Derramó todo el contenido del vaso sobre la mesa. ¿Qué hizo el padre? Le gritó y lo disciplinó.

Alrededor de la mesa, nuestros hijos tenían los ojos bien abiertos observando cómo este papá hacía un escándalo. Yo estaba entre sorprendido y tratando de entender cómo convertir la situación en un momento de aprendizaje. Uno de nuestros hijos dijo: "Todos cometen errores. Ese niño no hizo nada malo. Solo tiene manos pequeñas, y ese era un vaso grande".

Mientras discutíamos la escena con nuestros hijos, lo entendí. Pregunté: "¿Cuál es la diferencia entre un pecado y aprender por medio de la prueba y el error?".

"Ummm", dijeron. "Un pecado es cuando haces algo malo y es algo muy malo. Pero, a veces, aprendes a hacer cosas cuando las haces mal".

Estuve de acuerdo. "Si acaso", dije, "ese padre debió haberse disciplinado a sí mismo por no haber pedido un vaso con tapadera y pajilla. Él fue quien falló, no el niño".

Esa escena empezó un dicho en nuestra casa. Siempre queremos que nuestros hijos sepan que: "Hay una gran diferencia entre cometer un pecado y cometer un error".

Cuando, como cristianos, declaramos que Jesús es perfecto, me parece que reconocemos su pureza mientras aparentamos reconocer su humanidad. Quiero ser claro, Jesús nunca pecó, obedeció perfectamente toda la Escritura, y fue moralmente perfecto sin pecado alguno de ningún tipo. Sin embargo, no creo que eso signifique que, para Jesús, en su humanidad total, mientras estuvo en la tierra, fuera imposible aprender a prueba y error. Por ejemplo, cuando Jesús era un niño pequeño, ¿alguna vez derramó siquiera una gota de su taza? ¿Alguna vez mordió una galleta mientras parte de esta se caía en migajas al piso?

Decimos: "No hay que llorar por la leche derramada". "Todas las galletas tienen migas". Todo es parte de ser humano. Sin embargo, la gente se vuelve teológicamente ansiosa cuando aplicamos este sentido común a Jesús. ¿Qué dices? Jesús era y es totalmente Dios. ¿Jesús era realmente humano, sí o no?

Jesús no fue pecador, y sin embargo era completamente humano, disfrutando y lidiando con la plenitud de la experiencia humana como el resto de nosotros. Como seguidores de Jesús, todos sabemos que deberíamos procurar ser perfectos como nuestro Padre celestial es perfecto, ser santos como Él es santo, ser buenos como Él es bueno, sin cambio ni tono de variación. Aun así, hay una brecha de diferencia entre una perfección moral y una vida de perfección absoluta. Jesús nunca pecó, pero no creo que la Biblia nos exija que digamos que Él nunca aprendió por medio de la prueba y el error. Cuando Lucas 2:52 dice: "Jesús siguió creciendo en sabiduría y estatura, y cada vez más gozaba del favor de Dios y de toda la gente" (NVI), significa que Él creció, aprendió, cambió, progresó, se pegó en el pulgar con el martillo un par de veces trabajando con su papá, y aprendió a escribir equivocándose, equivocándose y equivocándose, hasta que sus habilidades motoras se pusieron de acuerdo con su cerebro. Dios no necesita aprender o crecer, pero el Dios-hombre Jesucristo, puso temporalmente a un lado el uso continuo de sus atributos divinos para experimentar la humanidad completa e identificarse con nosotros, simples mortales.

Dios trata con nuestros pecados, pero Él no nos disciplina por aprender a través de nuestros esfuerzos de prueba y error. Él es un Padre que usa al máximo nuestros errores para enseñarnos. Estoy seguro de que Él en realidad espera que nosotros hagamos algo torpemente y fallemos, de la misma manera en que usted no espera que su hijo toque las notas correctamente la primera vez que le da un trombón. Pueden pasar años antes de que usted sienta que el pago de todas esas lecciones valió la pena.

Nosotros descubrimos cómo hacer algo bien a través de la prueba y el error. Recientemente, mi hijo trató de batear una bola curva, pero falló porque abrió su frente mucho antes. No estoy seguro de que Jesús haya sido crucificado para expiar el batazo que mi hijo falló. La siguiente vez, él ajustó su batazo y le dio a la pelota.

Aprender significa que tiene que fallar. Para fallar, tiene que arriesgarse. Si no se arriesga, no fallará, pero tampoco aprenderá.

A los críticos les gusta señalar sus fallas, así pueden reírse y burlarse. Los entrenadores señalan sus fallas, así usted puede aprender y triunfar.

Grace y yo, y nuestros hijos, frecuentemente vemos padres disciplinando a sus hijos por errores en lugar de acercarse a ellos para enseñarles. Es fácil entender cómo percibe la gente a Dios a través de la manera en que se comportan como padres. Nuestro estilo de paternidad refleja cómo entendemos a Dios y, de igual manera, lo hace la forma en que nos tratamos a nosotros mismos y a cualquiera que comete errores. Los mismo sucede con la familia de la iglesia donde los errores deberían ser oportunidades para aprender y crecer; sin embargo, en lugar de eso, muchas veces son etiquetas que nos avergüenzan.

Usted y todo el que esté bajo su cuidado son eternamente hijos de Dios. Él no exige perfección hoy, en esta vida, sino progreso hacia la perfección que nunca llega hasta el primer día de la próxima vida. Su objetivo simplemente son los corazones enseñables, hijos que aprendan y crezcan. Creo que Dios le invita a esforzarse, crecer, intentar y hasta fallar mientras experimenta con hacer cosas difíciles para glorificarlo. Use su energía para evitar el pecado y aprender a través de la prueba y el error.

Cómo maduró Jesús

La Biblia nos dice muy poco sobre cómo maduró Jesús en las primeras etapas de su vida. Encontramos la mayor parte de los detalles en la segunda parte del capítulo 2 del evangelio de Lucas que es, además, el único de los cuatro evangelios escrito en orden cronológico. En este capítulo, hay cuatro cosas que contribuyen en gran parte a la madurez de Jesús y también contribuyen a la nuestra:

1. Jesús maduró porque Él conocía las Escrituras

Lucas 2:46–47 dice que, a la edad de doce años, en el templo de Jerusalén, Jesús estaba "sentado en medio de los doctores de la ley, oyéndoles y preguntándoles". El conocimiento de Jesús de las Escrituras era tan sabio que "todos los que le oían se maravillaban de su inteligencia y de sus respuestas". Para madurar en los caminos de Dios, usted tiene que conocer la Palabra de Dios.

2. Jesús tenía una relación con Dios el Padre

Cuando los padres de Jesús le preguntaron por qué se había quedado en el templo discutiendo teología durante días, Jesús dijo en Lucas 2:49 (NTV): "tengo que estar en la casa de mi Padre". En el Antiguo Testamento hay escasamente quince referencias de Dios como Padre. La mayoría, si no todas esas veces no se refieren a individuos, sino a la nación de Israel.

Sin embargo, todo cambió con relación a nuestro entendimiento de Dios como Padre con la venida de Jesucristo. El nombre favorito de Jesús para Dios era *Padre*, un término afectivo que, en el lenguaje original, se dice que Jesús lo pronunciaba como *Abba*. Aparece apenas 165 veces en los cuatro evangelios.

Una razón por la que Jesús maduró era su relación constante, cálida, amorosa e íntima con Dios el Padre como el Hijo amado. Jesús nos anima a tener ese mismo tipo de relación con el Padre, cuando nos enseña a orar en Mateo 6:9: "Padre nuestro...".

Hablando del tema de la madurez a través de una relación personal con Dios el Padre, en Romanos 8:14–16, Pablo nos dice: "Porque todos los que son guiados por el Espíritu de Dios, éstos son hijos de Dios. Pues no habéis recibido el espíritu de esclavitud para estar otra vez en temor, sino que habéis recibido el espíritu de adopción, por el cual clamamos: '¡Abba, Padre!'. El Espíritu mismo da testimonio a nuestro espíritu de que somos hijos de Dios". Al ser facultados por el Espíritu, como Jesús lo fue, usted puede conocer a Dios como Padre y madurar como Jesús lo hizo.

3. Jesús maduró porque Él respetaba la autoridad

Lucas 2:51–52 resume los años de Jesús a partir de los doce, diciendo: "Jesús bajó con sus padres [José y María] a Nazaret y vivió sujeto a ellos. ...Jesús siguió creciendo en sabiduría y estatura, y cada vez más gozaba del favor de Dios y de toda la gente" (NVI).

Aunque era perfecto, Jesús se sometía a los padres imperfectos y honraba a su madre y padre tal como lo requieren los Diez Mandamientos. Si alguna vez hubo alguien que tenía el derecho de negarse a someterse a cualquier autoridad humana, ese era Jesucristo.

Si alguna vez hubo alguien que no necesitaba estar bajo autoridad humana, ese era Jesucristo. Si alguna vez hubo alguien que pudo haber dicho que estaba solamente bajo la autoridad de Dios y de nadie más, ese era Jesucristo. Sin embargo, Jesucristo maduró, en parte, porque honraba y se sujetaba a la autoridad paterna que Dios había puesto sobre Él. Lo mismo funciona para nuestra madurez. Los que no se sujetan a la autoridad (por ejemplo: a los padres, maestros, jefes, gobierno, pastores, Escrituras, Espíritu Santo, etc.), no maduran. Dios trabaja por medio de la autoridad y bendice a quienes la honran. En nuestra era de rebeldía e independencia, lo cual es la esencia del pecado, no es de sorprendernos que tantos sean tan inmaduros.

4. Jesús maduró por el poder del Espíritu Santo

Para empezar, su nombre *Cristo* significa literalmente "el ungido con la persona, presencia y poder del Espíritu Santo". Un diccionario bíblico lo explica de esta forma:

> Israel anticipó la llegada del Ungido, el que no sería ungido por el hombre ni con aceite preparado por manos humanas, sino por Dios, con el Espíritu Santo (Mateo 3:16–17 *par.* Marcos 1:10–11; Lucas 3:21–22). Por eso, Jesús pudo testificar de sí mismo: "El Espíritu del Señor Dios está sobre mí, porque el Señor me ha ungido…" (Lucas 4:18 citando Isaías 61:1; cf. Hechos 10:38). Por consiguiente, el nombre "Cristo" connota no solo su comisión sagrada como Mediador y Redentor de su pueblo, sino también la autoridad y el poder a través del cual Él podía completar esta misión.[3]

En el Antiguo Testamento leemos sobre el niño Samuel madurando a través del poder del Espíritu Santo al crecer en la presencia de Dios. En 1 Samuel 2:21 dice: "Y visitó Jehová a Ana, y ella concibió, y dio a luz tres hijos y dos hijas. Y el joven Samuel crecía delante de Jehová". La Biblia usa el mismo tipo de lenguaje aquí como el que usa para explicar que Moisés habitaba en el Espíritu a tal grado que él tiene una conexión transformadora, íntima y personal con Dios (Éxodo 34:29–35 cf.; Números 11:25). En 1 Samuel 2:26 dice: "Y el joven Samuel iba creciendo, y era acepto delante de Dios y delante de los hombres".

Parecido a Samuel, Lucas 2:40 dice de Jesús: "Y el niño crecía y se fortalecía, y se llenaba de sabiduría; y la gracia de Dios era sobre él". Con relación a su edad, la mayoría de los comentaristas de la Biblia coinciden en que esto se refiere a Jesús como un niño menor de doce años. En la siguiente sección de versículos, Lucas 2:52 dice: "Y Jesús crecía en sabiduría y en estatura, y en gracia para con Dios y los hombres".

El Espíritu Santo descendió sobre Jesús

Ahora hemos preparado la plataforma para el siguiente gran evento en la historia: El Espíritu Santo, por medio de su poder, presenta públicamente a Jesucristo como el Hijo del Dios viviente. Hasta este evento Jesús vive en anonimato relativo. Sabemos muy poco de su vida durante su adolescencia y la etapa de sus veintes; sin embargo, todo cambia en su bautismo.

El bautismo de Jesucristo es tan significativo que aparece en los cuatro evangelios del Nuevo Testamento. Lucas 3:21–22 relata: "Aconteció que cuando todo el pueblo se bautizaba, también Jesús fue bautizado; y orando, el cielo se abrió, y descendió el Espíritu Santo sobre él en forma corporal, como paloma, y vino una voz del cielo que decía: 'Tú eres mi Hijo amado; en ti tengo complacencia'".

Este evento no se trata de Jesús recibiendo al Espíritu Santo por primera vez. En los capítulos anteriores, Lucas nos dice claramente que el Espíritu Santo estaba íntimamente involucrado en la vida y ministerio de Jesucristo desde el vientre. María, su madre, concibió a Jesús por el poder del Espíritu Santo. Por lo tanto, en cada momento de su recorrido en la historia de la humanidad a través del vientre de María, el poder del Espíritu estuvo presente con Jesús. El bautismo de Jesús no fue donde Él recibió al Espíritu, sino, más bien, fue un evento público donde el Padre "reveló" a la multitud lo que Jesús ya sabía: que Él vivía en relación constante y amorosa con Dios el Padre y Dios el Espíritu (Juan 1:31). Esto era crucialmente importante porque el pueblo de Dios había esperado durante largo tiempo el cumplimiento de las promesas de Isaías sobre la venida de su Salvador en el poder del Espíritu.

> Y reposará sobre él el Espíritu de Jehová; espíritu de sabiduría y de inteligencia, espíritu de consejo y de poder, espíritu de conocimiento y de temor de Jehová.
>
> —Isaías 11:2

> He aquí mi siervo, yo le sostendré; mi escogido, en quien mi alma tiene contentamiento; he puesto sobre él mi Espíritu; él traerá justicia a las naciones.
>
> —Isaías 42:1

> Y ahora me envió Jehová el Señor, y su Espíritu.
>
> —Isaías 48:16

> El Espíritu de Jehová el Señor está sobre mí, porque me ungió Jehová.
>
> —Isaías 61:1

Ya que no hay autoridad mayor a la de Dios el Padre, su validación pública era la validación más alta posible para lanzar a Jesús al ministerio público después de su bautismo. La presencia del Espíritu en forma de paloma nos recuerda de los días de Noé. En aquel día, la salvación de la ira de Dios llegó por medio de la liberación, vía un barco de madera que llevaba al pueblo de Dios; y en el día de Jesús, la salvación de la ira de Dios vendría por medio de una cruz de madera cargada por Dios mismo.

Viendo en retrospectiva al bautismo de Jesús, Pedro predica en Hechos 10:36–38:

> Anunciando el evangelio de la paz por medio de Jesucristo; éste es Señor de todos. Vosotros sabéis lo que se divulgó por toda Judea, comenzando desde Galilea, después del bautismo que predicó Juan: cómo Dios ungió con el Espíritu Santo y con poder a Jesús de Nazaret, y cómo éste anduvo haciendo

bienes y sanando a todos los oprimidos por el diablo, porque Dios estaba con él.

Pedro dice claramente que uno de los propósitos principales del bautismo de Jesús era anunciar públicamente que todo el ministerio de Jesús—incluyendo predicar, sanar y libertar—sería llevado a cabo por el poder el Espíritu Santo. Mateo 3:16 revela el detalle curioso de que los presentes vieron: "al Espíritu de Dios que descendía como paloma, y venía sobre él". En Juan 1:32–33, Juan el Bautista dice: "Vi al Espíritu que descendía del cielo como paloma, y permaneció sobre él…el que me envió a bautizar con agua, aquél me dijo: 'Sobre quien veas descender el Espíritu y que permanece sobre él, ése es el que bautiza con el Espíritu Santo'". El lenguaje del Espíritu "descender y venir" y "permanecer" sobre Jesús revela una presencia continua, permanente y relacional donde todo en la vida de Jesús estaría bajo el control y el poder del Espíritu.

¿CÓMO PUEDE LA MADUREZ SUCEDER EN SU VIDA?

Ya que el Espíritu se posó y permaneció sobre Jesús, mientras estudiamos su vida no es necesario que exijamos que cada escena bíblica incluya la mención del Espíritu. Ya se ha hecho constar que Jesús vivió en todo momento con el Espíritu. De la misma forma, cuando le cuento a la gente sobre cuando conocí a Grace, el 12 de marzo de 1988, y que hemos estado unidos todos los días desde entonces, me parecería extraño tener que mencionarla cada vez que digo o hago cualquier cosa por el resto de mi vida. Al conocer nuestra relación, usted

> La única manera en que un cristiano puede llegar a ser como Cristo es por el poder del mismo Espíritu Santo que facultó la vida de Cristo.

podría correctamente asumir que ella está involucrada en toda mi vida, ya sea que yo lo mencione directamente o no. El Hijo y el Espíritu tienen una relación similar: ellos lo hacen todo juntos, y el Espíritu le da poder a todo lo que Jesús hace. Por ejemplo: leemos que

Jesús estaba "lleno del Espíritu Santo", "guiado por el Espíritu" y vino "en el poder del Espíritu".

En la sinagoga, después de que Jesús lee Isaías 61:1-2: "El Espíritu de Jehová el Señor está sobre mí", dice, "Hoy se ha cumplido esta Escritura delante de vosotros" (Lucas 4:18-21). Lucas continúa revelando que Jesús también "se regocijó en el Espíritu" (Lucas 10:21). Jesús y el Espíritu Santo continuamente vivían y ministraban juntos y, a veces, la Biblia nos lo recuerda diciéndolo claramente.

Algunos eruditos han resaltado que el poder del Espíritu en la vida de Jesús no recibe la atención que merece. El teólogo y ex primer ministro de Holanda, Abraham Kuyper, escribió sobre la relación entre Jesús y el Espíritu Santo.

> La Iglesia nunca ha confesado suficientemente lo que la influencia del Espíritu Santo ejerció sobre la obra de Cristo. La impresión general es que el trabajo del Espíritu Santo empieza cuando la obra del Mediador sobre la tierra ha terminado, como si [sic] hasta entonces el Espíritu Santo celebraba su día de reposo divino. Sin embargo, la Escritura nos enseña una y otra vez que Cristo llevó a cabo su obra intercesora bajo el control e impulso del Espíritu Santo.[4]

El ex profesor de *Wheaton College*, Gerald Hawthorne, también escribió sobre el tema de la relación de Jesús con el Espíritu Santo.

> No solo es Jesús su Salvador debido a quién Él era y a causa de su propia obediencia completa a la voluntad del Padre (cf. Hebreos 10:5-7), sino que Él es el ejemplo supremo para ellos de lo que es posible en una vida humada debido a su dependencia total en el Espíritu de Dios.[5]

Ya que Cristo maduró por el poder el Espíritu Santo, se deduce que los cristianos que llevan su nombre también maduren por el mismo poder. Dicho de manera sencilla: La única manera en que un cristiano puede llegar a ser *como* Cristo es por el poder del mismo Espíritu Santo que facultó la vida *de* Cristo.

¿En qué área necesita madurar? ¿Qué necesita aprender? ¿Qué tentación necesita superar? ¿En qué área está débil y no da la talla? ¿En qué área tiene orgullo y necesita aumentar su humildad? ¿En qué área es insensato y necesita aumentar su sabiduría? ¿En qué área es perezoso y necesita encontrar disciplina? Usted necesita al Ayudador, al Espíritu Santo, en cada área, todos los días, para cada necesidad. No puede madurar y no lo hará como Jesús lo hizo sin la ayuda del Espíritu.

Más adelante en el libro, continuaremos analizando este tema, pero ahora ya hemos preparado la plataforma para que el pueblo de Jesús viva por el poder de Jesús. Todo empieza viviendo en el amor del Espíritu.

Capítulo 4

APRENDA A AMAR

AMOR.

Es una palabra pequeña con grandes implicaciones.

En la escuela, cuando éramos niños, los maestros nos enseñaron que necesitamos alimentos, agua, aire y un lugar para vivir. Sin embargo, también necesitamos amor. Sin amor, morimos literalmente.

Hace algunos años, se construyeron hermosas instalaciones médicas para albergar a huérfanos recién nacidos. Ellos les proveían a los niños un ambiente limpio, luz solar, comida sana, agua fresca, una cama confortable y juguetes divertidos; sin embargo, los niños se enfermaban y morían en cantidades alarmantes. Los doctores hicieron investigaciones, pero no pudieron descubrir por qué morían los niños si estaban sanos. Un grupo externo llegó para investigar la crisis.

¿Puede adivinar la conclusión a la que llegaron?

Los niños necesitaban ser amados. Ellos requerían contacto humano: que los cargaran, los abrazaran y les hablaran muchas veces al día. Sin amor, los recién nacidos no lograban desarrollarse y, realmente, podían morir.

Dios nos hizo para tener relaciones de amor y conexión humana. Sabiendo eso, Dios, quien nos creó y conoce lo que necesitamos, dice una y otra vez en la Biblia, en lugares como 1 Juan 4:21: "El que ama a Dios, ame también…"

Cuando usted le dice a alguien que lo ama y lo dice sinceramente, algo profundo y valioso ha sucedido en la relación de ustedes.

Una vez que Grace y yo decidimos que no solo nos amábamos mutuamente, sino que, además, íbamos a decirnos "te amo", nuestra relación nunca fue la misma.

El Antiguo Testamento en un "Tweet"

En medio de su ministerio, un grupo de religiosos que estaba teniendo un pequeño debate le preguntó a Jesús cuál era la sección más significativa de la Biblia. Ellos querían que Él les diera un resumen muy corto de todo el Antiguo Testamento. Ya que Jesús es la persona más significativa que haya vivido, y la Biblia es el libro más significativo que se haya escrito, la respuesta de Jesús sería la más significativa. Marcos 12:28–31 registra a lo que yo llamo como el "tweet" de Jesús del Antiguo Testamento.

> Acercándose uno de los escribas, que los había oído disputar, y sabía que les había respondido bien, le preguntó: "¿Cuál es el primer mandamiento de todos?".
>
> Jesús le respondió: "El primer mandamiento de todos es: 'Oye, Israel; el Señor nuestro Dios, el Señor uno es. Y amarás al Señor tu Dios con todo tu corazón, y con toda tu alma, y con toda tu mente y con todas tus fuerzas'. Este es el principal mandamiento. Y el segundo es semejante: 'Amarás a tu prójimo como a ti mismo'. No hay otro mandamiento mayor que éstos".

Según Jesús, para madurar necesitamos enfocarnos en cinco cosas:

1. Amar a Dios emocionalmente con todo su corazón.

2. Amar a Dios espiritualmente con toda su alma.

3. Amar a Dios mentalmente con toda su mente.

4. Amar a Dios físicamente con todas sus fuerzas.

5. Amar a su prójimo tanto como se ama a sí mismo.

Llevar una vida llena del Espíritu empieza con el amor. Ese amor cambia su corazón, salva su alma, renueva su mente y refresca sus fuerzas. Luego, se esparce hacia quienes le rodean. Cuando la Biblia habla de amor, habla sobre la esencia misma de Dios. El Espíritu Santo, durante toda la eternidad, vive en amor perfecto con el Padre y el Hijo. Mientras estuvo en la tierra, esta relación de amor continuó

> Las manzanas provienen de los manzanos, las uvas provienen de los viñedos, y el amor cristiano proviene del Espíritu Santo.

mientras el Espíritu Santo acompañaba a Jesús en su recorrido, como un amigo a través de cada momento de cada día. A pesar de ser odiado por la muchedumbre, usado por las multitudes, negado y traicionado por sus amigos, Jesús todavía tenía una relación de amor con la que siempre podía contar: Su círculo de amigos con el Padre y el Espíritu. Esta amistad amorosa ayudó a Jesús a vivir en amor y a tener la gracia para ser amoroso con los demás.

La iglesia del padre Agustín dice algo que aplica a Cristo y al cristiano, "Quien ama ya tiene al Espíritu Santo, y al tenerlo, se vuelve digno de tener aún más de Él. Y mientras más tenga al Espíritu, más ama".[1] Agustín dice correctamente que nadie puede amar como Dios sin el Espíritu de amor.

Cuando vemos el amor de Dios, sabemos que el Espíritu de Dios es la fuente de ese amor. Por esta razón, cuando la Biblia habla de amor, señala al Espíritu Santo como la fuente del amor en la vida de Jesús y en la nuestra. Romanos 15:30 habla de "el amor del Espíritu". Colosenses 1:8 habla del "amor en el Espíritu". Primera Tesalonicenses 4:7–9 habla del "Espíritu Santo" quien provoca el "amor filial" para que podamos "amarnos unos a otros". Las manzanas provienen de los manzanos, las uvas provienen de los viñedos, y el amor cristiano proviene del Espíritu Santo.

¿Alguna vez ha visto a una persona exitosa explicar su triunfo? Un atleta de categoría mundial, un músico o un líder explica muchas veces su éxito hablando largo y tendido y con gran afecto por la gente que lo amó, lo apoyó y se sacrificó por él. Las personas exitosas hablan de sus padres, abuelos, mejores amigos, cónyuges u otras personas que los amaron más y permanecieron con ellos como su apoyo en los momentos más difíciles. Mientras Jesús estuvo en la tierra, este rol fue cumplido por el Espíritu Santo, quien lo amaba y lo facultaba para amar a los demás.

AMOR

Si alguien le dijera que nombrara lo más importante que alguien puede hacer, ¿cuál sería su respuesta? La respuesta de Jesús en Marcos, capítulo 12, es amar a Dios primero y, luego, amar a su prójimo.

Su énfasis en el amor nos dice tres cosas. Primera, necesitamos saber quién es Dios. Segunda, necesitamos saber que Dios nos ama. Tercera, necesitamos saber que el amor de Dios por nosotros es un regalo para ser disfrutado y compartido con Dios y los demás.

Cuando Jesús nos dice que Dios es uno, Él cita del antiguo libro de Deuteronomio 6:4. El pueblo de Dios había memorizado esta sección de la Biblia y la pronunciaba diariamente como una oración que les recordaba quien era Dios. La palabra hebrea para un Dios, *echad,* es una palabra curiosa; muchas veces significa múltiples personas que están tan unidas que son una sola. Génesis 2:24 usa la misma palabra como la intención de Dios para las parejas casadas, empezando con Adán y Eva: ser uno solo, aunque fueran dos personas. En esto vemos la Trinidad. La Trinidad es la enseñanza cristiana de la Biblia de que hay un solo Dios en tres personas: Padre, Hijo y Espíritu Santo.

> A nuestro Dios le encantan las relaciones. Esto no es simplemente lo que Dios hace; ¡es su forma de ser!

Debido a que las tres personas de la Trinidad son una, la Biblia puede decir en 1 Juan 4:8: "Dios es amor". Dios no está solo. Por toda la eternidad, el Padre, Hijo y Espíritu viven en una relación de amor. Se comunican entre ellos, se cuidan mutuamente, y continúan uno a otro. En algunas instancias, el Único Dios se asemeja a una familia amorosa, lo que puede explicar por qué los términos de Padre e Hijo se usan para describir su relación de amor.

Dios no solamente es amoroso, sino que ¡lo ama a usted! Aparte de su comportamiento, Dios lo ama y lo acepta como es. Dios lo ama tanto que, a través de su Hijo Jesucristo, Él perdonó gustosamente todo su pasado, reside dentro de usted para darle esperanza, para ayudarlo y sanarlo en su presente, y caminará de la mano con usted (como un padre amoroso) por el resto de su vida hasta la eternidad. El amor de Dios dirige su mente, cambia su corazón y altera su destino. ¡Dios lo ama! ¡Dios no puede amarlo más! ¡Dios no puede amarlo menos!

Dios y su amor por usted son regalos para que usted los disfrute y los comparta con los demás. Jesús habla de esto, y su mejor amigo, Juan, (apodado "el amado de Jesús") hace eco de esto en 1 Juan 4:11: "Amados, si Dios nos ha amado así, debemos también nosotros amarnos unos a otros".

Amor, indudablemente una de las palabras más significativas en la Biblia, aparece casi ochocientas veces. Sin embargo, en nuestra cultura puede ser una de las palabras que más se malinterpretan y abusan. Por ejemplo, las personas "aman" a su mamá, a su equipo favorito y a la pizza; y ellas aman *mucho, mucho*, cuando su mamá les hace pizza para que vean el partido de su equipo favorito.

Dicho de manera sencilla, cuando la Biblia dice que Dios es amor, significa que Él es relacional. Dios quiere tener una relación con cada uno de nosotros. Por eso, Él nos habla a través de la Escritura y nos escucha a través de la oración. Es más, Dios nos hizo como Él, en un sentido limitado, para tener una relación de amor con Él y con los demás, empezando por lo que Jesús llama nuestro "prójimo". Por lo tanto, nuestras relaciones de amor deben empezar en el hogar, con los miembros de nuestra familia que duermen en habitaciones contiguas a la nuestra.

Así es como Dios lo explica en Génesis 1:26: "Entonces dijo Dios: Hagamos al hombre a nuestra imagen, conforme a nuestra semejanza". ¿Captó la palabra "nuestra"? Repito, esta es la forma en que la Biblia nos informa de la Trinidad, hay un solo Dios formado por tres personas: Padre, Hijo y Espíritu. Es importante recordar que a nuestro Dios le encantan las relaciones. Esto no es simplemente lo que Dios hace; ¡es su forma de ser!

Nuestro Dios es amoroso y relacional, y Él nos hizo para que fuéramos personas amorosas y relacionales. Estamos hechos a mano y programados para las relaciones de amor. No se espera que vivamos solos. De hecho, mientras el mundo aún era perfecto y antes de que el pecado sucediera, Dios dijo en Génesis 2:18, que no era bueno que estuviéramos solos. Hoy día, en nuestro mundo infectado por el pecado y corrompido, tenemos una necesidad aún mayor de las relaciones de amor.

Reciba el amor de Dios

Si ha viajado en avión alguna vez, seguramente ha escuchado la presentación de seguridad que dan al principio del vuelo. La tripulación siempre le dice que, en caso de emergencia, las máscaras de oxígeno caerán. La azafata le dice que se ponga primero su máscara antes de ayudar a alguien más.

La vida es como volar en avión. Jesús es su capitán. Nuestra relación con Él es la proverbial máscara de oxígeno. En la Aerolínea Jesús, cuando haya tormenta y caigan rayos, habrá momentos de turbulencia hasta que aterricemos en su reino. Cuando esos momentos sucedan, necesitamos tomar primero nuestra proverbial máscara de oxígeno. Necesitamos vivir en el poder del amor de Dios, sano y que da vida, antes de poder ser de ayuda para quienes nos rodean. Jesús habla de esto en Marcos 12:28–31, diciendo que necesitamos amar primero a Dios y, segundo, a nuestro prójimo.

El cristianismo se trata de muchas cosas, pero una de las más importantes es el amor. En 1 Corintios 13:13, Pablo dice que lo más grande en todo el mundo es el amor. A veces, amor es lo que usted siente; otras veces, es lo que usted dice; pero siempre es lo que usted hace. Al final, el amor se revela en la acción. El amor verdadero actúa desinteresadamente a favor del amado. Esto resulta en actos de servicio y sacrificio, muy parecido a Jesucristo, quien sirvió sacrificando su propia vida como el acto máximo de amor que el mundo habrá conocido.

¿Cómo tenemos acceso al amor de Dios? Obtenemos el amor de Dios por medio del Espíritu de Dios. La Biblia enseña esto en Gálatas 5:22: "El fruto del Espíritu es amor". El Espíritu de Dios ha experimentado el amor eterno en su relación con el Padre y el Hijo. La persona, presencia y poder del Espíritu Santo nos trae este amor y lo pone a la disposición de los creyentes.

Hoy día, mi familia vive y ministra en Scottsdale, Arizona. La mayor parte del año es un desierto hermoso, seco, infértil, con tierra barrosa de color rojo y cactus verdes que llegan tan lejos como el ojo alcanza a ver. Sin embargo, todo cambia durante la época del monzón. Cuando el monzón llega, el cielo se abre y viene la lluvia en un torrente que se siente como los días de Noé. Muy rápidamente, la lluvia de arriba transforma el paisaje de abajo. Aparentemente de la nada, las flores silvestres del desierto explotan debajo del barro seco, y el desierto estalla en vida y color vibrante. Los resultados son impresionantemente hermosos.

> A veces, amor es lo que usted siente; otras veces, es lo que usted dice; pero siempre es lo que usted hace.

Tal como la lluvia del monzón se derrama desde arriba, el amor proviene de Dios y fluye sobre nosotros. Romanos 5:5, dice: "el amor de Dios ha sido derramado en nuestros corazones por el Espíritu Santo que nos fue dado". El Espíritu Santo es la versión de Dios de la lluvia del monzón. Cuando Dios el Espíritu Santo hace llover su amor sobre usted, enfría y refresca, limpia la inmundicia y trae vida hermosa. Necesita el amor de Dios porque, sin él, usted se marchita y muere en el desierto.

Es más, las personas en su familia y en su vida necesitan que el amor de Dios fluya hacia ellos a través de usted. De esta manera, el amor de Dios fluye hacia usted, lo llena y luego fluye hacia los demás a través de usted. Veamos más de cerca las maneras en que Jesús nos dijo que amáramos.

Ame a Dios emocionalmente, con todo su corazón

Cuando la gente quiere llegar al fondo de algo, hablan de ir al *corazón* del asunto. Cuando alguien sufre, decimos que se les ha ido el *corazón*. Cuando alguien hace algo generosa o amablemente, le describimos como una persona con gran *corazón* y decimos que sus acciones animan el *corazón*. Cuando alguien se siente devastado, decimos que su *corazón* está quebrantado. Cuando alguien lamenta una decisión que tomó, dice que ha habido un cambio en su *corazón*. Y cuando vemos a alguien que es amoroso y bueno, decimos que son de buen *corazón* y que animan nuestro *corazón*.

El corazón es la esencia de su ser. Proverbios 27:19 dice: "Así como el rostro se refleja en el agua, el corazón refleja a la persona tal como es" (NTV). En un sentido muy real, la vida que usted lleva es solo un reflejo del corazón que tiene.

Cuando Jesús dijo que amara a Dios y a los demás con "todo su corazón", eso muestra que necesitamos poner atención a nuestro corazón y trabajar en él continuamente. Esto es especialmente cierto cuando se trata de nuestras relaciones. Necesitamos analizar nuestro corazón hacia Dios y los demás con regularidad.

En la vida, el "querer" precede al "cómo". El buen consejo sobre *cómo* hacer algo no sirve de nada a menos que *queramos* hacerlo. Este es el centro de la vida cristiana. Solamente después de que queremos hacer lo correcto, estamos listos para aprender cómo hacer precisamente eso.

En un sentido muy real, la vida que usted lleva es solo un reflejo del corazón que tiene.

Sea sincero, ¿cómo está su corazón hacia Dios? Si pudiera escoger una palabra (por ejemplo: blando o duro, lleno de amor o enojado, obediente o desafiante, etc.) para describir su corazón hacia Dios, ¿cuál sería?

Con mucha frecuencia, especialmente cuando se trata de criar a los hijos o dar consejería, es fácil cambiar rápidamente y comportarse sin considerar el asunto más profundo de la condición subyacente del corazón. En lo que se refiere su sentir interno y su comportamiento externo, hay cuatro opciones.

1. Corazón malo, comportamiento malo

La gente mala hace cosas malas. A veces, el mal comportamiento revela simplemente un corazón malo. Jeremías 17:9 se refiere a esto al decir: "Engañoso es el corazón más que todas las cosas, y perverso". Esto es muy claro. El agua es húmeda, los políticos mienten y la gente mala hace cosas malas.

2. Corazón malo, comportamiento bueno

La gente mala hace cosas buenas. Jesús se refiere a la gente así, cuando dice en Mateo 15:8, "Este pueblo de labios me honra; mas su corazón está lejos de mí". Esta es un poco complicada ya que una persona mentirosa se vuelve una actriz para esconder su verdadera identidad, pretende ser alguien que no es—como la persona religiosa que es una hija del diablo, arrogante, y piensa que la hipocresía es un don espiritual, pero aun así dice "Jesús" cuando uno estornuda.

3. Corazón bueno, comportamiento malo

La gente buena hace cosas malas. Podemos verdaderamente desanimar a alguien si asumimos equivocadamente que un motivo malo inspiró el resultado malo. En 1 Samuel 16:7 Dios dice: "porque Jehová no mira lo que mira el hombre; pues el hombre mira lo que está delante de sus ojos, pero Jehová mira el corazón". A veces, la persona quiere genuinamente hacer lo correcto; sin embargo, de alguna manera, hace lo malo. Conozco a una madre soltera que estaba preparando la cena cuando una llamada de negocios la interrumpió. Con el deseo de ayudar, su hija pequeña trató, lo mejor que pudo, de terminar la cena, pero lo único que hizo fue un desorden y quemó la comida. Cuando su mamá terminó la llamada y regresó a la cocina, su pequeña niña, cubierta en harina, con una sonrisa de orgullo le dijo: "Lamento que tengas que trabajar tan duro, mami. Te quiero y ¡te estoy ayudando haciendo la cena!". A veces los hijos de Dios somos como esa niñita.

4. Corazón bueno, comportamiento bueno

La gente buena hace cosas buenas. La Biblia se refiere a esto cuando Dios dice en Ezequiel 11:19–20: "Y les daré un corazón, y un espíritu nuevo pondré dentro de ellos; y quitaré el corazón de piedra de en medio de su carne, y les daré un corazón de carne, para que anden en mis ordenanzas, y guarden mis decretos y los cumplan". Si usted conoce más de este tipo de personas, es bendecido. Son como los unicornios: ha escuchado de ellos, pero es muy difícil encontrar uno.

¿Cuál de estas cuatro categorías describiría el estado de su corazón interno y sus acciones externas con mayor precisión?

AME A DIOS ESPIRITUALMENTE, CON TODO SU CORAZÓN

Tenemos la tendencia a desperdiciar mucho tiempo, esfuerzo, dinero y energía en nuestra vida externa. Nos preocupamos por nuestra apariencia física: peso, defectos y el mejor ángulo para un autorretrato que pensamos publicar en línea. Pasamos toda nuestra vida preocupados por el vehículo que conducimos, la ropa que vestimos, la casa en la que vivimos y las cosas que poseemos. Estas cosas externas no nos satisfacen, salvan o tranquilizan.

Trágicamente, no es poco común que las noticias estallen con el relato de alguien que tiene todo maravilloso en su vida exterior: bien parecido, vehículo bonito, casa grande, esposa hermosa, hijos sanos, vacaciones lujosas, admiradores que los adoran; pero se suicidan. Su vida interna afecta su vida externa mucho más de lo que su vida externa afecta su vida interna. Un alma en paz, perdonada y amada por Dios, hace más bien que cualquier cosa que usted pueda poseer, que cualquier logro que pueda tener, o que cualquier condecoración que pueda ganar.

Jesús dice que amar a Dios es la más importante de todas las actividades humanas. Su alma fue diseñada para hacer esto. Cuando ama a Dios con toda su alma, entonces puede amar a quienes le rodean y ayudarles a amar a Dios con toda su alma.

Atender a su propia alma significa mantener una dieta sana de lectura bíblica, oración, adoración, ofrendas, servicios y edificar relaciones saludables con la gente de Dios para mantenerse en la presencia de Dios. A medida que su alma se vuelva saludable a través de relaciones de amor con Dios, usted está en la mejor disposición de ayudar amorosamente a otros a hacer lo mismo.

Además de su mundo exterior, usted también tiene que explorar su mundo interior misterioso. La Biblia habla de su vida interior en términos de su alma. A diferencia de su cuerpo visible, su alma invisible no puede ser vista a través de un microscopio o un telescopio. Solo Dios—quien la hizo para que usted pudiera tener una relación con Él en el nivel más profundo de su ser por toda la eternidad—puede verla.

En Génesis 2:7, leemos que Dios también nos hizo con alma: "Entonces Jehová Dios formó al hombre del polvo de la tierra, y sopló en su nariz aliento de vida, y fue el hombre un ser viviente". Es cierto que la vida humana es multifacética y compleja; para simplificarlo, la Biblia dice aquí que nosotros, en el nivel más básico, tenemos una vida física externa, visible, y una vida espiritual interna, invisible.

Usted no solo tiene un alma; usted *es* un alma. Esto explica por qué cuando su cuerpo muere, su alma no. Su alma va a la presencia del Señor hasta que vuelva a reunirse con el cuerpo y sea resucitado como lo fue Jesús.

Nuestro problema cultural es que hemos reemplazado al alma por el yo. El alma, que fue hecha por Dios y para Dios, ahora está desconectada de Dios y reemplazada por el yo. Cuando se trata de ayudar a las personas, incluyendo criar a los hijos, nuestra cultura, trágicamente, no tiene concepto del alma. En su libro, *Guarda tu alma,* John Ortberg hasta incluyó que el *Manual de diagnóstico y estadística de trastornos mentales* ni siquiera una vez menciona al alma. Para ayudar efectivamente a las personas, necesitamos ayudar a la persona integralmente, incluyendo al alma, lo que integra todos los aspectos de la persona.

Aquí hay dos moralejas principales:

1. Usted tiene alma. Su alma fue hecha por Dios y para el Espíritu de Dios. Usted es el administrador de su alma. Nada en su vida externa importa tanto como su alma, y nada en su vida externa estará saludable a menos que su alma lo esté. ¿Cuán saludable está su alma?

2. Al igual que el cuerpo necesita aire, su alma necesita al Espíritu. Usted no puede vivir espiritualmente sin la presencia poderosa de Dios. Su alma necesita recibir la vida y el amor del Espíritu de Dios, para que usted pueda enseñar a quienes le rodean, empezando por su familia y amigos, a amar a Dios con toda su alma en respuesta al amor por ellos que proviene del alma de Dios. Esto explica por qué la adoración sigue siendo tan importante. Sí, está bien escuchar música cristiana, pero, para estar sana, su alma necesita entrar en un salón con el alma de otras personas para cantar desde la profundidad de su alma colectiva y conectarse con el Espíritu Santo.

Nuestro mundo habla mucho del alma. Podemos comer alimentos para el alma escuchando música *soul* y viendo a los ojos de alguien que amamos porque, como dice el dicho, los ojos son la ventana del alma. Incluso llamamos a los evangelistas cristianos "ganadores de almas".

Pero ¿qué dice la Biblia sobre el alma? Jesús nos da la declaración más famosa, quizás, sobre el alma en Mateo 16:26: "Porque ¿qué aprovechará al hombre, si ganare todo el mundo, y perdiere su alma? ¿O qué recompensa dará el hombre por su alma?". Jesús quiere que usted comprenda que invertir toda su energía en su vida exterior es un completo desperdicio de tiempo si ha descuidado su vida interior. Cuando esto sucede, la gente puede percibirlo. Tal vez haya escuchado a alguien decir que una persona parece sin alma y vacía, o podrían preguntarle a esa persona: "¿Has perdido tu alma?".

El punto de Jesús es muy sencillo: la vida no se trata principalmente de lo que usted tiene, a dónde va, qué logra, a quién conoce o qué reconocimientos recibe. La vida es se trata primordialmente de lo que usted y su alma llegan a ser como hogar para el Espíritu.

¿Cómo está su alma?

AME A DIOS MENTALMENTE, CON TODA SU MENTE

La Biblia dice repetidamente que todos jugamos un papel muy real en la batalla espiritual. Muchas veces, esa guerra se lleva a cabo en el campo de batalla de la mente.

En nuestra mente, luchamos con las mentiras, la tentación y la condenación. En nuestra mente, batallamos para diferenciar la verdad de la mentira, lo correcto de lo incorrecto, y a Dios de Satanás. Romanos 12:2 marca este punto cuando dice: "No os conforméis a este siglo, sino transformaos por medio de la renovación de vuestro entendimiento". No solo es pecado *actuar* de maneras que son opuestas a Dios, también es pecado *pensar* en formas que son opuestas a Dios. Es más, los pensamientos pecaminosos muchas veces preceden a las acciones pecaminosas; lo que significa que, si nuestra mente es renovada, también nuestro comportamiento lo será.

Nuestra mente fue hecha para amar a Dios. Jesús dice que debemos amar a Dios con toda nuestra mente. Dios quiere cristianos conscientes, no cristianos inconscientes.

La clave para una mente renovada es espiritual. Romanos 8:5–6, dice: "Porque los que son de la carne piensan en las cosas de la carne; pero los que son del Espíritu, en las cosas del Espíritu. Porque el ocuparse de la carne es muerte, pero el ocuparse del Espíritu es vida y paz". Dios el Espíritu Santo es el único que puede renovar su mente para amar la verdad de Dios, aprender los caminos de Dios y vivir para la gloria de Dios. Sin el Espíritu, su mente de vuelve orgullosa y se "envanece" con conocimiento simple que no ama a Dios ni a los demás (1 Corintios 8:1). En un mundo donde la persona más inteligente es la más respetada, es aleccionador y útil recordar que no es la mente inteligente, sino más bien la mente que se entrega al Espíritu lo que es agradable a los ojos de Dios.

¿Está su mente entregada a la Escritura?

AME A DIOS FÍSICAMENTE, CON TODAS SUS FUERZAS

Jesús es Dios en un cuerpo, tal como lo dice Juan 1:14: "Y aquel Verbo fue hecho carne, y habitó entre nosotros". Es más, como hemos estudiado, Jesús maduró físicamente: Él era sano físicamente.

A veces, los cristianos pueden sobreespiritualizar las cosas. Algunas cosas son muy prácticas y no tan espirituales.

Grace y yo tenemos cinco hijos sanos que aman al Señor. Viajamos mucho con ellos, lo que empezó desde que eran niños. La mayoría de las veces, se comportan muy bien en los aviones; sin embargo, nunca olvidaré el peor vuelo de nuestra vida. Nuestra hija mayor tenía unos pocos años y su hermano estaba recién nacido. Viajábamos de Seattle a Orlando y teníamos que apresurarnos para tomar el vuelo de conexión. El primer tramo del viaje empezó temprano en la mañana, así que los niños no durmieron bien. Una vez que aterrizamos, nuestra hija asumió que el viaje había terminado, y se puso muy triste cuando escuchó que teníamos que tomar otro vuelo.

El avión estaba lleno, así que mi esposa se sentó cerca del frente con un recién nacido en su regazo, y yo me senté cerca de la parte de atrás en un asiento central con una niña pequeña en mi regazo. Deshidratada debido a un catarro, exhausta y con dolor de oídos por la presión del aire, lo que, además, le causaba dolor de cabeza, mi hija estaba físicamente agotada, harta de viajar y necesitaba una siesta. Durante el segundo vuelo, empezó a llorar y nuestra niña que generalmente se portaba muy bien se convirtió en "esa niña". Con el tiempo, parecía que todos a mi alrededor me estaban mirando fría y severamente, y podía darme cuenta de lo que estaban pensando: "Pon a la niña en el compartimiento superior". Tratando de evitar un desastre nuclear, vi a mi pequeña niña que lloraba y le pregunté qué podía hacer por ella.

Ella dijo: "Tráeme una calabaza".

Oficialmente estaba acabado. Nunca sabré la razón por la que ella quería una calabaza. Pero yo no había empacado una calabaza de emergencia.

Lo cierto es que todos tenemos días de calabaza. En los días de calabaza, la solución muchas veces es mucho más práctica que espiritual.

Muchas cosas: hambre, cansancio, deshidratación, ingerir solamente alimentos que terminan en "itos" (por ejemplo: Doritos, burritos, taquitos), estar sufriendo un catarro o una enfermedad, o no haber tenido un día libre en meses, puede afectar el resto de su ser (corazón, alma, mente). Usted existe en dos partes: una es visible, externa y material y la otra, invisible, interna y espiritual. Las dos partes de se afectan mutuamente ya sea de manera positiva o negativa.

Usted descubrirá que está más predispuesto a ser tentado por el pecado cuando está exhausto o más tentado a la desesperación cuando está enfermo. Hay algunas razones muy prácticas a nivel de su bienestar físico para esta realidad. Como resultado, usted necesita tomar un día de descanso sabático como lo hizo Jesús. También necesita tomar una siesta de vez en cuando como lo hizo Jesús.

Amar a Dios significa que usted lo ama con su cuerpo. Debe alimentarlo con comida saludable, hidratarlo con agua, cubrirlo por la noche, hacer un poco de ejercicio y no desnudarse con quien no sea su cónyuge.

Un día, su cuerpo resucitará y será completa y eternamente sano. Hasta ese día, amar a Dios con la fuerza de su cuerpo requerirá tener un cuerpo gobernado por el Espíritu. Si su cuerpo se gobierna a sí mismo, usted lo alimentará con sus deseos físicos hasta que lo autodestruya por comer, beber y darse gustos hasta que sufra y muera. Pablo habló de esto en Romanos 8:11–13 cuando dijo: "Y si el Espíritu de aquel que levantó de los muertos a Jesús mora en vosotros, el que levantó de los muertos a Cristo Jesús vivificará también vuestros cuerpos mortales por su Espíritu que mora en vosotros...Porque si vivís conforme a la carne, moriréis; mas si por el Espíritu hacéis morir las obras de la carne, viviréis".

En el antiguo pacto, el lugar santísimo sobre la tierra era el templo. La gente viajaba a ese lugar para estar cerca de la presencia de Dios, el Espíritu Santo. En el nuevo pacto, su cuerpo se convierte en el lugar santísimo sobre la tierra, el templo del Espíritu Santo. Por tanto, usted debe amar a Dios con toda la fuerza de su cuerpo, cuidando su templo. En 1 Corintios 6:19–20, Pablo dice: "¿O ignoráis que vuestro cuerpo es templo del Espíritu Santo, el cual está en vosotros, el cual tenéis de Dios, y que no sois vuestros? Porque habéis sido comprados por precio; glorificad, pues, a Dios en vuestro cuerpo". ¿Cómo le va en la atención al templo físico que Dios le ha dado? ¿Sus alimentos, bebidas y ejercicio glorifican a Dios? ¿Qué cambios necesita hacer?

¿CÓMO ESTÁ SU AMOR POR DIOS?

Grace y yo hemos estado casados desde el 12 de marzo de 1988. Durante años en nuestro matrimonio, yo asumía equivocadamente que solo porque ella no había mencionado algo, no teníamos problemas y todo estaba bien. Luego, un día, saqué lo que yo pensaba que eran preguntas sencillas: "¿Cómo estamos en nuestra relación? ¿Cómo puedo ser un mejor amigo para ti?". Yo esperaba que ella me dijera que sentía como si estuviera casada con Jesús y que estaba bendecida. Para mi sorpresa, ella tomó esa oportunidad para hacerme saber gentilmente que había mucho que podía mejorar.

Con toda sinceridad, me puse un poco a la defensiva. Le pregunté por qué no me había dicho estas cosas antes. Me recordó amablemente que sí lo había hecho en varias ocasiones y que yo no estaba escuchándola realmente o actuando sobre lo que ella estaba diciendo. Tenía razón. Yo necesitaba ser más amoroso.

Hice caso a las palabras de mi esposa y programé un día para estar a solas con el Señor. Mis metas eran (1) orar al Señor, preguntarle cómo podía amar mejor en mi relación con mi esposa, (2) escuchar,

(3) escribir en un diario mis pensamientos con el Señor y (4) estudiar los versículos que correspondían a lo que Él me dijera.

Dios fue fiel para reunirse conmigo ese día, pero antes de hablarme sobre mi relación con Grace, 'El me habló de mi relación con Él. El Señor me redarguyó amable, pero firmemente, de que, si lo amaba a Él primero, entonces yo amaría a Grace mejor; así que necesitaba primero empezar a trabajar en mi relación con Él.

Creo que todo ese tiempo, Dios sentía lo mismo que mi esposa. Dios lo ama, y Él quiere tener una relación de amor con usted. Él le ha hablado a través de la Escritura, su consciencia y el consejo sabio de personas piadosas sobre algunas áreas que necesita mejorar para nutrir una relación de amor con Él y los demás. ¿Ha estado escuchando?

Si necesita ayuda en amar a Dios o amar a los demás, le animo a pasar un tiempo con el Señor e invitar al Espíritu Santo a que le revele la verdad en las siguientes áreas.

¿Cómo le va en amar a Dios con todo su corazón?

¿Cómo le va en amar a Dios con toda su alma?

¿Cómo le va en amar a Dios con toda su mente?

¿Cómo le va en amar a Dios con todas sus fuerzas?

¿Cómo le va en amar a su prójimo, empezando con la familia y los amigos más cercanos?

Dios le invita a amar con todo su corazón, alma, mente y fuerza por medio de su Espíritu. Sin embargo, hay un enemigo que está totalmente a favor del odio y no del amor, quien batalla contra su corazón, alma, mente y fuerza. En el siguiente capítulo, usted aprenderá más de él y cómo vencerlo de la misma forma en que Jesús lo hizo.

CINCO ARMAS PARA VENCER LO DEMONÍACO

E N UN MOMENTO interesante, un pastor amable, fácil de tratar y comprensivo me contó que su trabajo anterior había sido en el ejército de los Estados Unidos como un especialista *SERE* (Sobrevivencia, Evasión, Resistencia, Escape). De la manera en que yo lo entiendo, él entrenaba tropas para sobrevivir en caso de quedar varados en un ambiente inhóspito o que fueran capturados por el enemigo. Le pregunté si alguna vez había tenido que usar en el trabajo la técnica de tortura llamada submarino (ahogamiento simulado); y su respuesta fue estoica: "No puedo confirmarlo ni negarlo". Luego, una sonrisita se dibujó en su rostro, eso fue una señal.

Le pregunté cómo era un día promedio. Si recuerdo correctamente la conversación, él dijo que ellos iban a recoger—por ejemplo, a su casa—a una persona incauta, un recluta, y le quitaban todas sus pertenencias personales (tales como su teléfono móvil, billetera, reloj, llaves). Luego, le daban una pequeña paliza, lo echaban en la parte de atrás de un camión, oscura, sin ventanas, y lo conducían por los alrededores durante unos días hasta que estaba listo y desorientado. El objetivo era combinar el aislamiento, la desorientación y el cansancio para que el recluta se sintiera débil y agotado.

Luego, trataban de presionarlo psicológicamente hasta el límite de su humanidad para descubrir su punto de quiebre. Continuó explicándome que cada ser humano tiene un límite con referencia a cuánto estrés y coerción pueden soportar física y mentalmente, y que una vez que uno empuja a una persona por encima de ese límite, la persona se quiebra. Su trabajo era descubrir esa línea y ayudar al personal militar a empujar más allá de sus límites y superar esa línea.

De muchas formas, la Biblia es un reporte del campo de batalla de una guerra que ha sido librada durante toda la historia de la humanidad. Según la Biblia, los ángeles son seres espirituales creados por Dios para que cumplan los propósitos de Él. Sin embargo, un ángel se volvió orgulloso, lo cual es la raíz de muchos pecados, y prefirió ser su propio dios en lugar de adorar y obedecer al verdadero Dios (Isaías 14:11–23; Ezequiel 28:12). Nosotros lo conocemos ahora por muchos nombres bíblicos, tales como: Satanás, el dragón, la serpiente, el enemigo, el diablo, el tentador, el asesino, el padre de la mentira, el adversario, el acusador, el destructor y el maligno.

Trágicamente, un tercio de los ángeles su pusieron del lado de Satanás para declararle la guerra a Dios y se volvieron un ejército dedicado a la destrucción del reino de Dios (Isaías 14:12; Lucas 10:18, Hebreos 12:22; Apocalipsis 9:1, 12:3–9). Su rebelión terminó en una gran batalla contra Dios y sus ángeles santos. Satanás y sus demonios perdieron y fueron echados del cielo sin la posibilidad de ser perdonados jamás o de ser reconciliados para tener una buena relación con Dios (2 Pedro 2:4).

Después de la gran guerra en el cielo, continuando con la historia de la Escritura, la escena cambia a un nuevo campo de batalla: la tierra. La Biblia abre con una boda entre Adán y Eva, y en cuanto le damos vuelta a la página, Satanás, la serpiente, aparece para declararle la guerra a su matrimonio y a su familia. De esto aprendemos que Satanás siempre se aparece para arruinar lo que Dios hizo maravilloso y para apartar a la gente de tener relaciones de amor con Dios y unos con otros. Luego, nos enteramos de que la familia está en guerra contra sí misma cuando Adán y Eva se esconden de Dios, se atacan mutuamente de manera verbal y uno de sus hijos asesina al otro.

Trágicamente, nuestros primeros padres se rindieron ante Satanás y pecaron, y desde entonces todos hemos sufrido. Cada uno de los que nacimos después de la ridícula caída fatal ha entrado en una guerra espiritual entre el reino de Dios y los terroristas espirituales que solo procuran matar, robar y destruir.

Después de que nuestros primeros padres, Adán y Eva, se rindieron a través del pecado, hubo una promesa. Dios mismo predijo la venida de Jesús para aplastar a Satanás cuando dijo en Génesis 3:15: "Y pondré enemistad entre ti y la mujer, y entre tu simiente y la simiente suya; ésta te herirá en la cabeza, y tú le herirás en el calcañar". La batalla se estaba gestando.

Muchos años después, Jesús nació. Como a Adán, el maligno no lo atacó abiertamente hasta que Jesús recibió su llamado para ministrar públicamente. La tentación de Jesús es tan importante que los tres evangelios sinópticos (Mateo, Marcos y Lucas) la incluyen.

Jesús (también llamado "el postrer Adán" en 1 Corintios 15:45) retoma la guerra donde el primer Adán cayó en batalla. Adán empezó sin naturaleza de pecado, vivía en un paraíso, disfrutaba de una relación cercana con Dios, enfrentó la tentación, cayó y fue echado al desierto solitario. Jesús vino sin naturaleza de pecado, dejó un paraíso, disfrutaba de una relación cercana con Dios, enfrentó la tentación, triunfó y venció al dragón en un desierto solitario.

> Cada uno de los que nacimos después de la ridícula caída fatal ha entrado en una guerra espiritual entre el reino de Dios y los terroristas espirituales que solo procuran matar, robar y destruir.

Justo antes de enfrentar la tentación más dura en la historia, Jesús experimentó la revelación más extraordinaria en la historia. Poco después del momento máximo cuando el Espíritu descendiera sobre Él en su bautismo y que el Padre hablara desde el cielo para que todos escucharan que Él es el hijo amado de Dios, Jesús enfrentó increíblemente el momento más difícil de pasar cuarenta días sin alimento ni compañía.

Esto solo muestra que, a veces, nuestras tentaciones más grandes vienen después de grandes triunfos. A veces, el triunfo es más difícil de manejar que el fracaso, y las victorias son más difíciles de navegar que las derrotas. ¿Por qué? Porque la serpiente entra, deslizándose, para atacar cuando se alcanza el éxito.

Antes de graduarse para ministrar públicamente, Jesús tenía que tomar un último examen. Esa prueba era su tentación. Del relato en Lucas 4:1–15 aprendemos que andar con Dios es entrar a una guerra. Afortunadamente, Dios nos da cinco armas para la guerra espiritual.

Su primera arma: El Espíritu Santo

La historia de la tentación de Jesús empieza en Lucas 4:1–2, "Jesús, lleno del Espíritu Santo, volvió del Jordán, y fue llevado por el Espíritu al desierto por cuarenta días, y era tentado por el diablo. Y no comió nada en aquellos días, pasados los cuales, tuvo hambre".

A diferencia de Dios, Satanás no es omnipresente. Él no puede estar en más de un lugar a la vez. Satanás fue personalmente a luchar contra Jesús, pero para el resto de nosotros, él manda a alguien más a representarlo. Como sucede muchas veces, el ataque del enemigo nadie lo invita, sino que llega groseramente en forma prepotente y autoritaria, demandando un trato inmediato.

Al igual que Moisés (Éxodo 34:28) y Elías (1 Reyes 19:8), Jesús pasó cuarenta días a solas en el desierto. Para cuando el dragón apareció para pelear, Jesús había alcanzado los límites de su humanidad. En esto aprendemos que cuando es más probable que nuestro enemigo azote, es cuando estamos hambrientos, aislados y cansados.

- Cuando no estamos bien físicamente y necesitamos alimento o alguna otra provisión, estamos más vulnerables a la tentación pues carecemos de la energía necesaria para luchar.

- Cuando estamos aislados porque vivimos solos, no tenemos amigos cercanos ni familia que viva cerca, y se puede llevar una vida llena de secretos debido a la privacidad, también estas más vulnerables a la tentación pecaminosa.

- Cuando estamos cansados, nuestros niveles de energía están bajos porque estamos agotados, no dormimos bien, estamos enfermos, lastimados, superando el alcoholismo, usando drogas ilegales o teniendo una mala salud por cualquier razón, el enemigo nos ve como una presa herida que él puede devorar más fácilmente.

Cuando vivía en su humanidad total, el Señor Jesús era vulnerable. Nosotros también lo somos, cada vez que nos encontramos hambrientos, aislados o cansados.

Para empeorar las cosas, Satanás y los demonios no comparten las limitaciones de nuestra humanidad. A ellos no les da gripe, no necesitan un día libre y tampoco envejecen. Los demonios son ángeles caídos. Leemos de los ángeles en Apocalipsis 4:8: "no cesaban día y noche de decir: 'Santo, santo, santo es el Señor Dios Todopoderoso, el que era, el que es, y el que ha de venir'". Ningún ser humano podría cantar en adoración día y noche sin parar nunca. Nuestra humanidad tiene límites que los seres espirituales no comparten.

Lo mismo leemos en Apocalipsis 7:15, que, refiriéndose a los ángeles, dice: "están delante del trono de Dios, y le sirven día y noche". Satanás también

> Es mejor tener al Espíritu y nada más; que tener todo, pero no al Espíritu.

trabaja turnos de veinticuatro horas, tal como leemos en Apocalipsis 12:10: "los acusaba delante de nuestro Dios día y noche".

¿Cómo puede usted, como ser humano con energía finita, ganar una batalla contra seres espirituales que tienen el beneficio de poder pelear en su contra día y noche sin necesitar comida, siesta, agua o descanso? Su poder es finito, ¡pero el poder del Espíritu es *infinito*!

¿Dónde sucedió la tentación de Jesús? En un desierto seco, solitario y desolado. A veces, seguir la dirección del Espíritu Santo significa que nosotros, al igual que Jesús, nos encontraremos en pobreza en vez de prosperidad, en problemas en vez de tranquilidad y en dificultades en vez de felicidad. Esto solo demuestra que el lugar más seguro para estar es dentro de la voluntad de Dios, aun si eso fuera en un desierto. Es mejor tener al Espíritu y nada más; que tener todo, pero no al Espíritu.

Su segunda arma: Identidad

La forma en que se ve así mismo es su identidad o lo que comúnmente se llama autoimagen o autoestima. Usted forma su identidad en una de dos maneras: la alcanza por sí mismo o la recibe de Dios.

Cuando alcanza su identidad por sí mismo, hay muchos problemas. Para empezar, si usted pone su identidad en el papel que juega (madre, esposa, esposo, padre, ganador, reina de belleza, etc.) cuando su papel cambie, usted cae en una crisis de identidad. Cuando los hijos se mudan, el matrimonio se derrumba, pierda su trabajo o la edad empieza a disminuir su belleza, usted queda devastado. Ya no sabe quién es, y su vida empieza a hundirse en el caos.

Cuando recibe su identidad de Dios, usted puede permanecer sano sin importar lo que suceda en su vida. Cuando sabe que es un hijo amado de Dios y su identidad con relación a su Padre celestial no puede cambiar, usted queda libre para dejar de vivir *por* su identidad—algo que nunca es seguro—y empezar a vivir *de* su identidad, lo que es eternamente seguro.

Quien usted piensa que es, determina lo que hace. Por eso, cuando Satanás ataca, empieza por socavar su sentido de identidad. En el primer ataque a los humanos, a Adán y a Eva se les dijo que si hacían algo (tomar del fruto prohibido), entonces alcanzarían su identidad volviéndose "como Dios". Sin embargo, eso era una mentira. Dios ya los había hecho a su "imagen". Ellos ya habían recibido una identidad de ser como Dios, pero, de alguna manera, les dio una amnesia espiritual y olvidaron quienes eran. Ellos creyeron equivocadamente la mentira satánica de que podían lograr una identidad por sus propias fuerzas.

Satanás usó esta misma táctica cuando atacó a Jesús. Leemos del ataque a la identidad de Jesús en Lucas 4:3: "Entonces el diablo le dijo: 'Si eres Hijo de Dios, di a esta piedra que se convierta en pan'". Satanás cuestionó la identidad de Jesús como el Hijo de Dios. Cuarenta días antes, Dios el Padre pronunció precisamente esto sobre Jesús desde el cielo cuando fue bautizado; Él dijo: este es mi Hijo". Jesús no necesitaba hacer nada para alcanzar su identidad como el Hijo de Dios. A diferencia de Adán, afortunada y perfectamente, Jesús no olvidó quién era Él.

El papel de Satanás es ser nuestro acusador (Apocalipsis 12:10). Como el acusador, Satanás le dijo a Jesús: "Si tú eres el Hijo de Dios…". Observe la palabra *tú*. En caso de que se haya ausentado de la clase de Idioma el día que cubrieron esto, *tú* es un pronombre que se refiere a la "segunda persona" en gramática y en escritura. Cuando usted escucha la segunda persona *tú* como lo escuchó Jesús, significa que alguien más le está hablando: ya sea otro ser humano, Dios o lo demoníaco. Esto puede ser una conversación audible o un pensamiento. Si es un pensamiento negativo que usted tiene y no está relacionado con alguien, podría estar experimentando un ataque demoníaco sobre su identidad. Los ejemplos comunes son: "Dios no te perdona, y lo que has hecho está por encima del perdón". "Eres un fracaso". "Eres un perdedor". "No vales nada". "No tienes remedio". "Deberías matarte".

Dios nunca le habla a uno de sus hijos de esta manera; sin embargo, el ámbito demoníaco sí los hace, y espera que usted crea lo que dice que usted es y que olvide cuál dijo Dios que es su identidad. A veces, el monólogo negativo y la autoimagen negativa son ataques demoníacos sobre usted y su identidad, como fue el caso con Jesús. Saber quién Dios dice que usted es como un santo amado y perdonado con un Padre que nunca falla es la clave para su victoria, así como lo fue para Jesús.

Jesús probablemente estaba más que hambriento y sintiendo los efectos terrenales de la inanición después de cuarenta días de ayuno. Cuando Satanás le pidió a Jesús que convirtiera las piedras en pan, el acto mismo no era pecado. Dios había provisto maná para su pueblo después de su Éxodo de Egipto hacia el desierto. Jesús nació en Belén, que significa casa del pan. Más adelante, Él dijo que Él era el "pan de vida" (Juan 6:33, 48) y partía frecuentemente el pan en las comidas con amigos hasta la Última Cena. Si Jesús pudo convertir el agua en vino, entonces Él podía también convertir las piedras en pan.

La tentación no era cometer un acto pecaminoso, sino más bien, entrar en una relación pecaminosa. Satanás estaba invitando a Jesús a entrar en una relación donde ellos harían el mal juntos. Muchas veces pensamos en todas las relaciones que Jesús tuvo mientras caminó en la tierra, pero también necesitamos considerar todas las relaciones que Él *rechazó* tener porque esas alianzas habrían sido vergonzosas. Por ejemplo, los líderes religiosos agobiaban constantemente a Jesús, exigiéndole que estuviera de acuerdo con ellos, se uniera a ellos y apoyara su causa. Jesús rechazó repetidamente sus demandas hasta que ellos lo asesinaron por rehusarse a unírseles. Haberse unido a tal grupo en una relación de apoyo para Jesús habría sido un pecado. Jesús entró en relaciones donde Él podía hacer que la gente pecadora fuera piadosa, pero no entró en relaciones donde la gente pecadora podía hacerlo impío a Él.

Con demasiada frecuencia, vemos al pecado únicamente en términos de acciones, y pasamos por alto las relaciones pecaminosas. Hay personas con las que usted no debe involucrarse romántica o íntimamente. Hay personas con las que usted no debería hacer negocios, permitirles entrar a su casa o darles acceso a sus hijos, cónyuge, o detalles privados de su vida. Hay personas con las que usted no debería ministrar. El enemigo envía a tales personas y las capacita según su plan de batalla. Son prepotentes, autoritarias, preguntan cosas que le hacen sentir incómodo e inseguro, y presionan para tener una relación impía, inútil, enferma, tal como el diablo lo hizo en el desierto.

No se desanime ni se sienta derrotado cuando esto suceda. Lo mismo le pasó a Jesús. Hay una diferencia entre la tentación y el pecado. Cuando usted es tentado, especialmente por una relación pecaminosa, acuérdese de Jesús y Hebreos 4:15–16, que dice: "Porque no tenemos un sumo sacerdote que no pueda compadecerse de nuestras debilidades, sino uno que fue tentado en todo según nuestra semejanza, pero sin pecado. Acerquémonos, pues, confiadamente al trono de la gracia, para alcanzar misericordia y hallar gracia para el oportuno socorro". Cuando el enemigo viene a azotarlo con una tentación pecaminosa, que muchas veces comienza a través de una relación impía con alguien, usted puede invitar a Jesús para que le acompañe, que le traiga la gracia que da poder a través del Espíritu Santo y le ayude. Jesús ha experimentado las mismas cosas que usted, y Él ganó su guerra y le ayudará a ganar su batalla también.

Me parece curioso reflexionar sobre por qué Satanás continúa su guerra contra Dios aun cuando las Escrituras son abundantemente claras que él estará vencido para siempre. Quizá no solo es el diablo un engañador, sino que además está autoengañado. En el pasado, él se rehusó a aceptar la identidad que Dios le dio como un ser creado hecho para honrar, glorificar y obedecer a Dios. Inconforme con la identidad que Dios le dio, insistió en querer alcanzar su propia identidad, ser él mismo un dios y ser honrado, glorificado y obedecido por el verdadero Dios, Jesucristo.

Por orgullo, Satanás pudo haberse engañado a sí mismo en pensar que podía derrotar a Dios, reescribir la Biblia y hacer de la identidad que escogió una realidad eterna. Esto explica por qué nos tienta con orgullo para llevar una vida en la que rechazamos la identidad que hemos recibido de Dios y, en su lugar, alcanzamos nuestra identidad preferida por nosotros mismos, separados de Dios, pensando que Dios está equivocado y que nosotros estamos bien. Todo es una mentira demoníaca del mentiroso que se ha engañado a sí mismo.

SU TERCERA ARMA: LA PERSPECTIVA DE DIOS

Pescar es muy fácil porque los peces no son muy inteligentes. La clave para agarrar peces es saber qué tipo de carnada les gusta. Una vez que usted coloca la carnada correcta en el anzuelo, el resto es muy fácil. La lanza frente a los peces y ellos se emocionan tanto que se acercan a la superficie, muerden la carnada y pasan por alto el anzuelo.

Usted pensaría que, en algún momento, los peces se darían cuenta de este ardid. Ya que los peces se reúnen y forman un banco, uno pensaría que, para ahora, ya deberían tener clases sobre cómo evitar los anzuelos. No. Los peces nunca aprenden, y el mismo método de la vieja carnada con anzuelo funciona cada vez.

La gente se parece mucho a los peces. El diablo y sus demonios descubren qué carnada nos gusta y la preparan frente a nosotros. Así como a los pecadores, al diablo le importa muy poco qué carnada preferimos. Él nos dará gustosamente sexo, dinero, poder, éxito, comodidad, drogas, alcohol, usted escoge. Al igual que los peces bobos, nosotros nadamos continuamente hacia la carnada y la comemos, olvidando el anzuelo.

La Biblia llama a Satanás "príncipe de la potestad del aire" (Efesios 2:2). Un comentador de la Biblia explica esta frase diciendo: "Básicamente, su idea era la de un poder diabólico con control en el mundo...pero cuya existencia no era material sino espiritual".[1] Las culturas y las naciones no son neutrales ni moral ni espiritualmente. Funcionando en y a través de varias personas y lugares físicos hay seres espirituales poderosos incentivando y promoviendo el pecado y el sufrimiento.

Para tentar a Jesús, Satanás puso al mismo tiempo en el anzuelo toda carnada cultural. Lo leemos en Lucas 4:5–7: "Y le llevó el diablo a un alto monte, y le mostró en un momento todos los reinos de la tierra. Y le dijo el diablo: 'A ti te daré toda esta potestad, y la gloria de ellos; porque a mí me ha sido entregada, y a quien quiero la doy. Si tú postrado me adorares, todos serán tuyos'". Creo que cuando Satanás le mostró a Jesús cada tentación en cada nación y cultura, en un instante, Él sintió el nivel combinado de tentación que todos en la tierra estaban enfrentando en ese momento. ¿Puede imaginar cómo le iría a usted bajo las mismas circunstancias?

Si somos sinceros, cada uno de nosotros tendría que confesar que tiene algún tipo de carnada que el enemigo podría poner en un anzuelo y tentarnos con ella y lo más seguro es que la morderíamos. Sin embargo, Jesucristo ni siquiera mordisqueó. Se le ofreció todo deseo humano sin precio y sin dolor en tanto Él estuviera dispuesto a permitir que Satanás, en lugar del Padre, fuera su máxima autoridad.

Ya fuera su lealtad para el Padre o para Satanás, Jesús se sentaría en un trono gobernando un reino. Sería lo mismo. Él quedaría como el segundo al mando al lado derecho. Satanás y el Padre le ofrecieron a Él el gobierno sobre los reinos de la tierra desde la segunda silla. La oferta de Satanás no demandaba sufrimiento alguno ni crucifixión como el plan del Padre lo requería. No obstante, Jesús escogió el plan doloroso del Padre por encima del plan placentero del enemigo.

¿Por qué? Porque Él tenía perspectiva. A Jesús se le ofrecieron dos opciones en ese instante:

- La primera opción era la tentación de no tener dolor y tener todo el placer a cambio de perder su relación con Dios el Padre y Dios el Espíritu.

- La segunda opción era la invitación a tener todo el dolor y no tener placer a cambio de mantener su relación con Dios el Padre y Dios el Espíritu.

Dicho de manera sencilla, Jesús valoraba su relación con Dios el Padre y Dios el Espíritu más que literalmente cualquier otra cosa. Cuando la tentación llega, usted necesita mantener la perspectiva de Jesús y recordar que su tesoro más valioso es su relación con Dios. Intercambiarlo por cualquier cosa se parece a Esaú, necio e impetuoso, que vendió su primogenitura por un plato de lentejas.

Su cuarta arma: La Escritura

En la universidad, Grace y yo teníamos un profesor excéntrico y divertido. Desaliñado, con el cabello largo, mirada desorbitada, barba descuidada, botas vaqueras y un cuchillo largo que siempre llevaba al cinto, él era todo un personaje. Sus clases eran electrizantes. Tenía una mente muy aguda, rápido ingenio y una personalidad exuberante. Era más loco que el pájaro carpintero.

A él también le gustaba citar versículos bíblicos, mucho. Él decía escrituras al azar, de memoria, incluyendo capítulos enteros de la Biblia. Una vez, después de clase, le preguntamos si era cristiano. Él rio fuertemente, hizo su cabeza hacia atrás y dijo algo como: "Por supuesto que no. ¡Yo no creo ninguna de esas tonterías acerca de Jesús!". Impresionados, le preguntamos por qué conocía tanto la Biblia si odiaba a Cristo y al cristianismo. Él nos explicó que su hermano era pastor y que él memorizaba la Biblia para poder burlarse de su hermano y ganarle en argumentos bíblicos a su hermano, aunque él era ateo.

Como cristiano recién convertido, aprendí una lección importante ese día: solo porque uno conoce la Biblia, no significa que conoce al Señor. De hecho, Satanás y los demonios conocen muy bien la Biblia. Leemos sobre un debate bíblico entre Jesús y Satanás en Lucas 4:8–11, donde Jesús dijo: "Escrito está: 'Al Señor tu Dios adorarás, y a Él solo servirás'".

Luego, Satanás dijo: "Si eres Hijo de Dios, échate de aquí abajo; porque escrito está: 'A sus ángeles mandará acerca de ti, que te guarden', y 'en las manos te sostendrán para que no tropieces con tu pie en piedra'".

La Biblia es una espada espiritual. Al igual que cualquier arma, es mejor que sepa cómo usarla para que cuando lo ataquen, pueda defenderse. Cuando Satanás ataca a Jesús, él trata de usar la Palabra de Dios contra Dios mismo. Sin embargo, tal como muchas veces lo hace, a través de maestros falsos y profetas falsos, él la cita falsamente.

Un experto en Biblia dice: "El tentador astutamente citó mal el Salmo 91:11–12 al dejar fuera la frase: 'Que te guarden en todos tus caminos'". Este pasaje enseña que Dios provee sus ángeles para cuidar a su pueblo

> Solo porque conoce la Biblia, no significa que conoce al Señor.

cuando vive según la voluntad de Él (vea Éxodo 19:4–5; Deuteronomio 31:10–11). Satanás aseguró que el Padre protegería al Hijo cuando Él fuera cayendo al suelo. Pero ya que tal artimaña no estaría dentro de la voluntad de Dios, la promesa de protección divina no aplicaría".[2]

En esta batalla con el diablo, Jesús cita repetidamente de memoria el libro de Deuteronomio. Jesús ejemplifica un principio muy importante: tenemos que combatir la tentación pecaminosa con meditación bíblica. Pablo nos advierte cuando dice en Colosenses 2:8: "Mirad que nadie os engañe por medio de filosofías y huecas sutilezas, según las tradiciones de los hombres, conforme a los rudimentos del mundo, y no según Cristo".

En toda era, hay personas que quieren decir "sí" al pecado y a la tentación; así que buscan lo que suene como una justificación bíblica para un comportamiento intolerable. Frecuentemente, está relacionado al pecado sexual con argumentos facultados demoníacamente que apoyan dicho comportamiento; muchas veces con un caso filosóficamente persuasivo y popular.

¿Por qué? Porque cuando las normas culturales nuevas están en desacuerdo con la Biblia, nos dicen que está bien cambiar la Biblia en lugar de cambiar nuestro comportamiento. Eso es demoníaco. Como regla general, cuando la interpretación que alguien hace de la Biblia concluye en que se desnuden con alguien que no sea su cónyuge del sexo opuesto, usted sabe que dicha persona estudió en el seminario de Satanás. La mayoría de los debates teológicos son solo maneras sofisticadas para que la gente no ejerza dominio sobre sus bragas y calzoncillos.

Su mente es el campo de batalla en su guerra con el diablo y sus demonios. El enemigo quiere una fortaleza mental o un cuartel general fortificado para el enfrentamiento. Muy a menudo, él encuentra un lugar en su vida donde usted haya sufrido dolor emocional y espiritual significativo y procura convencerlo para que crea una mentira en ese lugar doloroso. Una vez que haya creído cualquier mentira o abrace cualquier mala interpretación de la Escritura, usted ha abierto una fortaleza para el diablo y sus secuaces en su mente. Desde allí, él puede expandir la guerra en su contra hasta que usted esté teniendo pensamientos contrarios a la Palabra de Dios cada vez más. Segunda Corintios 10:3–5 lo explica de esta forma: "Aunque andamos en la carne, no militamos según la carne; porque las armas de nuestra milicia no son carnales, sino poderosas en Dios para la destrucción de fortalezas, derribando argumentos y toda altivez que se levanta contra el conocimiento de Dios, y llevando cautivo todo pensamiento a la obediencia a Cristo".

Cualquier pensamiento de tentación que no llevamos cautivo a Cristo, nos esclavizará. En las batallas antiguas, cuando un presunto enemigo era capturado, lo llevaban bajo custodia ante el oficial de mayor rango y lo interrogaban a punta de lanza para ver si era amigo o enemigo. Parte de nuestra guerra espiritual es hacer lo mismo con nuestros pensamientos, especialmente los pensamientos sobre Dios. Debemos tomar esos pensamientos cautivos, llevarlos ante Jesús, apuntar la espada de las Escrituras a su garganta y ver si dicen la verdad o si mienten. Pablo se refiere a esto en 1 Tesalonicenses 5:21–22, cuando dice: "Examinadlo todo; retened lo bueno. Absteneos de toda especie de mal".

Jesús nos dio el ejemplo de cómo combatir la tentación pecaminosa con meditación bíblica. Él llenó tanto su mente con las Escrituras que cuando era tentado podía citar correctamente la Escritura exacta. Esto le permitió derrotar al enemigo, y nos lo permite a nosotros también.

SU QUINTA ARMA: FE PARA CREER

Jesús no solo venció al diablo, sino que, además, tuvo la última palabra. Lucas 4:12–13 dice: "Respondiendo Jesús, le dijo: Dicho está: No tentarás al Señor tu Dios. Y cuando el diablo hubo acabado toda tentación, se apartó de él por un tiempo".

Es demoníaco exigir que Dios tenga que ser puesto a prueba por nosotros, que Él se valide ante nosotros, o que haga un milagro para nosotros. Dios tiene el control, nosotros no. No debemos probar a Dios, sino más bien, confiar en Dios a menos que Él nos diga lo contrario. En toda la batalla con el diablo, Jesús se negó a probar a Dios, en vez de eso, eligió creer solamente en Dios.

La esencia de la fe es creer en Dios. Confiar en Dios siempre es importante, pero nunca más importante que cuando nos hallamos en tentación. En esos momentos, el Espíritu Santo quiere ayudarnos como ayudó a Jesús para que continuara confiando en Dios y no sucumbiera a la tentación de poner a Dios a prueba. Este tipo de fe rinde el resultado de los eventos a Dios y acepta cualquier futuro que Dios determine que es mejor.

Para Jesús, este tipo de confianza significó que Él enfrentaría un futuro muy difícil. Él tendría que confiar en el Padre y en el Espíritu por su vida de pobreza, ante la constante oposición pública, la traición de Judas, el arresto vergonzoso y la ejecución despiadada.

Cuando el enemigo viene a tentarnos, él procura que nosotros nos sometamos a él. Jesús se sometió a Dios y, con el tiempo, el enemigo se dio por vencido y se alejó. Santiago 4:7 promete lo siguiente a todo el pueblo de Dios, diciendo: "Someteos, pues, a Dios; resistid al diablo, y huirá de vosotros".

El diablo huyó de Jesús, pero no para siempre. Satanás regresaría, y como un francotirador al acecho, mantuvo su mira apuntando a Jesús, con la esperanza de tener otra oportunidad para disparar un tiro mortal. Para los cristianos es igual. Esta guerra con el diablo y sus demonios tiene muchas batallas, así que debemos permanecer vigilantes y en guardia por un ataque del enemigo.

Tiene que entender que ser tentado no significa que usted sea un impío, que no sea espiritual ni que Dios no lo ama. Jesús experimentó tentación, y usted también lo hará. Cuando suceda, no crea la mentira de que es pecaminoso o vergonzoso ser tentado. Jesús fue perfecto, y mientras estuvo en la tierra, Él fue tentado persistentemente.

Jesús venció la tentación demoníaca al vivir en la presencia continua de Dios, el Espíritu Santo. Los relatos de la tentación de Jesús empiezan en Lucas 4:1: "Jesús, lleno del Espíritu Santo…". La narración de la tentación termina en los versículos 14–15: "Jesús volvió en el poder del Espíritu". La victoria espiritual de Jesús empieza y termina con estar lleno del Espíritu. Esta es la clave para la guerra espiritual y para vencer la tentación demoníaca. Jesús dijo lo mismo en Mateo 12:28: "Si yo por el Espíritu de Dios echo fuera los demonios, ciertamente ha llegado a vosotros el reino de Dios". Jesús dejó en claro que Él vencía a los demonios por el poder del Espíritu Santo, el mismo poder al que nosotros tenemos acceso como cristianos.

Para vencer a un enemigo espiritual, necesita la energía del Espíritu de Dios. En 1 Juan 4:4 dice precisamente esto: "Mayor es el que está en vosotros, que el que está en el mundo". En contexto, Juan quiere decir que el mismo Espíritu Santo que habita en el creyente y habitó en Jesús es más poderoso que cualquiera y todos los demonios, incluyendo a Satanás mismo. Por esta razón, si mantiene un espíritu humilde, entonces usted concede la oportunidad para que el Espíritu Santo le dé un poder, que usted no tiene, para derrotar a un enemigo a quien, de otra manera, no podría derrotar: diciéndole no a la tentación y sí al triunfo.

Cartas del diablo a su sobrino, C.S. Lewis escribió: "Hay dos errores iguales, pero opuestos, en los que nuestra especie puede caer en lo que respecta a los diablos. Una es no creer en su existencia. La otra es creer, y sentir un interés excesivo y enfermizo por ellos".[3] En el mundo de la espiritualidad general hay una desconfianza por siquiera pensar en términos de ángeles santos o profanos a

> La victoria espiritual de Jesús empieza y termina con estar lleno del Espíritu. Esta es la clave para la guerra espiritual y para vencer la tentación demoníaca.

favor de ver a todos los espíritus y a la espiritualidad como igualmente positivos. Otros, rechazan hablar de lo demoníaco porque han sido irresponsables y la gente super espiritual los culpa por atribuirle sus pobres decisiones en la vida al diablo y sus demonios.

Algunos teólogos cristianos sienten tal presión académica para rendirse a lo sobrenatural que, sorprendentemente, enseñan que los milagros bíblicos son simples mitos. Por ejemplo, un célebre teólogo ha dicho: "Es imposible usar luz eléctrica y lo inalámbrico y valernos de los descubrimientos médicos y quirúrgicos, y al mismo tiempo, creer en el mundo de demonios y espíritus del Nuevo Testamento".[4]

En resumen, él quiere decir que, en el mundo del telescopio y microscopio, creer en nociones del mundo espiritual "primitivas", que no pueden ser analizadas por la ciencia, están obsoletas ya que nos hemos vuelto muy inteligentes como para creer en el diablo. Mientras tanto, el diablo se ríe de cuán orgullosos y necios somos al ignorarlo a él. Hace unos años, hubo una línea esclarecedora de una película intrigante llamada *Sospechosos comunes*, que decía: "El truco más grande que el diablo haya sacado fue convencer al mundo de que él no existe".[5]

Los cristianos no deberían actuar con sorpresa cuando los problemas llegan a su vida. Quizá el problema empieza con la manera en que se nos invita a volvernos cristianos. De diferentes maneras, se nos dice: "Confiese sus pecados a Jesús, y Él lo llevará al cielo". Aunque es cierto, muchas veces omitimos el tiempo entre nuestro compromiso a Cristo y el día en que lo veamos cara a cara; eso a lo que llamamos vida. En realidad, en esta vida hay una guerra entre dos reyes: Jesús y Satanás; dos reinos, la luz y las tinieblas; y dos ejércitos, el de Jesús y el de Satanás. Aunque la Biblia nos promete que el Rey Jesús es victorioso, nosotros estamos en una peregrinación para llegar al reino eterno de Jesús. En el camino, predicamos el evangelio por el poder del Espíritu Santo esperando libertar a más prisioneros de guerra de su atadura a Satanás, al pecado y a la muerte. Los cristianos que procuran servir a su Rey Jesús y a su reino necesitan saber que se acerca una vacación eterna, pero solamente después de una guerra larga.

Nuestro objetivo no puede ser volvernos espirituales. Nuestro objetivo tiene que ser volvernos llenos del Espíritu.

TOME SU PRUEBA

Como he mencionado, soy padre de cinco niños. Cada año, para pasar al grado siguiente, nuestros tres hijos y dos hijas pasan por una etapa intensa de pruebas escolares. Esas pruebas están diseñadas para revelar la madurez en su aprendizaje y calificar para pasar al siguiente nivel. Durante esas épocas de pruebas, los niños están comprensiblemente cansados, un poco estresados y usando mucha energía para pasar sus pruebas.

En lo natural, una vez que uno se gradúa de la escuela, se olvida rápidamente que sus pruebas espirituales continúan. Habrá etapas en su vida donde enfrentará muchas pruebas, retos y tentaciones. En esos tiempos de prueba, usted necesita recordar algo que aprendió del ejemplo de Jesús: La tentación de Satanás para *capturarlo* es la prueba de Dios para *graduarlo*. En realidad, una tentación y una prueba son dos lados de la misma moneda. Satanás quiere que usted pierda la prueba al rendirse a la tentación y, por lo tanto, no pasar al siguiente nivel de madurez espiritual y oportunidad ministerial. Por el contrario, Dios quiere que la tentación sea una prueba que usted supere, certificando que está listo para calificar espiritualmente y pasar a otro nivel de madurez.

Leemos que Jesús se graduó al rendirse a Dios en lugar de rendirse a la tentación. No solo el diablo se apartó de Él, sino que el Espíritu lo llenó y lo llevó del desierto a la ciudad para que empezara su ministración pública. Lucas 4:14–15, dice: "Y Jesús volvió en el poder del Espíritu a Galilea, y se difundió su fama por toda la tierra de alrededor. Y enseñaba en las sinagogas de ellos, y era glorificado por todos".

Entre el bautismo glorioso de Jesús y el principio del ministerio público de Jesús, encontramos la escena de la tentación. Este orden es increíblemente importante. En el relato cronológico de Lucas, vemos que Jesús debía pasar la prueba de la tentación para avanzar al nivel de ministración pública.

Quiero que esto sea un estímulo para usted. Satanás podría llegar a tentarlo, pero el Espíritu lo facultará para pasar la prueba y alcanzar un nuevo nivel de madurez y ministerio. Santiago, el hermano de Jesús, conecta este concepto de una tentación o una dificultad siendo una prueba cuando dice: "Hermanos míos, tened por sumo gozo cuando os halléis en diversas pruebas, sabiendo que la prueba de vuestra fe produce paciencia. Mas tenga la paciencia su obra completa, para que seáis perfectos y cabales, sin que os falte cosa alguna" (Santiago 1:2–4). En

> Nuestro objetivo no puede ser volvernos espirituales. Nuestro objetivo tiene que ser volvernos llenos del Espíritu.

1 Pedro 1:6–7, dice: "En lo cual vosotros os alegráis, aunque ahora por un poco de tiempo, si es necesario, tengáis que ser afligidos en diversas pruebas, para que sometida a prueba vuestra fe, mucho más preciosa que el oro, el cual aunque perecedero se prueba con fuego, sea hallada en alabanza, gloria y honra cuando sea manifestado Jesucristo".

Cuando vea las tentaciones y dificultades que su enemigo le envía como pruebas que Dios usa para graduarlo, usted puede "tenerlas por sumo gozo" y alégrese.

¿Por qué?

Si ha fallado la prueba de tentación en el pasado, Dios es misericordioso. Él lo perdonará, le enseñará y ayudará a prepararse para volver a tomar la prueba. Dios es tan misericordioso que usted puede seguir volviendo a tomar la prueba hasta que la pase y se gradúe para ir al siguiente nivel en la vida y el ministerio. Usted *puede* pasar la prueba de tentación y, por el poder del Espíritu, lo *hará*.

> La tentación de Satanás para *capturarlo* es la prueba de Dios para *graduarlo*. En realidad, una tentación y una prueba son dos lados de la misma moneda.

Después de pasar la prueba de la tentación, puede ver el ámbito demoníaco y decir lo mismo que José les dijo a sus hermanos en su épica escena final: "Vosotros pensasteis mal contra mí, mas Dios lo encaminó a bien, para hacer lo que vemos hoy, para mantener en vida a mucho pueblo" (Génesis 50:20). Una vez aprobada su prueba de la tentación, entonces puede volverse emocionalmente sano, tal como lo estudiaremos a continuación.

Capítulo 6

EL SECRETO DE JESÚS PARA LA SALUD EMOCIONAL

É RAMOS UNOS NIÑOS aburridos, hasta que descubrimos la lona azul en el garaje de la casa de nuestro amigo. Inseguros de lo que había debajo, uno de los chicos jaló de un tirón la lona y reveló, en toda su gloria, una minimoto decorada con rayas blancas.

Quedamos sin aliento, impávidos y anonadados mientras mirábamos con incredulidad este tesoro descubierto. No teníamos idea alguna de dónde había venido o por qué estaba allí. ¿Quizá era un regalo de Dios, como el carruaje que se llevó a Elías al cielo?

En la vida de todo niño hay momentos mágicos donde la gloria de Dios desciende como lo hizo en el templo en los días de Salomón. Para un niño, cuando un motor y unas ruedas se juntan, sucede algo sobrenatural y sagrado.

Un niño que tenía buenas calificaciones, comía sus vegetales y recibía muchas palizas a la hora de recreo compartió sus preocupaciones en cuanto a la seguridad y sugirió que obtuviéramos permiso de nuestros padres antes de montarla. Inmediatamente declinamos su propuesta ya que sabíamos que ningún padre en su sano juicio permitiría que niños pequeños—que apenas habían aprendido a manejar bicicletas sin rueditas—pasaran al nivel de un transporte motorizado.

Con la precisión silenciosa de los superhéroes, sacamos furtivamente nuestra pequeña moto del garaje y tratamos de descubrir cómo encenderla. El motor de compresión antiguo requería un arranque de pedal, y todos tomamos turnos para subirnos al asiento y tratar de arrancarla, pero no lo logramos. La motocicleta vieja se parecía al papá de mi amigo, quien generalmente miraba televisión medio dormido en su silla, hacía ruido y chisporroteaba, pero no tenía suficiente energía para encender y andar.

Finalmente, uno de los chicos saltó tan alto como pudo y bajó con toda la fuerza sobre el pedal de arranque. Al igual que Lázaro saliendo de su tumba con toda la gloria, la motocicleta vieja volvió a la vida. Desafortunadamente, el acelerador estaba abierto, y nuestro amigo duró solo unos segundos en el asiento. Como el jinete de un caballo salvaje, mi amigo fue tumbado rápidamente. La minimoto, sin embargo, estaba atascada en máxima velocidad y salió disparada por la calle y sin piloto.

Corriendo tras ella por la carretera, íbamos gritándoles a los otros niños del vecindario que se quitaran del camino de la minimoto en fuga. Finalmente, la bestia en la calle se inclinó hacia a la derecha y giró contra una verja donde cayó mientras una llanta seguía dando vueltas. Jalamos muchos cables hasta que matamos a la bestia y esta resopló su último aliento. Tuvimos que asesinar a nuestra minimoto. Se sitió como un funeral.

Si tan solo hubiéramos podido quedarnos en la silla de montar, podríamos haber cabalgado en nuestro fiel corcel de acero hacia la puesta de sol.

Hay un paralelismo del que podemos aprender en esta historia. La gente es como esa minimoto. Las experiencias en la vida son como el combustible. Las emociones son como el motor. La voluntad es como el timón. Sin un piloto, las cosas se ponen locas rápidamente.

Las experiencias en nuestra vida avivan nuestras emociones, y muy rápidamente, nuestra vida empieza a funcionar por enojo, depresión, gozo o cualquier otra emoción que estemos sintiendo. El problema es, que sin un piloto en el asiento y sosteniendo el timón, las cosas escalan rápidamente, y nos parecemos mucho a esa minimoto: fuera de control y corriendo a toda velocidad. Si nuestros sentimientos conducen todo lo que decimos y hacemos, es solo cuestión de tiempo para que suceda un mal accidente.

Usted sabe cómo se siente esto, ¿cierto? ¿Cuándo fue la última vez que usted se puso emotivo y la historia de lo que sucedió después se oye muy parecida a mi recuerdo de la minimoto? ¿A quién conoce que lleve una vida muy parecida a esta historia, sus emociones se encienden y salen a toda prisa, fuera de control, avanzando rápidamente y sin piloto?

LA VIDA EMOCIONAL DE JESÚS

¿Cómo mantuvo Jesús su salud emocional? Si alguien tenía razón para estar como nuestra minimoto *fuera de control* era Jesús.

Jesús tenía algunos enemigos muy reales. Ellos tenían un plan público constante para arruinar su reputación. Decían que Él estaba ebrio, que era un glotón sin dominio propio y que era un fiestero poseído por el demonio que pasaba mucho tiempo con el tipo de personas que rompen todos los mandamientos con todo fervor. Esa es una pesadilla de relaciones públicas dura para un hombre soltero, sin hogar, tratando de lanzar, de la nada, un ministerio totalmente nuevo. Jesús, quien nunca pecó, sí los llamó hipócritas, sepulcros blanqueados, serpientes y guías ciegos, y dijo que el papá de ellos era el diablo, probablemente todo eso se puso muy emotivo. ¿Cómo les ha respondido a los enemigos que continuamente lo sermonean y hostigan públicamente?

Los religiosos obsesionados por la pureza, más conservadores que Dios, atacaban regularmente a Jesús en público. Esperaban que la multitud rodeara a Jesús, luego tenían un altercado, empezaban una discusión o trataban de provocar una revuelta. Muy frecuentemente, Jesús tenía que salir corriendo porque las cosas se ponían tan mal que Él estaba en verdadero peligro. Este hostigamiento incluía amenazas de acciones legales y culminaron en que Jesús fuera arrestado falsamente, juzgado y condenado de un crimen tan cruel que Él recibió la pena de muerte. ¿Cómo reaccionaría usted si fuera golpeado hasta quedar irreconocible, le arrancaran la ropa hasta dejarlo casi desnudo y lo colgaran para que se desangrara ante una multitud que vitoreaba mientras su mamá estaba allí, llorando?

Jesús tuvo un constante desfile de gente que drenaba su energía. Las multitudes lo seguían a donde fuera, queriendo que Él les respondiera sus preguntas, expulsara sus demonios, sanara sus enfermedades, arreglara todos sus problemas, pagara sus cuentas y fuera su amigo. Jesús no tenía una asistente que organizara todo esto, tampoco una oficina a donde la gente pudiera llegar, así que solo lo seguían por todas partes como un enjambre de mosquitos zumbando continuamente, día y noche, a donde quiera que fuera.

¿Cómo reacciona usted cuando la gente le agota los nervios y se rehúsa a darle su espacio? ¿Cómo es su relación con los miembros de la familia más molestos, frustrantes y agotadores? ¿Cómo ha respondido cuando la gente empieza a hablar mal de su mamá?

Los discípulos de Jesús no eran de gran ayuda tampoco. A Pedro le gustaba mangonearlo y lo negó. Tomás dudó de Él. Santiago y Juan se mantenían preguntando si ellos podrían sentarse con Él en el cielo y gobernar sobre el cosmos por toda la eternidad como sus copilotos. Judas robaba dinero de la cuenta del ministerio durante todo el tiempo que fue el tesorero.

¿Cómo ha reaccionado ante los amigos, compañeros de trabajo y de ministerio que le han hecho la vida miserable?

La gente cansaba a Jesús. En una ocasión, Él tomó una siesta en un bote durante una inmensa tormenta. Ese era un Yahveh profundamente dormido.

¿Cuál es su reacción emocional ante la gente cuando está completamente rendido, enfermo, cansado y agotado? ¿Cómo reaccionaría ante toda esta presión pública, constante durante tres años? ¿Su reacción automática sería el enojo, la depresión o alguna otra emoción?

¿Cómo mantenía Jesús su salud emocional? Sorprendentemente, hay muy poco escrito sobre la vida emocional de Jesús en comparación a cosas como sus enseñanzas, milagros y parábolas. Los teólogos han luchado con las emociones de Dios en general, y con las de Jesús en particular. Un teólogo reporta: "Los treinta y nueve artículos de la Iglesia de Inglaterra y la confesión de fe de Westminster describieron a Dios como 'sin cuerpo, partes o pasiones'".[1]

Quizá esta idea equivocada explica la prevalencia del cristianismo sin pasión. Si Dios es "sin... pasiones", entonces nuestra relación con Él también debería ser "sin... pasiones".

¿Cómo es posible que alguien que lee la Biblia pueda llegar a esa conclusión? Solo en el primer libro de la Biblia, Dios inunda la tierra y ahoga a todo el mundo, excepto a una familia de montañeses, destiladores ilegales, dirigidos por Noé el desnudo; manda un suministro ilimitado, gratuito, de azufre y fuego sobre Sodoma y Gomorra; convierte a la esposa de Lot en una estatua de sal lo suficientemente grande como para salar el borde de cada margarita que se sirve sobre la tierra en la actualidad; y envía un desfile de plagas sobre toda la nación de Egipto. Supongo que los amigos que recibieron la inundación, el fuego, el azufre, la esposa salada, o las plagas nos dirían que, para ellos, pareciera como que Dios fue "ligeramente" apasionado.

Dios es una persona apasionada que escribió la Biblia a través de personas apasionadas para que ¡nosotros la leyéramos y obedeciéramos apasionadamente! Nuestro Dios emocional nos hizo a su imagen, con emociones, para que tuviéramos una relación de amor con Él.

CUATRO RAZONES DE UN CRISTIANISMO SIN PASIÓN

Tristemente, muchos han llegado a un cristianismo sin pasión, y creo que hay cuatro razones para ello.

1. Algunas personas están tan enfermas y desconectadas emocionalmente que su espiritualidad se vuelve en un poco más que experiencias grabadas desprovistas de cualquier estudio real o del conocimiento de Dios. Es como si el Espíritu Santo fuera un cantinero y la iglesia un bar abierto. Exagerando, otros quieren minimizar las emociones a causa del emocionalismo dañino, y si los muertos en Cristo resucitarán primero, como lo dice Pablo, estas personas están al frente de la fila. Un viejo predicador dice que este tipo de error es

como un campesino ebrio que monta de un lado del caballo solo para caerse del otro lado del caballo.

2. La era moderna de racionalismo, la cual coincide aproximadamente con el tiempo de la Reforma Protestante, ha moldeado tanto a algunas personas que ellas leen la Biblia con el lente "la mente es más confiable que las emociones". Esta tendencia empezó con Rene Descartes cuando hizo a la mente el centro de nuestro ser con su *cogito ergo sum*, que en latín significa "pienso, luego existo".[2]

Por lo tanto, el señor Spock, de *Viaje hacia las estrellas*, es el ser ideal en el que deberíamos aspirar a convertirnos. A los teólogos de este tipo les gusta decir que deberíamos pensar los pensamientos de Dios; lo cual estaría perfectamente bien si también aspiráramos a sentir los sentimientos de Dios.

Este problema de falta de pasión también estuvo presente en la iglesia primitiva. El comentador bíblico William Barclay dice refiriéndose al Nuevo Testamento:

Tenemos que recordar que fue escrito por los griegos…Para los griegos, la primera característica de Dios era lo que llamaban *apatheia* [apatía], lo que significa la incapacidad total para sentir una emoción, cualquiera que sea. ¿Cómo llegaron los griegos a atribuirle tal característica a Dios? Ellos lo razonaron así. Si podemos sentir tristeza o gozo, alegría o dolor, significa que alguien puede tener un impacto sobre nosotros. Ahora, si una persona tiene un efecto en nosotros, significa que, durante ese momento, esa persona tiene poder sobre nosotros. Nadie puede tener poder alguno sobre Dios; y esto tiene que significar que Dios es esencialmente incapaz de sentir una emoción, cualquiera que sea. Los griegos creían en un Dios aislado, sin pasión ni compasión. Qué imagen tan diferente nos dio Jesús. Él nos mostró un Dios cuyo corazón está conmovido de angustia por la congoja de su pueblo. Lo más grande que Jesús hizo fue traernos las noticias de un Dios a quien sí le importa.[3]

3. En un esfuerzo de preservar la naturaleza invariable de Dios (la cual es verdadera y los teólogos la llaman "inmutabilidad"), ellos hicieron a Dios no relacional. En una relación hay emociones entre personas en respuesta mutua, y de la misma forma es nuestra relación con Dios. El cristianismo no emocional también es no relacional y no bíblico.

4. No ha habido suficiente énfasis en la conexión bíblica entre el ministerio del Espíritu Santo y la salud emocional. Para empezar, Dios el Padre, el Hijo y el Espíritu tienen emociones. La Biblia enseña claramente que el Espíritu Santo es una persona con emociones; contrario a la enseñanza tan falsa en otras relaciones que siguen una trama estilo *Guerra de las galaxias* con una fuerza impersonal o un ser divino no emocional.

Las emociones y el Espíritu Santo

Podemos "entristecer al Espíritu Santo de Dios" (Efesios 4:30) tal como otros antes que nosotros "fueron rebeldes, e hicieron enojar a su Santo Espíritu" (Isaías 63:10). Cuando la gente no respeta a Jesús, la Biblia dice que "hacen afrenta al Espíritu de gracia" (Hebreos 10:29). Cuando hemos "amado la justicia y aborrecido la maldad", Dios nos unge con el Espíritu Santo como el "óleo de alegría" (Hebreos 1:9). Para quienes quieren terminar la tormenta en su vida emocional, Dios nos dice que "justicia, paz y gozo" se encuentran "en el Espíritu Santo" (Romano 14:17). La Biblia les dice a quienes están luchando con la desesperanza, el desánimo y la preocupación, "el Dios de esperanza os llene de todo gozo y paz en el creer, para que abundéis en esperanza por el poder del Espíritu Santo" (Romanos 15:13). Cuando nuestras almas se deshidratan y necesitamos que el amor de

Dios las llene, podemos beber profundamente del "amor del Espíritu" (versículo 30).

Como caso de estudio de la vida emocional llena del Espíritu, en 2 Corintios 6:4–10, el apóstol Pablo nos dice que su vida física, externa, estaba marcada por: "tribulaciones, necesidades, angustias, azotes, cárceles, tumultos, trabajos, desvelos, ayunos…deshonra…mala fama…tratados como engañadores…desconocidos…moribundos…pobres…teniendo nada". Con este tipo de paliza y sufrimiento constante, podríamos esperar que Pablo estuviera increíblemente enfermo emocionalmente. Sin embargo, en ese mismo pasaje, él describe su vida emocional interna con palabras tales como: "pureza, ciencia, longanimidad, bondad, amor sincero, palabra de verdad" y continúa en adoración, diciendo: "Mas he aquí vivimos…siempre gozosos".

Pablo soportó las mismas clases de trauma que Jesús experimentó y que, muchas veces, destruyen a otras personas. Sin embargo, al igual que Jesús, Pablo reaccionó con gran salud emocional y paz. ¿Cómo lo hicieron Jesús y Pablo? ¿Cuál era el secreto de su salud emocional interna a pesar de su muerte externa? En esta misma sección de la Escritura, el Espíritu Santo, a través de Pablo, señalando a Jesús, nos recuerda el "poder emocional de Dios", el cual solo puede hacerlo posible el Espíritu Santo.

Yo sé que esta es una declaración fuerte, pero es verdad: no hay posibilidad de estar emocionalmente sano sin una relación profunda, íntima y personal con el Espíritu Santo. ¿Lo entendió? No hay salud emocional sin el Espíritu Santo.

¿Cómo sé que es cierto? Porque lo que es verdadero para Jesús, lo es para usted. Consideremos la vida emocional de Jesús. Por primera vez como hombre, Jesús lidió con el cansancio físico, la descarga de adrenalina que puede forzarnos a una reacción de lucha o de escape, y el tipo de deshonra, irrespeto y desconsideración de la gente que puede empujar a alguien a estar emocionalmente mal. Añada a eso el hecho de que Jesús no tenía una esposa amorosa ni hijos simpáticos a quienes encontrar al llegar a casa, y las presiones que Él enfrentó habrían aplastado a cualquier otro. No obstante, Jesús mantuvo una vida emocional perfecta en un mundo lleno de circunstancias que distaban mucho de ser perfectas.

Parte del ministerio del Espíritu Santo en la vida de Jesús era dirigir las emociones de Él. Como ejemplo, el gozo de Jesús venía del Espíritu Santo, según Lucas 10:21, que revela: "lleno de alegría por el Espíritu Santo…" (NVI). Más adelante, leemos lo mismo de la vida emocional de los discípulos de Jesús en Hechos 13:52: "Y los discípulos estaban llenos de gozo y del Espíritu Santo".

Un comentador bíblico, discutiendo al Espíritu Santo como fuente del gozo emocional de Jesús, dice: "Al mencionar que Jesús se regocijaba grandemente 'en el Espíritu Santo', Lucas quiere decir que este Espíritu, por medio del cual el Salvador había sido ungido (Lucas 4:18), era la causa y el origen de su gozo y agradecimiento".[4] Otro comentador bíblico ampliamente respetado

> Yo sé que esta es una declaración fuerte, pero es verdad: no hay posibilidad de estar emocionalmente sano sin una relación profunda, íntima y personal con el Espíritu Santo.

dice de la vida emocional de Jesús: "El Espíritu Santo provocó este estallido de júbilo y alborozo por parte de Jesús".[5] Ciertamente, el tema de este capítulo merece un libro entero. En aras de la brevedad, analizaremos tanto de la vida emocional de Jesús como yo pueda incluir en un solo capítulo, y quiero que recuerde que la unción del Espíritu Santo permaneció sobre Jesús a lo largo de sus experiencias de vida y reacciones emocionales.

LAS EMOCIONES DE JESÚS EN LOS EVANGELIOS

Un teólogo resume el lugar donde el estudio cristiano se ha quedado corto, diciendo: "Desafortunadamente, los evangélicos contemporáneos le prestan poca atención al desarrollo de una teología o antropología bíblica de las emociones, afectos y sentimientos".[6] Para ayudar a corregir este error, necesitamos analizar la vida emocional de Jesucristo.

Para empezar, la enseñanza muy emotiva de Jesús apela a nuestras emociones. Las parábolas son increíblemente convincentes emocionalmente. Ver al padre correr para abrazar a su hijo pródigo, quien ha regresado a casa, y convocar a un banquete de celebración tiene la intención de capturar nuestro corazón y girarlo hacia nuestro Padre celestial. Una y otra vez, desde la historia reconfortante del buen samaritano hasta el relato aterrador del hombre rico atormentado en la eternidad mientras Lázaro es bendecido, todas son emocionalmente interesantes, persuasivas y transformadoras. ¿Por qué? Porque amar a Dios con todo nuestro corazón es emocional.

Con referencia a la vida emocional de Jesucristo, en un artículo de *Christianity Today*, decía: "Los escritores de los evangelios pintaron sus imágenes de Jesús usando un caleidoscopio de colores emocionales brillantes...En nuestra búsqueda de ser como Jesús, muchas veces pasamos por alto sus emociones. Jesús revela lo que significa ser completamente humano y hecho a la imagen de Dios. Sus emociones reflejan la imagen de Dios sin deficiencia o distorsión. Cuando comparamos nuestra vida emocional a la de Él, nos volvemos conscientes de nuestra necesidad por una transformación de nuestras emociones a fin de que podamos ser completamente humanos como Él".[7]

El reconocido teólogo de Princeton, B. B. Warfield, es una de las pocas personas, en todo el siglo veinte, que enseñan en algún detalle sobre la vida emocional de Jesús. Él dice: "Pertenece a la verdad de la humanidad de nuestro Señor, que él fuera sometido a todas las emociones humanas sin pecado. En los relatos que los evangelistas nos dan sobre las actividades plagadas de personas que llenaron los pocos años de su ministerio, se describe la participación de una gran variedad de emociones".[8]

Más recientemente, el teólogo Wayne Grudem manifestó: "Jesús tiene una gama completa de emociones humanas. Él se 'maravilló' de la fe del centurión (Mateo 8:10). Él lloró con tristeza por la muerte de Lázaro (Juan 11:35). Y Él oró con un corazón lleno de emociones: 'en los días de su carne, ofreciendo ruegos y súplicas *con gran clamor y lágrimas* al que le podía librar de la muerte, fue oído a causa de su temor reverente' (Hebreos 5:7)".[9]

Las emociones de Jesús alcanzaron su momento culminante, en todos los cuatro evangelios, en la cruz. Esta odisea empieza en el Huerto de Getsemaní, del cual Lucas, el doctor en medicina, reporta en Lucas 22:44: "Y estando en agonía, oraba más intensamente; y era su sudor como grandes gotas de sangre que caían hasta la tierra". Un estudio bíblico explica el estado emocional de Jesús diciendo: "Probablemente, la transpiración como grandes gotas de sangre, o posiblemente hematidrosis, la unión de la sangre con el sudor como en casos de angustia extrema, estrés o sensibilidad".[10]

Otras escrituras enfatizan el punto de angustia emocional agudizada por Jesús cuando se dirigía hacia la cruz. En el Antiguo Testamento, Isaías 53:3–11 se refiere a Jesús con estas palabras: despreciado, rechazado, varón de dolores, experimentado en quebranto, menospreciado, azotado, herido, abatido, molido, oprimido y angustiado en su alma.

En Hebreos, aprendemos más de Jesús como el Siervo que sufre. En Hebreos 5:7 aprendemos: "Jesús ofreció oraciones y súplicas con gran clamor y lágrimas" (NTV). No obstante, al otro lado de la cruz también hubo gran gozo emocional. En Hebreos 12:" leemos que Jesús "por el gozo puesto delante de él sufrió la cruz" (NTV).

Quizá el aspecto de la personalidad de Jesús que más se ha pasado por alto es su perfecto sentido del humor. Al escribir en su libro *The Humor of Christ*, el teólogo Elton Trueblood, dice:

> Hay muchos pasajes…que son prácticamente incomprensibles cuando se refiere a la prosa sobria, pero brillantes una vez que nos libramos de la arbitraria suposición de que Cristo nunca bromeó…Una vez nos demos cuenta de que Cristo no siempre estaba involucrado en una plática sagrada, habremos dado un paso enorme en el camino hacia el entendimiento.[11]

Trueblood continúa diciendo:

Cristo rio, y…Él esperaba que los demás rieran…una piedad equivocada nos ha hecho temer que la aceptación de su obvio ingenio y humor, de alguna manera, sería ligeramente blasfema o sacrílega. La religión, pensamos, es un asunto serio, y los asuntos serios son incompatibles con el parloteo.[12]

Otros eruditos dicen: "Si hay una sola persona dentro de las páginas de la Biblia a la que podamos considerar un humorista, es, sin duda, Jesús…Jesús fue un maestro del juego de palabras, la ironía y la sátira, muchas veces entremezclado con un elemento de humor."[13] En el apéndice de *The Humor of Christ*, Trueblood lista treinta pasajes humorísticos de Jesús en los evangelios sinópticos solamente (Mateo, Marcos y Lucas).[14]

Los eruditos en el área del humor dicen: "La forma más característica del humor de Jesús era la exageración ilógica".[15] Los ejemplos incluyen (1) señalar la mota en el ojo ajeno, mientras pasa por alto la viga en su ojo, lo cual fue gracioso para los que estaban en el sitio de trabajo; y (2) que uno sencillamente no puede empujar un camello a través del ojo de una aguja de coser, sin importar cuán fuerte pueda jalar del frente y empujar por detrás.

Jesús usó el humor para mostrar cuán absurda puede ser la gente religiosa. El clavar diversión en las clases religiosas solemnes y sus tradiciones, Jesús nos invita a resistir el pensamiento de que los más devotos son también los más santos.

Después de todo, fueron las clases religiosas las que se tomaron así mismas demasiado en serio y no tomaron a Jesús lo suficientemente en serio, lo que explica la razón por la que ellos seguían criticando a Jesús por romper las reglas de sus tradiciones. Cuán irónico que la gente religiosa matara a Dios porque no les parecía que Él fuera lo suficientemente piadoso. Como regla general, si usted es más conservador que Dios, debe moverse hacia la izquierda. Y si es más liberal que Dios, debe moverse hacia la derecha.

Un libro significativo relacionado con toda la amplitud de las emociones de Jesús es *Jesus' Emotions in the Gospels* (Las emociones de

Jesús en los evangelios) escrito por Stephen Voorwinde. Él señala que "raras veces se piensa en Jesús en términos emocionales".[16] Él continúa diciendo que hay solamente sesenta referencias a las emociones de Jesús en todos los cuatro evangelios, y que su intensidad emocional aumenta a medida que Jesús se acerca a la cruz.[17]

Ahora, analizaremos cada mención de las emociones de Jesús en los cuatro evangelios del Nuevo Testamento, donde, de manera bastante interesante, encontramos que la compasión es la que se menciona más comúnmente.

Las emociones de Jesús en Mateo

El teólogo Stephen Voorwinde dice: "Mateo capta una amplia gama de sentimientos con sus diez referencias a las emociones de Jesús".[18] Estas son las menciones de las emociones de Jesús en el evangelio de Mateo en la versión bíblica Reina-Valera 1960 (RVR1960), con algunas otras versiones que se incluyen para ayudar a proveer un entendimiento más rico y completo.

- 8:10—"se maravilló" (NBLH, RVA2015, LBLA), "asombró" (NVI, NBD, NTV)

- 9:30—"advirtió rigurosamente" (LBLA)

- 9:36, 14:14, 15:32—"compasión"

- 20:34—"compadecido" (RVR1960), "conmovido" (RVA2015, BLPH), "teniendo misericordia" (RVA)

- 26:37–38—"entristecerse y a angustiarse", "Mi alma está muy triste, hasta la muerte"

- 27:46—"Jesús clamó a gran voz, diciendo: …'Dios mío, Dios mío, ¿por qué me has desamparado?'".

LAS EMOCIONES DE JESÚS EN MARCOS

Con relación a las emociones de Jesús en Marcos, Voorwinde dice: "Ninguno de los escritores del evangelio nos permite ver más profundamente en el alma de Jesús que Marcos. Si fuera posible un análisis psicológico de la personalidad de Jesús, este sería el lugar para empezar. Marcos captura una gama más amplia de las emociones de Jesús que ningún otro evangelio. Para describir la variedad de las reacciones emocionales de Jesús, él usa catorce expresiones diferentes en comparación a siete en Mateo y cinco en Lucas....Aunque en Juan hay veintiocho referencias a las emociones de Jesús (en comparación a las dieciséis en Marcos), se usan solamente nueve palabras diferentes".[19] He aportado la siguiente lista de las emociones de Jesús en Marcos, con varias versiones incluidas para ayudar a proveer color y tonalidad a la vida emocional de Jesús.

- 1:41—"misericordia" (RVR1960), "compasión" (LBLA, DHH, NTV, NVI), conmovido (BLP)

- 3:5—"enojado, entristecido" (NBD, NVI, BLPH), "enojo y tristeza" (RVC), "ira, entristecido" (RVR1977) o "con enojo…, profundamente entristecido" (NTV)

- 6:6—"asombrado" (RVR1960, CST), "maravillado" (LBLA, RVA, NBLH), "sorprendido" (PDT, BLPH)

- 6:34, 8:2—"compasión"

- 9:22—"misericordia"

- 7:34—"gimió" (RVR1960), "suspiró" (DHH, NTV, BLPH), "hondo suspiro" (RVR1977)

- 8:12—"Suspirando profundamente en su espíritu" (LBLA)

- 10:21—"amó" (RVR1960), "sintió profundo amor" (NTV), "con afecto" (PDT, BLPH)

- 14:33–34—"…a entristecerse y a angustiarse…'Mi alma está muy triste, hasta la muerte'".

- 15:34—"Jesús clamó a gran voz…'Dios mío, Dios mío, ¿por qué me has desamparado?'".

Las emociones de Jesús en Lucas

Con relación a la vida emocional de Jesús en Lucas, Voorwinde dice: "Aunque Lucas es el evangelio más largo,[20] es el que menos referencias tiene de las emociones de Jesús. Esto es algo sorprendente porque Lucas menciona las emociones de otros con más frecuencia que cada uno de los otros evangelios".[21] Vea la lista de las emociones de Jesús en el evangelio de Lucas.

- 7:9—"maravilló" (RVR1960, NASB, NKJV), "asombró" (LBLA, NVI, CST)

- 7:13—"se compadeció" (RVR1960, NVI, RVA2015, NBD), "profundamente conmovido" (BLPH), "su corazón rebosó de compasión" (NTV)

- 10:21—"se regocijó en el Espíritu" (RVR1960), "lleno de alegría por el Espíritu Santo" (NVI), "se llenó del gozo del Espíritu Santo" (NTV)

- 12:50—"cómo me angustio" (RVR1960), "cuánta angustia siento" (NVI), "me embarga la ansiedad" (BLPH), "estoy bajo una carga pesada" (NTV)

- 19:41—"lloró"

- 22:44—"en agonía" (RVR1960, RVA, LBLA), "angustiado" (NBD, NVI), "en tal agonía de espíritu" (NLT)

Las emociones de Jesús en Juan

Con relación a la vida emocional de Jesús en Juan, Voorwinde dice: "De las sesenta referencias específicas a las emociones de Jesús en los evangelios, veintiocho se encuentran en Juan…aunque el cuarto evangelio se refiere a las emociones de Jesús con más frecuencia que cada uno de los otros, el rango de emociones que registra es comparativamente modesto. Las referencias más frecuentes son al amor de Jesús (18 veces).[22] Tres veces dice que está afligido; dos, que está profundamente conmovido, y una que se regocija y derrama lágrimas. Además, hay dos referencias a su gozo y una a su celo. Esto representa un total de solo seis emociones diferentes".[23] Entre los discípulos, Juan probablemente tenía la relación más cercana con Jesús como "el discípulo al que Jesús amaba". Su reporte de la vida emocional de Jesús se enumera a continuación.

- 2:17—"celo" (RVR1960, LBLA, NBD, NVI, BLPH), "el amor…me quema" (TLA)

- 11:3, 5—"amas…amaba"

- 11:15—"me alegro"

- 11:33—"se conmovió profundamente y se entristeció" (LBLA), "se turbó y se conmovió profundamente" (NDB), "se sintió muy triste y les tuvo compasión" (TLA), "se entristeció" (NBLH)

- 11:38—"se estremeció en espíritu y se conmovió" (RVR1960), "se turbó y se conmovió profundamente" (NBD), "profundamente emocionado" (BLPH), "se estremeció interiormente y se conmovió," (RVR1977)

- 12:27—"Ahora está turbada mi alma;"

- 13:1—"amó"

- 13:21—"se conmovió en espíritu" (RVR1960), "muy angustiado" (NTV)

- 13:34—"yo os he amado"

- 14:21—"yo le amaré"

- 15:9–12—"yo os he amado…mi gozo…yo os he amado"

Los cristianos siempre han confesado que Jesús es la única persona perfecta que ha caminado y caminará en la tierra. Su vida es el retrato de lo que se supone que sea una humanidad sana. Su vida emocional mientras estuvo con nosotros fue perfecta.

Vuélvase sano emocionalmente

Tom y Nancy habían estado casados muchos años. Tenían un par de hijos, un perro, y trajeron más equipaje y maletas de mano a su matrimonio que la mayoría de las aerolíneas comerciales. Ellos no recibieron consejería ni antes ni durante su matrimonio, y para cuando nos reunimos, estaban pensando en el divorcio.

Hice una oración rápida. Luego, le pregunté a Nancy cuál pensaba que era el mayor problema. Ella dijo: "Tom es nuestro mayor problema". Respondió sin respirar, muy parecido a un subastador hábil que puede decir palabras de un tirón a una velocidad sobrehumana. Las frases que capté del huracán incluían: *arrogante, dominante, controlador, soberbio, rudo, egoísta, frío, distante,* y algunas malas palabras que la editorial va a editar, así que no me voy a molestar en escribirlas.

No me atrevía a preguntarle a Tom cuál pensaba que era el mayor problema. Él no necesitaba que se le animara a hablar. Él dijo: "Nancy es nuestro mayor problema". Como un golpe lanzado en cámara lenta, prosiguió cuidadosa y lentamente a decirle cosas como: *insegura, débil, susceptible, inestable, inútil.* Y luego se burló porque ella siempre estaba llorando y era demasiado susceptible. Ella empezó a llorar. Luego, él gritó: "¿Ve? ¡De eso estoy hablando!".

Un silencio muy largo e incómodo sucedió después mientras ellos tenían lo que parecía ser un concurso de verse a los ojos y fulminarse con la mirada mutuamente. Me pareció que quizá, un buen duelo con pistolas, a la antigua, habría sido más apropiado que reunirse en mi oficina.

Yo era un pastor joven, y no lograba alcanzar a entender lo que sucedía. Estaba perplejo.

Así que fui sincero con ellos. Dije: "Eh, ustedes son un desastre. No entiendo nada. Ya que estoy siendo sincero, ¿podrían hacerme el favor de ser sinceros? Voy a hacerles una pregunta a ambos para que cada uno la responda al mismo tiempo, a la cuenta de tres. Tom, ¿eres emocionalmente frío, distante, apartado e indiferente? Nancy, ¿estás emocionalmente inestable, herida, triste y deprimida?". Luego, conté hasta tres y ambos dijeron: "Sí".

Estas personas amaban a Dios y se amaban mutuamente. Solamente estaban poco saludables emocionalmente e iban en dirección opuesta. Cuando hablamos un poco más, ellos se atrajeron inicialmente porque era muy diferentes. Ella se sintió atraída por la falta de emoción de él como un hombre estoico con el espectro emocional de una mesa de centro de roble; sin embargo, con el tiempo, eso la hizo sentir sola. Él se sintió atraído por la vida emocional, profunda y compleja, de ella; sin embargo, después de un tiempo, eso lo hizo sentirse abrumado y agotado como si fuera un actor extra en el elenco de la telenovela melancólica diurna menos la pista de audio melodramática.

Cuando discutimos la vida emocional muy diferente de cada uno, ellos estuvieron de acuerdo en que ambos estaban enfermos. Admitirlo, empezó su sanidad.

Empezamos a discutir cómo sería si ellos no se empujaran mutuamente para volverse el uno igual al otro, sino más bien que se jalaran mutuamente, en amor, para que ambos se volvieran emocionalmente como Jesús. Ellos estuvieron de acuerdo en que Jesús tuvo una vida emocional perfecta, y en que, si ellos podían volverse como Él, estarían sanos y felices juntos. Así que abrimos la Biblia y empezamos a analizar la vida emocional de Jesús.

Una escritura con la que tropezamos, gracias al Espíritu, que yo nunca había considerado mucho fue Lucas 10:21: "Jesús se regocijó en el Espíritu". Esta es una enseñanza sorprendente. Ya que el Espíritu Santo inspiró la Biblia para que se escribiera, Él escogió esta ocasión para revelar que la vida emocional de Jesús estaba afianzada y guiada "en el Espíritu Santo".

En la providencia de Dios, mientras escribo esta oración, estoy sentado en un avión hacia Nueva York con Grace en el treinta y nueve aniversario de nuestra primera cita. Vamos a pasar unos días celebrando juntos. Desde el día en que nos conocimos, hemos estado juntos.

La Biblia dice que, aunque somos dos, de hecho, somos "uno". Esto significa prácticamente que toda la vida se vive juntos y todas las emociones las experimentamos juntos. Grace ha sido literalmente un medio de la Gracia de Dios en mi vida. Ella me ayuda a procesar lo que experimento en la vida, y sin su devoción a mí, mi vida emocional sería más oscura y mucho más desalentadora.

Jesús y el Espíritu Santo pasaron la vida juntos, un poco como Grace y yo, aunque ellos lo hicieron en perfección. Ellos hicieron todo juntos, experimentaron todo juntos, y reaccionaron a todo juntos. El Espíritu Santo mantuvo emocionalmente sano a Jesús, y ahora, Él viene a darnos la salud emocional de Jesús. A algunas personas les cuesta imaginar cómo funciona la Trinidad, pero una vez que entendemos que los tres miembros de la Trinidad viven juntos relacional y emocionalmente, entonces tiene más sentido.

Un comentarista dice de Lucas 10:21: "*Se regocijó*, es, por mucho, una traducción muy descolorida para…una exultación positiva ('entusiasmado y con júbilo'…). La próxima vez que vea a un fanático brincar y empezar a gritar cuando el juego cambia a su favor y vea las golosinas y la bebida salir volando de sus manos, recuerde que Jesús estaba prácticamente así de emocionado".[24] La fuente de la emoción fuerte de Jesús es el Espíritu Santo. Un erudito del Nuevo Testamento dice: "Este gozo santo de Jesús se debía directamente al Espíritu Santo".[25]

Esa conversación sencilla con Tom y Nancy, cuando yo era un pastor joven, abrió todo un nuevo entendimiento de la vida emocional de Jesús. Fue lo que me hizo empezar casi dos décadas de estudio que me han llevado a escribir este libro.

En lugar de ignorar nuestra carencia de amor y salud emocional o excusarlas culpando a las circunstancias y a otras personas por nuestra condición, deberíamos ver primero a Jesús y luego examinarnos a la luz de su perfil emocional. Uno de los escritores de devocionales cristianos más influyentes de todo el siglo XX, Oswald

Chambers, manifestó: "La razón por la que algunos de nosotros estamos tan sorprendentemente apagados y tenemos la enfermedad del sueño es que, nunca, ni siquiera una vez, hemos pensado en prestar atención al mover que el Espíritu de Dios le da a la mente y a nuestra naturaleza emocional. ¡Cuántos de nosotros estamos aterrados por miedo a ser emocionales! Jesucristo demanda la naturaleza completa, y Él demanda esa parte de nuestra naturaleza que el diablo usa más, es decir, la parte emocional. Tenemos que tener el cimiento correcto para nuestra naturaleza, la vida de Jesucristo, y luego averiguar las cosas que despiertan nuestras emociones, y cuidar que esas emociones se expresen de maneras similares al carácter de nuestro Señor".[26] Tristemente, la mayoría de nosotros no hacemos exactamente eso.

El Espíritu Santo y su vida emocional

¿Está emocionalmente sano? ¿Le gustaría volverse emocionalmente más sano? La buena noticia es que todo creyente tiene el potencial para una salud emocional mejorada que manifieste continuamente el carácter de Jesucristo. ¿Cómo? No a través del libro de autoayuda más reciente. Necesitamos seguir el ejemplo de Jesús y buscar la ayuda del Espíritu Santo.

Casi al final de su carta poderosa a los gálatas, Pablo, bajo la inspiración del Espíritu Santo, nos recuerda que nuestra vida emocional y nuestro carácter fluyen en solo una de dos vertientes: la carne o el Espíritu. Debido a que Jesús vivió por el Espíritu y envió al Espíritu a darle poder a nuestra vida, nosotros podemos vivir por ese mismo poder, crecer en el mismo carácter y salud emocional de Jesucristo. Pablo enseña esto en Gálatas 5:25 cuando dice: "Si vivimos por el Espíritu, andemos también por el Espíritu". Pablo toma sus palabras aquí del lenguaje militar. Cuando un batallón sale a caminar, todos siguen al oficial comandante de mayor rango, manteniendo el paso y permaneciendo en fila. De lo contrario, un soldado puede desviarse y recibir un disparo del enemigo. Igual es para cada cristiano, el Espíritu Santo es nuestro oficial comandante, y tenemos que seguir su liderazgo durante toda nuestra vida, incluyendo nuestra vida emocional, o nos arriesgamos a ser apresados por nuestro enemigo (el diablo).

Es común pensar que Dios no es soberano, sino que, más bien, lo son nuestras emociones. Lo que sintamos, es como si esos sentimientos tuvieran vida propia y a nosotros no se nos puede responsabilizar por ellos, sino solo por nuestros pensamientos y acciones. La gente que se siente o actúa impíamente diría algo como esto: "Así es como lo siento". Este tipo de declaración es, muchas veces, algo que detiene la conversación porque se asume equivocadamente que nuestros sentimientos son como la ley de la gravedad: están por encima de nuestro control, son aplastantes y no se pueden cambiar.

Sin embargo, Dios espera que su Espíritu gobierne sobre nuestra vida entera, incluyendo nuestras emociones. Oswald Chambers dijo acertadamente: "Dios responsabiliza a los santos por las emociones que no tuvieron y debieron tener, así como por las emociones que permitieron, pero que no debieron haber permitido. Si nos entregamos a afectos excesivos, enojo, ansiedad, Dios nos responsabiliza de ello; pero Él también insiste en que tenemos que estar apasionadamente llenos de las emociones correctas. La vida emocional de un cristiano se debe medir por la eminente energía que se exhibe en la vida de nuestro Señor. Los vocablos aplicados a la presencia del Espíritu Santo en los santos describen la energía de una emoción que mantiene la vida interna y externa como la propia vida del Señor".[27]

DIOS LES DA ÓRDENES A SUS EMOCIONES

El Dios de la Biblia no teme darles órdenes a los comportamientos que elegimos, los pensamientos que creemos y los sentimientos que tenemos. Sopese estas órdenes en la Biblia para cuatro emociones:

- "Vestíos… de entrañable misericordia, de benignidad, de humildad, de mansedumbre, de paciencia; soportándoos unos a otros, y perdonándoos unos a otros… vestíos de amor… la paz de Dios gobierne en vuestros corazones, ...y sed agradecidos" (Colosenses 3:12–15).

- "Amaos unos a otros entrañablemente, de corazón puro" (1 Pedro 1:22).

- "Amad a vuestros enemigos" (Mateo 5:44).

- "Amarás al Señor tu Dios con todo tu corazón, y con toda tu alma, y con toda tu mente ...Amarás a tu prójimo como a ti mismo" (Mateo 22:37–39).

- "Amaos los unos a los otros con amor fraternal; en cuanto a honra, prefiriéndoos los unos a los otros ...fervientes en espíritu ...gozosos en la esperanza; sufridos en la tribulación ...Bendecid a los que os persiguen; bendecid, y no maldigáis. Gozaos con los que se gozan; llorad con los que lloran. Unánimes entre vosotros; no altivos, sino asociándoos con los humildes. No paguéis a nadie mal por mal" (Romanos 12:10–17).

La Biblia nos dice con frecuencia que hagamos algo porque no lo estamos haciendo ni queremos empezar a hacerlo. ¿Cómo será posible que sintamos algo que no tenemos ganas de sentir? Tenemos que llevarle nuestros sentimientos y emociones al Espíritu Santo e invitarlo a cambiarlos como cambiaría nuestros pensamientos y deseos. El teólogo y pastor John Piper lo dice de esta manera: "Jesús sí comanda nuestros sentimientos. Él demanda que nuestras emociones sean de una forma y no de otra".[28]

LEÓN Y CORDERO

Pongámonos muy prácticos. Cuando usted está emocional y sintiendo cosas a un nivel más profundo de lo normal, es vital que someta esos sentimientos emocionales al Espíritu Santo. Así como llevaría sus pensamientos o deseos ante el Señor, usted tiene que hacer lo mismo con sus emociones y sentimientos para ver si se alinean con la Palabra de Dios o necesitan ser cambiados por el Espíritu.

Será vital para usted que compare sus emociones con la vida emocional de Jesucristo para determinar si sus sentimientos son correctos o erróneos. Esto puede ser desafiante porque casi todos tenemos un punto de vista desigual de la vida emocional de Jesús. Prácticamente, tendemos a verlo ya sea como León o Cordero, pero no ambos. Aquellos de nosotros con personalidad más parecida al Cordero, nos enfocaremos en las partes de la Biblia donde Jesús era dócil, amable, paciente, amoroso, y parece más pasivo si no hasta tímido. Aquellos de nosotros con personalidad más parecida al León, concentraremos nuestra atención en las partes de la Biblia donde Jesús fue fuerte, firme, insistente, controversial y parece más activo si no agresivo.

¿Es usted más un león o un cordero? ¿Ve a Jesús más como León o como Cordero?

La Biblia presenta a Jesús como *ambos* un León y un Cordero.

En Apocalipsis 5:5, Juan llama a Jesús "el León de la tribu de Judá". El león es el rey de la jungla. Un león come lo que quiera: búfalo, cerdos y hasta elefantes o cocodrilos. Un león macho vive en una manada mayormente con hembras y cachorros; si otro macho se acerca, el león, que es el jefe de la manada, peleará y masacrará a cualquiera que amenace a su manada. A veces, Jesús es un León.

En Juan 1:29, Juan llama a Jesús "el Cordero de Dios". Los corderos son criaturas dóciles que huyen del peligro y se mantienen unidas a su rebaño porque son animales muy sociables. Los corderos son vulnerables y tan calmantes y seguros que invitamos a los niños a contarlos en la noche hasta que se queden dormidos. Los corderos comen pasto y no son una amenaza para para otros animales porque ellos son vegetarianos y no se alimentan de otros animales.

La clave para su vida emocional tiene dos partes: (1) usted necesita que el Espíritu Santo le ayude a discernir cuándo ser un león y cuando ser un cordero; y (2) usted necesita que el Espíritu Santo lo faculte para ser un león cuando sea oportuno y un cordero cuando sea el momento adecuado. Las personas que son siempre leones no solo protegen a otros de ser lastimados, sino que también dañan a aquellos que están a su favor y con ellos. Las personas que son siempre corderos son amorosas, amables y tranquilas que evitan el conflicto, aun cuando los leones se apresuran a devorar a los otros corderos.

Regresando a nuestra pareja recibiendo consejería, Tom era invariablemente un león. Nancy era siempre una cordera. Afortunadamente, a través del tiempo y las lágrimas, el Espíritu Santo ha sanado sus heridas pasadas y les ha enseñado cómo y cuándo ser león o cordero.

¿Qué hay de usted?

¿En qué área necesita invitar al Espíritu Santo para darle poder a su vida emocional de manera que perciba la llenura de Jesús en sus sentimientos? A medida que se vuelva emocionalmente sano, usted estará listo para relaciones sanas, tal como lo discutiremos en el siguiente capítulo.

Capítulo 7

REDIMA SUS RELACIONES

A L RECORDAR MIS años de adolescente, si soy sincero, creo que mis posibilidades de convertirme en madre eran mayores que las de convertirme en pastor. Cuando tenía quince años y no era cristiano, mentí sobre mi edad, falsifiqué mi certificado de nacimiento y empecé ganando el salario mínimo como dependiente en una tienda de conveniencia calle debajo de un club nocturno. Sí, era menor y debía verificar responsablemente la identificación de los adultos para ver si tenían la edad suficiente para comprar artículos como: cigarrillos, números de lotería y cerveza.

Mi primer vehículo fue un Chevy de 1956 que le compré al dueño de la tienda de conveniencia con mis ahorros. Empecé a ir conduciendo solo hasta la escuela antes de que tuviera la edad para tener una licencia de manejo.

Si todo esto suena mal, me siento inclinado a explicarle por qué todo esto suena mal. Suena mal porque *está* mal.

En fin, mi primer vehículo tenía cuatro llantas que estaban más calvas que la mayoría de los abuelos. Cuando llovía, conducir el vehículo se sentía siniestramente similar a deslizarse colina abajo, en la nieve, dando vueltas y vueltas sobre la tapadera de un basurero como cuando era niño. En la autopista, el vehículo perdía el rumbo, y era difícil mantenerlo en un solo carril. Conducir en la lluvia se sentía como tratar de montar un elefante que patina en el hielo.

Pensé que manejar un vehículo no podía ser peor hasta que, muchos años después, como pastor en un viaje misionero hice un viaje

111

internacional por primera vez. Nunca olvidaré el recorrido desde el aeropuerto.

No había carriles. El tráfico salía en todas direcciones, y la gente parecía ir por donde quisiera. Los vehículos paraban repentinamente por ninguna razón, cambiaban de dirección rápidamente y viraban frente a otros sin aviso previo. Era un caos, y cómo sobrevivían sigue siendo un misterio para mí. Se sentía como si toda la nación había bebido mucho y decidido ir a dar un paseo.

DOCE CARRILES DE RELACIÓN

En la vida, las relaciones son como los conductores en una autopista. A menos que todos entiendan en qué carril van, están destinados a sufrir accidentes que llevarán a la decepción cuando las expectativas no dichas queden sin cumplirse. Ni siquiera estoy hablando de codependencia emocional. Solamente hablo de heridas interpersonales y confusión simple.

Jesús era constantemente abrumado por la gente que quería llegar y estar cerca de Él. Marcos 1:21–37 registra el caos relacional con el que Jesús tenía que lidiar en lo que se suponía que fuera un día libre. Era el Sabat, y Él enseñó en la sinagoga, echó un demonio de una persona, "Y muy pronto se difundió su fama por toda la provincia alrededor de Galilea". Ni siquiera tomó un descanso para comer algo, "se fue inmediatamente" a la casa de Simón para sanar a su suegra moribunda. Luego, "Cuando llegó la noche, luego que el sol se puso, le trajeron todos los que tenían enfermedades, y a los endemoniados; y toda la ciudad se agolpó a la puerta". Imagine que es el día de *Halloween* y en vez de gente disfrazada de zombi, demonios o brujas, los verdaderos tocaban la puerta. Él tenía que haber estado cansado y exhausto. No obstante, "sanó a muchos que estaban enfermos de diversas enfermedades, y echó fuera muchos demonios".

Creo que está bien asumir que Jesús dormía profundamente por las noches, pero también se levantaba temprano para tratar de evitar el ajetreo de la gente. "Levantándose muy de mañana, siendo aún muy oscuro, salió y se fue a un lugar desierto, y allí oraba". Hace que uno se pregunte si Él oraba por el rapto para que pudiera salir de la tierra y tener un poco de paz. Sin embargo, "hallándole, le dijeron: 'Todos te buscan'". ¿Cómo pudo Jesús manejar todas estas clases de demandas de relación urgentes, complejas y exigentes?

Basándonos en el concepto de los carriles de relación, a continuación, incluyo la manera en que veo una docena de distinciones entre varias conexiones personales, profesionales y espirituales después de escudriñar las relaciones de Jesús.

1. Enemigos

La gente que quiere estar en su vida para causarle dolor, daño y confusión; y quienes pudieron haber sido, alguna vez, amigos cercanos o familiares, pero que ahora no son seguros. En la vida de Jesús este grupo podría haber incluido a Satanás y a varios líderes religiosos y políticos que lo perseguían y acosaban a fin de hacerle daño.

2. Antiguos conocidos

La gente con quien usted ya no tiene contacto significativo, tal como antiguos compañeros de trabajo, de clase o antiguos vecinos. Jesús vivió en Egipto durante un tiempo, cuando era niño, y también en el pequeño pueblo de Nazaret antes de mudar su ministerio a la gran ciudad de Jerusalén. Como resultado, algunas personas lo conocían del pasado, pero no mantuvieron una relación cercana con Él en el futuro.

3. Parientes distantes

La gente que usted ve raras veces, excepto en eventos importantes como bodas, funerales o reuniones. Para Jesús, este grupo posiblemente incluía parientes que vivían lejos, como Zacarías y Elisabet.

4. Profesionales

La gente con la que tiene una relación que no implica socializar, como un doctor, abogado, contador o consejero. Para Jesús, este grupo habría incluido a gente que lo contrató a Él y a su papá para trabajos de carpintería.

5. Vecinos

La gente con la que entabla una conversación superficial, pero no pasa tiempo con ellos. Estas eran algunas de las personas a las que les costaba ver a Jesús como algo más que el niño que creció jugando a la pelota con otros niños.

6. Conocidos

La gente que conoce en varios círculos como escuelas, deportes infantiles o personas con las que se encuentra en la iglesia o sencillamente conoce porque sus vidas se interceptaron casualmente. Jesús tenía muchas de estas relaciones como para ponerle un número a una multitud, quizá tantas como diez mil o más que iban a escucharlo predicar y algunos lo conocían personalmente.

7. Compañeros de trabajo

La gente con la que pasa tiempo en el trabajo sin una relación profunda. La Biblia menciona varias personas que fueron parte del ministerio de Jesús y que trabajaron con Él en varios proyectos y épocas.

8. Amigos

La gente con la que usted hace cosas en grupo, como deportes, estudios bíblicos o pasatiempos. Para Jesús, esto pudo haber sido sus doce discípulos y otros como los hermanos María, Martha y Lázaro; Él pasaba tiempo en casa de ellos.

9. Mentores

La gente que va delante de usted, que crea lugares seguros para que usted exponga parte o todo de su vida personal, profesional y espiritual y quienes también comparten por lo menos una parte de su vida con usted. Para Jesús, estos podrían haber sido fundamentalmente sus padres, quienes lo ayudaron a madurar de la niñez a la edad adulta.

10. Amigos cercanos

La gente que usted escoge para pasar tiempo con ellos individualmente, como un igual o colega, y le revela partes de su vida que no comparte con otros. Los tres amigos más cercanos de Jesús eran Pedro, Santiago y Juan, quienes estaban con Él en los momentos más íntimos de la vida. Juan probablemente era el amigo más cercano de Jesús ya que a él se le llama "el discípulo que Jesús amaba".

11. Familia cercana

La gente con la que usted se siente más conectada y comprometida y a la que le dedica partes significativas de su vida, como su cónyuge, hijos o padres. A la familia de Jesús le costó creer sus afirmaciones de deidad hasta su resurrección. Luego, sus hermanos, Santiago y Judas, se volvieron pastores, y encontramos a su mamá como parte de la iglesia primitiva en los capítulos de apertura del libro de Hechos.

12. El Señor

La Persona con quien usted comparte la relación más importante, a menos que esta relación sea nutrida, las demás relaciones sufren. La Biblia dice en Lucas 5:15–16: "se reunía mucha gente para oírle, y para que les sanase de sus enfermedades. Mas él se apartaba a lugares desiertos, y oraba". Mientras más gente quería tener acceso a Jesús, más era el tiempo que Jesús tenía que pasar con su comunidad eterna del Padre y el Espíritu.

La vida de Jesús fue parecida a la suya; llena de gente que conduce en cualquier carril que elijan y procuran incorporarse al siguiente carril de importancia y cercanía en su vida. Esto le sucedió a Jesús y nos sucede a usted y a mí.

Puede ver el enorme rango entre sus enemigos y su amigo íntimo. No hay duda de que usted puede identificar inmediatamente a la gente con la que más se relaciona en esas categorías. Ahora, dele vuelta y analícelo desde otro ángulo. ¿Cómo lo ve la gente? ¿Qué expectativas tienen ellos de la relación entre ustedes? ¿Cómo clarifica o confunde sus percepciones?

La sabiduría nos enseña a tratar de manera distinta a diferentes personas. Nuestro problema viene de nuestra tendencia para desarrollar un patrón de relación que funcione para nosotros y luego aplicarlo a todos solo para descubrir que a veces funciona y a veces falla.

OCHO LEYES DE RELACIÓN

¿Cómo determinó Jesús con qué tipo de personas tendría o no relaciones? ¿Cómo escogió Jesús a los doce discípulos para que estuvieran en una relación cercana con Él durante tres años? Lucas 6:12–13, refiriéndose a Jesús, dice: "él fue al monte a orar, y pasó la noche orando a Dios. Y cuando era de día, llamó a sus discípulos".

¿Alguna vez ha hecho algo que le tomó toda la noche? ¿Quizás para la escuela o el trabajo? Usted sabe que algo es increíblemente importante cuando usted se desvela para trabajar en ello. Para Jesús, escoger quiénes estarían en una relación con Él como sus discípulos requería que pasara toda la noche en oración. Usted podría preguntar por qué tardó tanto. ¿Acaso no se podía hacer sencillamente una lista y dejar que Jesús fuera a dormir? No, el Padre, Hijo y Espíritu son relacionales y toman las relaciones muy en serio. No sería de sorprenderse que ellos hayan tenido conversaciones largas sobre Pedro el negador, Tomás el incrédulo y Judas el traidor. Jesús pasó toda la noche hablando con el Padre y el Espíritu sobre la lista. Usted y yo necesitamos hacer lo mismo. ¿Invita usted al Señor para ayudarle a escoger sus relaciones más cercanas?

Cuando vemos a los discípulos, podemos apresurarnos a asumir que Judas fue un error y no debió haber sido escogido; sin embargo, él era parte del plan de Dios. En Juan 17:12, Jesús ora nuevamente al Padre, diciendo: "Cuando estaba con ellos en el mundo, yo los guardaba en tu nombre; a los que me diste, yo los guardé, y ninguno de ellos se perdió, sino el hijo de perdición, para que la Escritura se cumpliese". Jesús fue un amigo perfecto para Judas, y Judas lo traicionó.

Esto solo demuestra que las relaciones pueden ser dolorosas aun si nosotros no cometimos pecado.

Al escudriñar la vida de Jesús, es sabio ver cómo Él manejaba tantas relaciones diversas, complejas y cambiantes con la ayuda de su tiempo de oración con el Padre y el Espíritu. Las siguientes son ocho leyes de relaciones observadas en la vida de Jesús.

1. La ley de la hospitalidad

Considere por un momento, con cuántas personas ha comido o bebido algo en los últimos doce meses. No pase por alto las reuniones escolares, eventos deportivos, conciertos musicales ni recitales, eventos de su iglesia, relaciones laborales, eventos del vecindario, feriados, fiestas de cumpleaños, aniversarios, bodas, fiestas de nacimiento, comidas y café con amigos, etc. ¿Cuán larga es su lista? ¿Docenas de personas, cientos de personas o miles de personas? Mucha gente experimenta hospitalidad con usted, pero no todos son sus amigos.

Jesús era amigable con toda la gente, pero Él era amigo solamente de algunas personas. Muchas veces, la gente se le acercaba, y Él era amable, cordial y estaba presente emocionalmente. Las multitudes, grandes y pequeñas, lo rodeaban. La gente también lo invitaba a muchas fiestas, lo que irritaba a los religiosos fundamentalistas quienes no creían en la diversión. Sin embargo, Jesús no tenía amistades cercanas con todos.

2. La ley de la capacidad

Las relaciones son costosas. Una relación cercana cuesta tiempo, dinero y energía. En la Biblia, leemos de toda la gente con la que Jesús se reunió, por la que oró, a la que enseñó y sanó. Sin embargo, hay una lista aún más larga de toda la gente con la que Jesús *no* se reunió, ni oró, ni enseñó ni sanó. A veces, Jesús estaba tan cansado que Él se iba a hurtadillas y tomaba una siesta. Jesús tenía límites de capacidad a causa de su humanidad. Usted también es finito y no puede darle a todo al que le gustaría recibir de usted. En la era de la tecnología y las redes sociales, donde la accesibilidad reemplaza la privacidad, la gente siente la ley de la capacidad a niveles más altos que en cualquier otro tiempo de la historia de la humanidad.

3. La ley de prioridad

Algunos investigadores dicen que muchas personas interactuarán con quinientas a dos mil quinientas personas en un año típico.[1] Si usted es altamente extrovertido o tiene un trabajo que requiere mucha interacción con el público (por ejemplo: líder de ministerio, cuidado de la salud, ventas o servicio al cliente) ese número podría incluso ser más alto. Otros investigadores también reportan que pasamos casi el 40 por ciento de nuestro tiempo con las mismas cinco personas; las cinco personas que son más cercanas a nosotros.[2]

Si está casado y tiene varios niños, usted ya ha llenado la cuota de las cinco personas. Para Jesús, su círculo interior de tres discípulos más unos pocos amigos y quizá su familia recibieron la mayor parte de su energía y tiempo personal. Él ayudaba y servía amorosamente a la gente; pero luego, continuaba, similar a un doctor o consejero que atiende pacientes todo el día, pero no los invita a todos a cenar a su casa.

4. La ley de la estacionalidad

La mayoría de las relaciones son estacionales. Pocas son de por vida. Jesús creció con personas en un pueblo pequeño, pero no escuchamos mucho sobre ellas. Quizá Jesús tuvo compañeros de clase en la escuela, compañeros en deportes o compañeros de trabajo; sin embargo, no encontramos nada sobre ellos. Muchas, si no la mayoría de las relaciones, son para una etapa de la vida. Muy pocas relaciones, si acaso, soportan atravesar cada etapa de la vida. En lugar de lamentar este hecho, deberíamos aceptarlo y agradecer a Dios por los depósitos que las personas hacen en algún punto del recorrido de la vida. Podemos causar mucho dolor mutuo cuando tratamos de arrastrar cada relación pasada a cada etapa futura de la vida.

5. La ley de la seguridad

En lo que se refiere a las personas, deberíamos amarlas a todas, pero confiar en pocas. El amor es gratuito. La confianza se gana. Jesús amaba a todos, pero no confiaba en todos. La gente confiaba en Jesús, pero Jesús no confiaba en toda la gente. Él sabía que no todos son seguros. Algunas personas son peligrosas y otras son sencillamente egoístas. En una relación la confianza es como una cuenta de banco que requiere depósitos conforme pasa el tiempo para probar que vale.

6. La ley de la claridad

Usted sabe que alguien va en el carril de relación equivocado cuando las cosas empiezan a volverse extrañas, provocando que usted lo evada o le tema. Sabe que ese hoyo en su estómago, cuando suena el teléfono o la campanilla del texto y su nombre sale en la pantalla. Incluso, podría evitar ciertos lugares por temor a encontrárselo. En momentos como estos, los consejeros aconsejan que usted tenga lo que ellos llaman conversaciones de transición o conversaciones de cierre.

Conversaciones de transición

Una conversación de transición es una oportunidad para definir (o redefinir) en amor, pero claramente, el carril donde estará la relación. Jesús tuvo este tipo de conversación de transición con Pedro. Cuando Jesús estaba cerca de ser crucificado, Pedro negó cobardemente a Jesús. Después de su resurrección, Jesús se encontró con Pedro cara a cara para tener una conversación de transición en la que Jesús fue claro en que el comportamiento falto de amor de Pedro era inaceptable y que tendría que cambiar para que la relación entre ellos continuara.

En Juan 21:15–19, en respuesta a las tres negaciones de Pedro, Jesús le pregunta tres veces: "¿me amas?". Esta escena intensa, emotiva, y probablemente incómoda, termina con Jesús diciéndole "sígueme". Jesús fue claro en que para que la relación entre ambos continuara, Pedro necesitaba preocuparse menos de sí mismo y tratar de preocuparse más por el pueblo de Dios y seguir a Jesús.

La conversación de transición funcionó. Pedro pasó a ser un siervo de Jesús valiente y escritor de la Biblia. La historia, aparte de la Biblia, registra que, al final de su vida, cuando a Pedro se le dio la opción de (1) negar a Jesús y vivir o (2) confesar a Jesús y morir, él eligió confesar a Jesús. Pidió ser crucificado de cabeza porque él se veía a sí mismo indigno de morir como Jesús.

A veces, Dios usa una conversación de transición para cambiar el destino de alguien. Otras, es necesario hacer seguimiento con una conversación de cierre.

Conversaciones de cierre

Una conversación de cierre es en la que tenemos que dejar en claro que ya no vamos a seguir comunicándonos. En las películas viejas, usted sabe que el largometraje ha terminado cuando "El fin" aparece en la pantalla. Una conversación de cierre es así. Es una manera amable y clara de terminar una relación. Jesús tuvo, precisamente, este tipo de discusión con Judas. Al igual que los otros discípulos, Judas estuvo con Jesús por algunos años. Jesús lo amaba, servía, enseñaba, cuidaba de él, fue su amigo y nunca pecó en su contra. Jesús fue (y es) el amigo perfecto. Como contador del ministerio de Jesús, Judas robaba dinero todo el tiempo, y al final, él acordó traicionar a Jesús por treinta piezas de plata.

Judas usaba y abusaba de los demás. Judas era un amigo fingido. Judas se abrió a Satanás para llevar a cabo su complot, que es cuando (durante la cena y frente a los otros hombres) Jesús dijo: "Lo que vas a hacer, hazlo más pronto" (Juan 13:27). Jesús dijo, en efecto, ya no hay nada más que hablar. Terminamos. Ve y haz lo que quieras, ahora nos separamos.

La escena final entre Jesús y Judas es literalmente el beso de la muerte. Eso demuestra que, a veces, la peor gente se esconde en el ministerio porque el diablo sabe que es el último lugar donde la mayoría de los creyentes la buscaría.

7. La ley de idolatrar-satanizar

Podría decirse que el mayor teólogo que Estados Unidos haya producido es Jonathan Edwards. Él dijo (y estoy parafraseando) que aquellos que lo idolatran, luego, lo van a satanizar. A veces, cuando la gente piensa que ha encontrado a la persona que puede quitarle el dolor, hacer sus sueños realidad y guiarla hacia cualquier falso concepto del cielo que tenga en ese momento, idolatra a esa persona. Exalta a esa persona, proclama sus alabanzas y espera su bendición; sin embargo, tan pronto como no reciben lo que quieren, dejan de idolatrar y empiezan a satanizar. Esta es la clase de persona que lo ama en un momento y, luego, lo odia. Lo defiende un día y lo destruye el siguiente.

Exactamente esto le sucedió a Jesús. En un corto tiempo, la multitud entusiasta que proclamaba "Hosanna, hosanna", pronto se convirtió en una muchedumbre llena de odio que gritaba "Crucifíquenlo, crucifíquenlo". Este ciclo enfermizo continúa en la cultura de celebridad de la actualidad, donde exaltamos a la persona para destruirla y luego, exaltamos a alguien más para repetir el ciclo. Por lo tanto, deberíamos de ser recelosos de quienes nos elogian muy intensamente porque el ciclo idolatrar-satanizar es muy real y doloroso.

8. La ley de la economía

Cuando mi esposa, Grace, y yo estábamos recién casados, ella tenía un vehículo importado, pequeño, y yo tenía uno grande. El de ella recorría muchos kilómetros con poco combustible. El mío, consumía mucho combustible para recorrer pocos kilómetros. Cuando íbamos de paseo, como una pareja con poco dinero, nos llevábamos el vehículo de ella en vez del mío por el mejor rendimiento de combustible.

Las relaciones son como los vehículos. Algunas relaciones tienen buen consumo de combustible. Estas relaciones no consumen su energía y tienden a seguir avanzando sin tanto drama o dificultad. Otras relaciones, sin embargo, tienen mal rendimiento de combustible. Estas relaciones toman demasiado tiempo, energía y dinero, y no parecen progresar mucho.

La gente siempre quería tomar el tiempo de Jesús para discutir, debatir y criticar. Estas personas no querían aprender; querían pelear. No querían que Jesús los cambiara; querían usar a Jesús. Estas personas querían tener la misma discusión una y otra vez, y Jesús ignoraba a este tipo de personas. En ocasiones, Él dedicaba un poco de tiempo a reprenderlos, pero no desperdiciaba su tiempo en gente que no era una buena inversión de su energía. Lo mismo funciona para cada uno de nosotros. Algunas personas son maravillosamente buenas inversiones de tiempo y energía. Otras, sin embargo, son agotadoras y nunca logran mucho (si acaso logran algo) impulso relacional.

Evidente y encubierto

Una de las cosas más desafiantes en la vida es aprender a interpretar a la gente. Todos hemos conocido personas que nos sorprenden totalmente. De manera negativa, hay personas en quienes pensamos que podíamos confiar que resultaron ser traidores egoístas y falsos amigos. De manera positiva, hay personas que no se sienten particularmente cerca al principio, pero que terminan siendo leales, fieles y útiles en nuestros momentos de mayor necesidad.

Lo cierto es que solamente Dios conoce lo profundo en una persona. En algunas ocasiones, la Biblia nos habla de que, como seres humanos, solamente vemos el exterior, pero Dios ve el interior. Solo Dios conoce los motivos del corazón, los pensamientos de la mente y las intenciones del alma.

En la vida de Jesús hubo personas que procuraban constantemente acercarse a Él y disfrutar de una relación más íntima con Él. Por un momento, considere que mientras estuvo en la tierra, Jesús eligió no estar presente en todo momento y en todo lugar. Jesús eligió no saber lo que todos estaban diciendo, haciendo y tramando. En su lugar, Jesús eligió experimentar las relaciones, así como nosotros. El Espíritu Santo, sin embargo, estaba plenamente consciente de lo que todos estaban diciendo, haciendo y tramando. Como resultado, Jesús necesitaba al Espíritu Santo para navegar a través de las relaciones complejas, al igual que usted.

Jesús no era paranoico, desconfiando de todos. Tampoco era ingenuo, confiando en todos. En vez de eso, Jesús era sabio y discernía. Su discernimiento sabio era posible a través del Espíritu Santo, quien sabía todo de todos. Por esta razón, aunque Judas y Pedro fallaron, Jesús restauró a Pedro en amistad y ministerio, pero dejó ir a Judas. Gracias al Espíritu Santo, Jesús sabía que había en el corazón de cada hombre y sabía con quién hablar y de quién apartarse.

La diferencia entre Judas y Pedro es la diferencia entre evidente y encubierto. Judas estaba encubierto. Sus artimañas y conspiraciones pecadoras eran sigilosas, ocultas y engañosas. Durante sus tres años con Jesús, él siempre robaba dinero y conspiraba contra Jesús. Externamente, uno nunca lo habría sabido. Él escuchaba los mismos sermones, iba a los mismos viajes misioneros, oraba en el mismo grupo, cantaba las mismas alabanzas y presenció los mismos milagros que los

> Jesús no era paranoico, desconfiando de todos. Tampoco era ingenuo, confiando en todos. En vez de eso, Jesús era sabio y discernía.

otros discípulos. Pero él ocultó su verdadera identidad de todos, excepto de Jesús, quien era el único que conocía el corazón de Judas.

Muchas personas son como Judas; pueden robarles dinero a sus jefes, engañar a su cónyuge, usar la membresía de la iglesia solamente como un medio para aparentar santidad en público y no aman al Señor. Es increíblemente difícil tener una relación con personas encubiertas porque, a menos que el Espíritu Santo le revele quiénes son verdaderamente, usted nunca las conocerá y ellas solamente lo usarán.

Pedro, sin embargo, era evidente. Él no podía mantener la boca cerrada, y como resultado, uno sabía siempre lo que estaba pensando, sintiendo y haciendo. Él mangoneaba a Jesús, desenfundaba su espada y le cortaba la oreja a alguien y parecía indescriptiblemente incapaz de esconder su vida interior.

Algunas personas son como Pedro. Quieren sacar todo a la luz, poner todas sus cartas sobre la mesa y decirle simplemente, de entrada, quienes son, lo que piensan y lo que hacen. Las personas evidentes pueden ser atacadas por la espalda por gente encubierta. Ellas sencillamente no pueden comprender cómo alguien podría mentir, ocultar, engañar, robar y disimular quienes son realmente durante toda la vida. Las personas encubiertas muchas veces se aprovechan de las personas evidentes ya que estas asumen que están de acuerdo y lo dicen cuando no es así, y no tienen ni idea de que hay un problema a menos que se diga algo.

El Consejero que usted
necesita para sus relaciones

Durante una etapa muy difícil de nuestra vida, cuando no sabíamos en quién podíamos confiar, Grace y yo empezamos a reunirnos con un consejero sabio y devoto que era en parte un médico clínico certificado, en parte un pastor lleno del Espíritu y en parte un abuelo amoroso. En esa época desafiante, le agradecimos a Dios por tener un consejo tan sabio ayudándonos a procesar relaciones, enseñándonos con quién andar de cerca y de quién huir rápidamente.

El Espíritu Santo también es un consejero. En Juan 14:26, Jesús prometió que "el Consolador, el Espíritu Santo, a quien el Padre enviará en mi nombre, él os enseñará todas las cosas, y os recordará todo lo que yo os he dicho". Muchas de las citas para consejería con pastores y terapistas se tratan de relaciones, en quién confiar y en quién no, cómo proceder en un trayecto hacia el futuro y cómo separarse para siempre. Como punto práctico, pareciera que a este discernimiento del Espíritu Santo a menudo se le llama "instinto o presentimiento". Con frecuencia, usted no puede señalar con exactitud la razón por la que alguien parece no ser confiable, y quizá se siente mal hasta de pensar mal de alguien, pero el Espíritu Santo frecuentemente opera a través de su instinto. Este presentimiento del Espíritu es muchas veces la manera en que Dios lo ayuda a tener precaución respecto a otras personas.

¿Ha considerado sus relaciones a través de la oración? ¿Hay alguna que usted necesite modificar o terminar? ¿El Espíritu Santo le ha estado dando un presentimiento que usted necesita acatar sobre alguien en particular? ¿Tiene algún patrón de toma de decisiones insensato porque no ha sido guiado por el Espíritu en sus relaciones? ¿Cómo es su relación con el Espíritu Santo y cómo puede Él ayudarle a tener sabiduría y salud en sus otras relaciones?

Una vez que entiende el discernimiento relacional que le da el Espíritu Santo, puede crecer en sabiduría y saber cómo tratar con personas insensatas y malvadas. Esto comienza por tratar a distintas personas de manera diferente, tal como lo analizaremos en el siguiente capítulo.

Capítulo 8

ENFRENTE A LAS PERSONAS INSENSATAS Y MALVADAS CON LA SABIDURÍA DEL ESPÍRITU

E s curioso cómo las personas pueden crecer en el mismo hogar, compartir la misma vida, tener las mismas experiencias y reaccionar totalmente diferente.

Thomas, Susan y Harold crecieron en un hogar de clase media. Su padre era un hombre enojado que había permitido que la amargura infectara su vida interior, así como también la exterior. Él estaba enojado por la manera en que sus padres lo criaron, por la manera en que su empresa lo trataba y porque Dios no le había dado la vida que él había esperado tener.

En los peores días, su papá bebía demasiado. Cuando lo hacía, el volumen de su voz, enojo e intensidad aumentaba. Como una granada sin el pasador de seguridad, él explotaba por la más mínima cosa con cualquiera de la familia. Se paraba, se ponía agresivo y empezaba a maldecir y a gritar. Su esposa e hijos huían de la habitación porque, a veces, golpeaba a sus hijos.

Cuando los tres niños crecieron, cada uno reaccionó de manera muy diferente.

Trágicamente, Thomas se volvió igual a su papá. Cuando se casó y tuvo hijos propios, él llevó tristemente los pecados de su padre a su familia. La gente le temía, pero nadie lo respetaba.

Mientras crecía, Harold decidió que él iba a ser el cómico y se esforzaba por hacer bromas y aligerar el estado de ánimo de la familia cuando su papá empezaba a encolerizarse. Él nunca aprendió realmente a lidiar con los problemas, sino que, en vez de eso, todo lo convertía en una broma y trivializaba las cosas serias. Como adulto, Harold evadía las pruebas, los retos y evitaba hacer cosas difíciles y prefería actuar tontamente. Siempre el alma de la fiesta, él no pudo mantener un trabajo ni tener conversaciones serias y se volvió el típico ebrio que ignoraba la realidad. Harold se volvió insensato. Era agradable para muchas personas, pero nadie lo respetaba.

Susan no quería casarse con un hombre como su papá ni criar hijos en una casa como donde ellos vivieron. En la escuela, ella conoció a una niña compasiva. Empezaron a almorzar juntas y a formar una amistad. Sintiendo curiosidad por la familia de ella, Susan empezó a preguntar sobre su vida en casa. La niña le explicó que su familia era cristiana y oraban juntos, servían juntos y se divertían mucho como una familia muy unida. Así que, de adolescente, Susan empezó a visitar mucho la casa de su amiga, y en poco tiempo, ellos empezaron a ir a buscarla los domingos para que los acompañara a la iglesia. Luego, Susan conoció otros chicos de su edad y a sus familias, quienes la invitaban a sus hogares a comer y a eventos divertidos. A medida que Susan observaba otras familias, lo anómalo de su propia familia se hizo obvio. Con el tiempo, aprendió a perdonar a su padre como Dios la había perdonado a ella, y decidió asistir a la universidad y obtener un título como consejera. Hoy día, es madre y tiene una familia sana y es una consejera cristiana acreditada que ayuda a niños abusados. Susan es sabia, y quienes la conocen respetan su sabiduría.

> Las experiencias de su vida no determinan quien usted llegará a ser. En vez de eso, la manera en que usted elija reaccionar a sus experiencias determina quién llegará a ser.

De esta familia aprendemos que las experiencias de su vida no determinan quién llegará a ser. En vez de eso, la manera en que usted elija reaccionar a sus experiencias determina quién llegará a ser. Cuando ocurre una experiencia terrible, alguien la usa como excusa para ser una persona horrible por el resto de su vida. Otro usa la misma experiencia como catalizador para su mayor crecimiento y sanidad personal. Otros podrían decidir lo que le sucede a usted, pero usted decide quién va a llegar a ser.

Mientras nuestros hijos crecían, les decíamos que trataran a todos los demás por igual. Quizá eso no sea algo bueno. Para estar seguro, todos portan la imagen de Dios y, en ese sentido, son igualmente valiosos. Sin embargo, no toda persona es segura, sana o digna de confianza. La verdad es que necesitamos tratar a personas diferentes de manera diferente. La gente decide cómo la tratamos por la forma en que se comporta.

En el libro *Cambios necesarios*, Henry Cloud hace un magnífico trabajo tratando con cómo decidir cuándo es tiempo de cambiar de rol, responsabilidad o relación. Grace y yo tuvimos la oportunidad de agradecer personalmente al Dr. Cloud por este libro, y le animamos a usted a obtenerlo si está enfrentando una decisión importante sobre permanecer donde está o cambiar. Encontramos que el capítulo 7 es particularmente útil cuando él delinea tres tipos de personas comúnmente agrupadas en Proverbios y en otra literatura de sabiduría: sabio, insensato y malvado. En esta siguiente sección, le presentaré un pequeño resumen, junto con mis comentarios, sobre las categorías valiosas del Dr. Cloud.

LA GENTE SABIA

Las personas sabias no son las más inteligentes o educadas, sino las que son humildes, devotas, enseñables, dispuestas y responsables. Estas personas enfrentan la realidad y las demandas de la vida modificando sus acciones y actitudes cuando sea necesario alinearse con lo que es verdadero y bueno. Ellas acogen la corrección, invitan a otros a enseñarles y uno puede formar una relación creciente con ellas siendo sincero.

Las personas sabias también tienen empatía por los demás y, en una situación, consideran más que solo sus propios deseos y sentimientos. Debido a estos rasgos de carácter, siempre hay esperanza para que una persona sabia crezca. El tiempo que pasa con ella, la instrucción que le da y la inversión que hace en ello vale la pena porque en lo personal madura y en su relación crece y florece. Este es el significado de Proverbios 9:8–9: "Corrige a los sabios y te amarán. Instruye a los sabios, y se volverán aún más sabios. Enseña a los justos y aprenderán aún más" (NTV).

La forma en que se responde a una persona sabia es con *más*: más tiempo, más discusión y más información, ya que son una buena inversión de tiempo y energía. Usted puede confiar en una persona sabia y disfrutar una relación personal con ellas. Una persona sabia vive por el poder del Espíritu Santo, lo cual explicaré más adelante.

¿Es usted sabio?

Todos hemos tenido experiencias dolorosas de alguien que nos juzgó equivocadamente o no nos comprendió, y como resultado, nuestra relación con esa persona sufre o se rompe. Adicionalmente, todos hemos tenido la experiencia dolorosa de pensar que conocíamos a alguien y confiamos en él, solo para darnos cuenta, para nuestra tristeza, que no era la persona que creímos.

Jesús vino a la tierra en gran parte por el bien de las relaciones, pero aun los líderes religiosos devotos fueron insensatos o malos al tratar con Él. En Juan 7, ellos procuraban matar a Jesús, en vez de tener una relación con Él, porque lo habían juzgado mal. Luego, Jesús reprendió su pobre sabiduría relacional, diciendo: "Miren más allá de la superficie, para poder juzgar correctamente" (versículo 24, NTV).

En las relaciones, nos apoyamos en patrones predecibles de comportamiento cuando decidimos en quién confiar y en quién no. Este método causa problemas porque nosotros juzgamos por lo que podemos ver externamente, y para conocer verdaderamente a alguien y juzgar correctamente, Jesús dijo que teníamos que "mirar más allá de la superficie" de esa persona a su mundo interior que solo el espíritu ve.

Siguiendo esta declaración, Juan 7 registra que surgió un gran debate sobre si Jesús era un hombre bueno o un hombre malo. Algunos decían que Él estaba poseído por los demonios; otros, que estaba lleno del Espíritu. Luego leemos "Jesús se puso de pie y exclamó: '¡Si alguno tiene sed, que venga a mí y beba! De aquel que cree en mí, como

> Jesús vino a la tierra, en su mayor parte, por el bien de las relaciones.

dice la Escritura, brotarán ríos de agua viva'. Con esto se refería al Espíritu que habrían de recibir más tarde los que creyeran en él. Hasta ese momento el Espíritu no había sido dado, porque Jesús no había sido glorificado todavía" (versículos 37–39, NVI).

El punto de Jesús es muy sencillo: sin el Espíritu Santo es imposible que alguno de nosotros conozca la verdadera naturaleza interior de alguien más. Pero con el Espíritu podemos ver por debajo de la superficie de lo que vemos en el mundo invisible (la ropa que usan, las palabras que dicen o las acciones que eligen) y ver el verdadero yo de la persona en el mundo invisible (el estado de su alma, la condición de su corazón o el motivo de su pensamiento).

Jesús tenía sabiduría para sus relaciones porque el Espíritu Santo le ayudaba a ver por debajo de la superficie para juzgar a la gente correctamente. Isaías 11:2 promete este rasgo de Jesús: "Y reposará sobre él el Espíritu de Jehová; espíritu de sabiduría y de inteligencia, espíritu de consejo y de poder, espíritu de conocimiento y de temor de Jehová".

Para tratar apropiadamente con las personas y tener relaciones saludables, usted debe tener la sabiduría que discierne del espíritu Santo. El Espíritu Santo y la sabiduría muchas veces están conectadas de cerca en la Biblia porque el Espíritu Santo es la fuente de la sabiduría. Job 32:8 une al Espíritu con la sabiduría que discierne, diciendo: "Ciertamente espíritu hay en el hombre, y el soplo del Omnipotente le hace que entienda". En Efesios 1:17, Pablo ruega que los creyentes reciban "el Espíritu de sabiduría".

En otro lugar de la Biblia, se dice que muchos creyentes, además de Jesús, viven por la sabiduría que discierne a través del Espíritu. Estos incluyen:

- "Josué…estaba lleno del espíritu de sabiduría" (Deuteronomio 34:9).

- La Biblia dice de Otoniel, el hermano menor de Caleb: "Y el Espíritu de Jehová vino sobre él, y juzgó" (Jueces 3:9–10).

- Los incrédulos dijeron de Daniel: "en el cual mora el espíritu de los dioses santos…se halló en él luz e inteligencia y sabiduría, como sabiduría de los dioses…el espíritu de los dioses santos está en ti, y que en ti se halló luz, entendimiento y mayor sabiduría" Daniel 5:11, 14).

- Los primeros líderes cristianos estaban "llenos del Espíritu Santo y de sabiduría" (Hechos 6:3).

- Esteban poseía ambas "la sabiduría y al Espíritu" (Hechos 6:10).

El Espíritu de Dios conoce a la gente mejor que nadie, y Él le ayudará a tener relaciones saludables. Dios quiere que usted sea sabio y que busque la sabiduría para que pueda saber cómo tratar con gente insensata y malvada.

La gente insensata

La gente insensata no es necesariamente menos inteligente o menos educada. Aun así, no son enseñables, están a la defensiva, son inflexibles, arrogantes, irresponsables y propensos a inventar excusas para sí mismos, y culpan erróneamente a los demás cuando las cosas salen mal. Tristemente, si somos sinceros, todos somos insensatos en áreas y etapas de nuestra vida. Ninguno de nosotros es inmune a la estupidez.

Sin embargo, las personas que son primordialmente insensatas tienen un patrón continuo de estupidez que infecta y afecta la mayor parte, si no toda, su vida. En vez de cambiar, ellos quieren que todos y todo cambie para acomodarlos. Los esfuerzos para corregir e instruir a las personas insensatas resulta en una reacción de lucha o de huida, donde ellas toman represalias o huyen. Estas personas tienen baja empatía y tienden a verse a sí mismas moralmente superiores a los de más y como víctimas constantes.

Cuando se trata con una persona insensata, usted tiende a tener la misma conversación una y otra vez, y a ella le suena como un agobio. Mientras más señala las áreas donde la persona insensata continúa cometiendo el mismo error, mayor conflicto y desacuerdo resulta, y la relación se deteriora.

La manera de reaccionar con una persona insensata es con *menos*; menos tiempo discutiendo, tener la misma conversación con menos frecuencia, estar menos a la defensiva tratando de hacer que cambie y tome responsabilidad de su propia vida. Esta reacción se afila a través de consecuencias y límites. Proverbios 1:7 provee una razón cuando dice: "Los insensatos desprecian la sabiduría y la enseñanza". Ya que una persona insensata no cambiará, sino que continuará arando en la misma dirección de destrucción, lo mejor que se puede hacer es imponer consecuencias y limitar la capacidad que tiene para dañarse a sí misma y a los demás.

Un insensato transfiere sus responsabilidades y las consecuencias de su estupidez a las personas responsables, y lo mejor que se puede hacer es devolverle las responsabilidades y las consecuencias a él. Con suerte, esto lo protege a usted y a otros de él, preserva su energía y a él le provoca suficiente dolor como para estar motivado a cambiar. Proverbios 26:3 dice: "Guía al caballo con el látigo, al burro con el freno, ¡y al necio con la vara en la espalda!" (NTV). Y Proverbios 10:13 dice: "a los que les falta sentido común, serán castigados con vara" (NTV).

Un insensato vive por el poder de la carne pecadora (nuestra naturaleza humana pecaminosa). Un insensato desperdiciará lo que le dé porque no lo aprovecha. Los insensatos son como un recipiente metálico que tiene el fondo corroído; cualquier cosa que vierta en él, se derramará al suelo. Usted necesita limitar su relación con un insensato estableciendo límites claros y consecuencias. Pedro empezó como el discípulo más insensato de Jesús. Jesús le enseñó a pasar de insensato a sabio reprendiéndolo e invitándolo a cambiar. Jesús sabía que Pedro era insensato y le pidió que caminara con Él hacia la sabiduría.

La gente malvada

A algunos se les dificulta pensar que alguien que se profesa cristiano pueda ser malvado, pero la Biblia es dolorosamente incisiva. Por ejemplo, en Hechos 5:3, Pedro dice de un miembro de la iglesia: "Ananías, ¿por qué llenó Satanás tu corazón para que mintieses al Espíritu Santo...?".

Los malvados no causan daño sin intención como los insensatos. En vez de eso, la gente malvada planea intencionalmente el daño, conspira para llevar dolor y destrucción y se siente justificada al hacerlo debido a su dolor, arrogancia o naturaleza corrupta. Encuentra satisfacción en dañar a otros, provocar pérdidas, vergüenza, humillación y temor. Ellos se alimentan de la notoriedad por derribar a otros, muchas veces son motivados por los celos y la envidia, facultados por el daño de otros y arrogantes incluso creyendo erróneamente que están haciendo la voluntad de Dios, al llevar devastación, destrucción y muerte.

La manera de reaccionar ante una persona malvada es con *nada*; exactamente lo opuesto de nuestra reacción ante una persona sabia. Acérquese a un sabio y huya de un malvado. Dele más información a un sabio y ninguna información a un malvado. Trate directamente con un sabio y deje que la policía y los abogados lidien con el malvado.

Un sabio puede ser influenciado hacia la devoción, y un insensato quizá pueda ser dirigido hacia la sabiduría después de que haya estado en su confusión y desorden por un tiempo. Sin embargo, el malvado tiene que ser considerado sin esperanza, aparte de una dramática intervención de parte de Dios, una que *no* lo involucra a usted, porque es muy poco o nada lo que pueda hacer. Un malvado podría no estar más allá de la capacidad de *Dios* para ayudarlo, pero está probablemente por encima *de la suya*.

En este punto, usted se aparta, se protege y establece un final definitivo a la relación sin contacto o información a futuro. Proverbios aborda esta situación en varios pasajes.

- Proverbios 1:15–18 dice: "¡Hijo mío, no vayas con ellos! Mantente alejado de sus caminos. Ellos corren a cometer malas acciones; van de prisa a matar. Si un pájaro ve que le tienden una trampa, sabe que tiene que alejarse. En cambio, esa gente se tiende una emboscada a sí misma, pareciera que busca su propia muerte" (NTV).

- Proverbios 2:12–15 dice: "La sabiduría te salvará de la gente mala, de los que hablan con palabras retorcidas. Estos hombres se alejan del camino correcto para andar por sendas tenebrosas. Se complacen en hacer lo malo y disfrutan los caminos retorcidos del mal. Sus acciones son torcidas, y sus caminos son errados" (NTV).

- Proverbios 24:1–2 dice: "No envidies a la gente malvada, ni desees su compañía. Pues en su corazón traman violencia y sus palabras siempre traen problemas" (NTV).

El malvado vive por el poder de las fuerzas demoníacas para hostigar y dañar. Debido a su fortalecimiento demoníaco, es mucho más poderoso cuando procura causar daño de lo que es en la vida normal. Los malvados que entran al liderazgo ministerial se vuelven lobos que atacan al pastor en el esfuerzo de dispersar al rebaño. Los malvados requieren una relación profesional con alguien capacitado para lidiar sabiamente con sus problemas.

Judas era el discípulo malvado de Jesús. Durante tres años él conspiró contra Jesús y le robó. Jesús no trató de salvar a Judas de sí mismo porque Él sabía que Judas era malvado y, finalmente, poseído por Satanás. Él sencillamente le dijo al momento de la traición en

Mateo 26:50: "Amigo, haz lo que viniste a hacer" (LBLA). Jesús trató a Judas como amigo al final, pero Judas nunca cambió. En vez de eso, traicionó a Jesús y se ahorcó. Jesús sabía que Judas era malvado y lo dejó ir.

SEIS CLASES DE RELACIONES

La primera clave para las relaciones saludables es aceptar que no todos están llenos del Espíritu, son sabios, responsables, enseñables o una buena inversión de tiempo y energía. Tenemos que determinar en qué categoría estamos e invitar a los sabios que nos aman lo suficiente como para decirnos la verdad para ayudarnos a vernos más claramente. Luego, ellos pueden discernir correctamente las categorías de personas en nuestras demás relaciones.

Cada uno de nosotros tiene, por lo menos, algunas áreas de su vida que son insensatas, incluso algunas veces malvadas. Esto explica el porqué, por ejemplo, alguien puede ser fantástico en administrar dinero y terrible en mantener relaciones o viceversa. Todos somos obras en proceso, y donde somos insensatos o con tendencia hacia el mal, necesitamos encontrar amigos que sean sabios y nos ayuden a avanzar hacia la sabiduría.

En lo que se refiere a las relaciones entre dos personas, hay seis tipos de relaciones que ellos pueden tener potencialmente. Por lo tanto, entender cada categoría y procurar ser sabio en todas las relaciones es crucial para una vida saludable.

Sabio + insensato = relación paternalista

Los irresponsables buscan personas extremadamente responsables y descargan sus responsabilidades sobre ellas. Usted sabe que ha adquirido una relación como esta cuando está haciendo por alguien más cosas que él debería hacer por sí mismo.

Una persona sabia parece competente ya que es responsable y hace las cosas con aparente facilidad. Así que un insensato piensa que sería más fácil lograr que la persona sabia haga cosas para él, en vez de hacerlas por sí mismo. Esto solamente prolonga su insensatez e irresponsabilidad, y crea una relación paternal cuando la persona sabia actúa como el padre, y el insensato se comporta como el hijo. Esto explica por qué algunos adultos aún tienen padres que les pagan sus facturas y limpian su desorden.

Esto también explica por qué una esposa podría frustrase cuando su esposo actúa como uno de los niños. Ella se siente como la mamá de su esposo, lo que, con el tiempo, hace que ella pierda cualquier atracción o respeto por él. En lo personal, lo peor que he visto fue un hogar donde la esposa y madre hacía un cuadro de tareas para los niños e incluía al papá en él. Si él completaba sus tareas, recibía un pago como los niños. Pero si no las hacía, no recibía una estrella dorada en su cuadro, se le negaba el postre y no podía quedarse despierto después de la hora de dormir como castigo.

Jesús siempre fue sabio cuando trataba con personas insensatas. Él no los facultaba permitiéndoles continuar con su irresponsabilidad. Mejor, los llamaba al arrepentimiento, lo cual es la manera de Dios de invitarnos a apartarnos de nuestra forma de vivir y andar con Jesús en sabiduría. Cuando Jesús dice: "síganme", Él nos invita a crecer en sabiduría un paso a la vez.

El Espíritu Santo puede ayudarle con este tipo de relación de la misma manera en que Él ayudó a Jesús. Cuando Jesús se encontró con la mujer en el pozo en Juan 4, ella había llegado buscando agua del pozo para nutrir su cuerpo, pero descubrió agua viva para nutrir su alma. Jesús se sentó con ella y conversaron sobre el patrón de relaciones enfermizas que incluían cinco esposos y un hombre con el que estaba viviendo. Posiblemente una víctima de abuso, la vida de esta mujer era solitaria y triste. Jesús le dijo que la única manera en que podía volverse emocionalmente saludable y tener relaciones sanas era si el Espíritu Santo llevaba su manantial de agua fresca espiritual a residir en el centro de su alma, muy parecido al pozo que estaba en el centro de su pueblo. El Espíritu Santo, decía Jesús, podía limpiar su inmundicia, llevar vida a donde había muerte y refrescamiento para una vida que se sentía como barro cocido en el sol.

La mujer se convirtió, dejó su recipiente en el pozo y corrió hacia al pueblo como una misionera para otros insensatos que necesitaban que Jesús les diera al Espíritu Santo para que Dios pudiera cambiarlos. Para ser sabio como Jesús cuando trate con insensatos, asegúrese de dirigirlos al pozo del Espíritu Santo para apagar su sed emocional.

Sabio + malvado = relación distante

Cuando un malvado busca formar una relación cercana con un sabio, el sabio mantiene la distancia. Un malvado es como un depredador, siempre en busca de su próxima presa. Los malvados no aman a las personas; las usan para cosas como sexo, dinero, poder o fama. Los malvados pueden ser dominantes, difíciles y exigentes. Como resultado, operan a través de la coerción, agresividad y amenaza de castigo. Cuando usted permite que un malvado tenga acceso a su vida, se coloca a sí mismo en peligro.

Una y otra vez en la Biblia, leemos sobre los malvados procurando repetidamente acercarse a Jesús para poder lastimarlo. Juan 10:39 registra uno de los muchos intentos diciendo: "Procuraron otra vez prenderle, pero él se escapó de sus manos". Auxiliado por el discernimiento del Espíritu Santo, Jesús se mantuvo a distancia de los malvados, y nosotros deberíamos hacer lo mismo.

Insensato + insensata = relación codependiente

Cuando dos insensatos se juntan en una relación cercana, multiplican su estupidez. Esto sucede mucho. Los insensatos tienden a encontrarse mutuamente, llevan una vida juntos y están enfadándose y frustrándose porque pareciera que los tontos están ganando.

Sencillamente no hay manera de escapar de toda persona insensata. Los vecinos, compañeros de clase, compañeros de trabajo y familiares están en nuestra vida, y algunos son insensatos. Nuestro objetivo debe tener dos partes: (1) permitirle al Espíritu Santo hacernos cada vez más sabios en toda relación y (2) ayudar a otros a buscar sabiduría.

Jesús operaba así, y los líderes religiosos que no eran relacionales no comprendían las relaciones de Jesús. Él era amigo de los insensatos e incluso asistía a sus fiestas, pero solo para ayudarlos a ser sabios. Él nunca actuó de manera insensata ni pecaminosa.

Hay oportunidades interminables para que nosotros nos involucremos con los insensatos, y cada uno viene con el peligro innato de llevarnos a la estupidez en lugar de que la otra persona vaya hacia la sabiduría. Tenemos que confiar en el Espíritu Santo como lo hizo Jesús si hemos de evitar volvernos insensatos, y en su lugar, hablar la sabiduría del Espíritu que tiene el poder para sacarlos de su insensatez.

Si ha sido insensato y se encuentra en una relación codependiente con otro insensato, el primer y mejor paso es salirse y buscar la sabiduría del Espíritu Santo. La Biblia promete que cualquiera que pide sabiduría la recibirá (Santiago 1:5). El próximo paso será probablemente apartarse de esa relación por un tiempo para asegurarse de que usted no se sentirá atraído a volver a la estupidez del insensato.

Adicionalmente a la ayuda del Espíritu Santo, busque siempre consejo piadoso de gente sabia para ayudarle a lidiar con los insensatos. Ellos pueden decirle si sus amistades y relaciones con otros son sabias o no. Si es amigo de personas insensatas, siga el ejemplo de Jesús y no participe nunca de la estupidez de ellas. Si continúan en su insensatez, entonces tiene que ser suficientemente sabio para confiar en que Dios se haga cargo de los necios.

Insensato + malvado = relación de abuso

Muchas veces los insensatos son ingenuos y vulnerables. Ya que ellos no tratan con la realidad ni tienen un plan para su vida, son presa fácil de los malvados. Si imaginamos a la gente sabia como pastores y a los insensatos como ovejas, entonces los malvados son lobos. A los lobos les encanta comer ovejas. Cuando un malvado se involucra en una relación romántica o de negocios con un insensato, hacen un gran daño. Los malvados usan y abusan de los insensatos. Tristemente, los insensatos permiten que este tipo de relación abusiva continúe por demasiado tiempo y pagan un precio muy caro.

Lamentablemente, como padre de dos hermosas hijas que ahora están en la edad en que sus amigas tienen novio, me agobia ver jóvenes insensatas en relaciones románticas con hombres malvados. El mundo está lleno de este tipo de relaciones abusivas que quebrantan la salud de las personas mientras, al mismo tiempo, rompen el corazón de Dios.

Nunca olvidaré una sesión devastadora de consejería que tuve hace muchos años con un hombre y su hija. Su crianza la hizo ingenua y ella no entendía el daño que algunos hombres generan. Empezó a salir con un hombre malo, y su padre no hizo ni dijo nada. Él hombre malo empezó a abusarla de muchas formas y ella se lo contó a su padre. Él no hizo nada.

Esta relación abusiva de noviazgo continuó por muchos años y le causó un gran daño a esta joven. Con el tiempo, ella logró separase del mal hombre a pesar de que él la acosaba y la amenazaba. Cuando se hizo mayor y se convirtió en madre, la falla de su padre se hizo clara.

Nos reunimos para que ella pudiera explicarle a su padre cómo él había contribuido a su sufrimiento. Mientras lloraba descontroladamente contándole su testimonio trágico, su padre se puso a la defensiva. Luego dijo algo como: "No sé por qué está enojada conmigo. *Yo no hice nada*".

"*Ese* fue su pecado", le dije.

Como padre de cinco hijos a quienes llamo los Cinco Fantásticos, tengo tendencia a pensar como papá en la mayoría de las situaciones. Para empezar, aquellos de nosotros a quienes se nos ha dado el gran honor de criar hijos necesitamos enseñarles que existen personas sabias, insensatas y malvadas. Estas categorías se encuentran en todo el libro de Proverbios, un libro que nos dice que está escrito para ayudar a los padres a criar hijos. Una de las cosas más importantes que aprendemos al crecer es cómo ser un buen amigo y cómo escoger buenos amigos. Nuestros hijos necesitan saber que hay personas malvadas y que Dios no quiere que ellos sean malvados ni que estén cercanamente involucrados con personas malvadas. Nuestros hijos necesitan saber que existen personas insensatas y que Dios no quiere que ellos sean insensatos ni estén cercanamente involucrados con personas insensatas. Si fallamos en esta tarea paterna, entonces, nosotros mismos estamos siendo insensatos y probablemente malvados.

Malvado + malvado = relación peligrosa

Cuando dos malvados se juntan, son como un arma de doble cañón. Si se pone frente a ellos, lo más probable es que le disparen. Estos podrían ser parejas casadas, socios de negocios o dos personas heridas que forma una alianza nefasta alrededor de su enemigo en común.

La Biblia habla con frecuencia de la gente malvada trabajando junta en una asociación demoníaca. Podemos ver esto en los casos de Janes y Jambres que se opusieron a Moisés, la pareja casada de Ananías y Safira quienes le mintieron al Espíritu Santo y a Pedro para robarle a Dios, así como también Himeneo y Alejandro quienes atacaron y debilitaron el ministerio de Pablo hasta que él los entregó a Satanás.

A veces, la gente malvada ha sido herida, y en lugar de perdonar y sanar, eligen el sendero de la amargura y la destrucción. Como resultado, se sienten justificados y acreditados para herir personas porque ellos fueron heridos por personas, y a atormentar a otros porque ellos fueron atormentados por el diablo. Unidos por su objetivo en común, cuando dos personas malvadas se juntan, hacen de su vida la misión de hacer lo mismo que el diablo: robar, matar y destruir.

Jesús fue invitado por el maligno mismo a inclinarse y adorarlo a cambio de las pasiones, placeres y poderes de toda la tierra. Así como lo discutí en el capítulo 5, todo lo que Satanás pedía era que Jesús se uniera en una relación con él donde ambos practicarían el mal juntos. Jesús rechazó la oferta, pero Satanás continúa invitando a otros a que acepten el trato. A veces, la gente más religiosa toma la oferta y practica el mal como los líderes religiosos que conspiraron juntos para matar a Jesús.

Sabio + sabio = relación sana

Cuando dos personas sabias andan juntas en humildad, hacen que los buenos tiempos sean el doble de buenos y los malos, la mitad de mal, dice el viejo dicho. Este tipo de relación sana hace que ambas personas sean bendecidas y beneficiadas. Proverbios 13:20 habla de este tipo de relación diciendo: "El que anda con sabios, sabio será".

En una de las etapas más difíciles de mi vida y ministerio, Dios me dio consejo sabio a través de las oraciones de uno de mis pastores. Anticipando el sunami en el horizonte, viéndome a los ojos con gran seriedad, dijo: "La insensatez y la maldad están por venir sobre ti. No puedes detener a los que van a ponerlo sobre ti. Sin embargo, el Señor puede quitarlo de ti en tanto no permitas que entre en ti. ¡No dejes que entre en ti o te arruinará!".

> Cuando dos personas sabias andan juntas en humildad, hacen que los buenos tiempos sean el doble de buenos y los malos, la mitad de mal, dice el viejo dicho

Definitivamente no soy Jesús, pero lo vi a Él como mi ejemplo en esta situación. Un montón de insensatez y maldad fue puesta sobre Jesús: vergüenza, condenación, odio, traición, ataques, mentiras y abuso. Sin embargo, Jesús nunca permitió que lo que estaba *sobre* Él *entrara* en Él para envenenar su corazón, mente y alma. Las palabras de mi pastor fueron sabias: no puedes controlar lo que la gente pone *sobre* ti, pero puedes controlar lo que permites que *entre* en ti.

Recordar esa experiencia me hace estar consciente de cuán increíblemente valiosas son mis relaciones con personas sabias. El Espíritu Santo opera frecuentemente a través de personas sabias. No creo que lo habría logrado sin ellas.

¿Tiene relaciones con personas sabias? Si no, busque la guía del Espíritu Santo, empiece por rodearse de personas sabias, y edifique relaciones con ellas. Escuche su sabiduría y aplíquela en su vida. Eso lo hará sabio y hasta podría salvarle la vida.

Lleno con el Espíritu, Jesús tuvo salud y relaciones sanas con todo tipo de gente: demoníacos, críticos, enemigos, extraños, familiares, parejas casadas, solteros, afligidos, líderes y los emocionalmente inestables. ¿Qué hay de usted? ¿Es más bien sabio, insensato o malvado en su relación actual? ¿Está invitando al Espíritu activamente para ayudarle a conocerse a sí mismo y a los demás con precisión para que pueda ser relacionalmente sano? ¿En cuál de las seis clases de relaciones se encuentra más comúnmente?

Las relaciones son duras. Si somos sinceros, nuestras relaciones son lo que causa mucho, si no la mayor parte, de nuestro sufrimiento. Las relaciones de Jesús también contribuyeron a su sufrimiento, el cual analizaremos en el siguiente capítulo.

Capítulo 9

SEA PERFECCIONADO A TRAVÉS DEL SUFRIMIENTO

E N MI FAMILIA, una de nuestras personas favoritas es una niñita con moños en su cabello, soportes en sus piernas y un andador que la sostiene. Su cuerpo pequeño lucha por estar saludable, pero su alma es, quizá, la más saludable que yo haya visto. Ella tiene una gran sonrisa, personalidad encantadora y una palabra amable para todo al que conoce. Cada vez que leo las palabras de Jesús que dicen que los de corazón puro serán bendecidos, esta niñita viene a mi mente.

Esta jovencita adorable ha pasado la mayor parte de su docena de años de vida en el hospital atravesando varias cirugías. En una ocasión, tuve el honor de estar al lado de su cama cuando salía de la cirugía y empezaba a despertar. Le habían rasurado su cabellera rubia, encantadora, y en su lugar había muchas puntadas largas de otra cirugía más.

Con los labios resecos y ojos caídos por el medicamento, me vio y sonrió. Tragándome las lágrimas, le pregunté cómo estaba. Ella dijo: "estoy bien; pero, señor Mark, ¿cómo está? Usted me preocupa más".

Esta niña ha pasado por más sufrimiento que cualquier otro niño que yo conozca, aun así, ella es quizá la niña más devota, madura y que se parece más a Cristo que yo haya conocido. En varias conversaciones que hemos tenido, ella me ha explicado cómo su sufrimiento le ha ayudado a apreciar más completamente el sufrimiento de Jesús y ha aumentado su amor y compasión por otros que sufren. A veces, las experiencias profundas que ella comparte hacen obvio que el Espíritu de Dios está presente y lleno de poder en el sufrimiento de ella, dándole una sabiduría que desafía el número de velas en su pastel de cumpleaños.

NUESTRO DIOS SUFRE

Solo unas páginas después del inicio de la Biblia, luego de que entra el pecado al mundo, leemos en Génesis 6:5–6: "El Señor vio la magnitud de la maldad humana en la tierra y que todo lo que la gente pensaba o imaginaba era siempre y totalmente malo. Entonces el Señor lamentó haber creado al ser humano y haberlo puesto sobre la tierra. Se le partió el corazón" (NTV).

Hemos escuchado que el pecado quebranta las leyes de Dios. Los grandes teólogos, capacitados como abogados, tales como Lutero y Calvino, se enfocaron en las leyes de Moisés y vieron correctamente al pecado como el quebrantamiento de las leyes de Dios. Sin embargo, aprendemos trágicamente que el pecado, además, parte el corazón de Dios.

¿Quién le ha roto su corazón? ¿Qué le ha partido el corazón? ¿Ha pensado en que usted y su vida han roto el corazón de Dios? Medite en eso. Dios sufre porque usted peca.

El resto de la Biblia se parece mucho a una historia de terror si la lee desde la perspectiva de Dios. Los ejemplos incluyen a Noé, quien tuvo la primera borrachera donde perdió el conocimiento y quedó desnudo en su tienda de campaña; Abraham, quien entregó a su amada esposa, Sara (no solo una vez, sino dos) y tuvo un hijo con la joven que su esposa escogió, lo que desde entonces llevó a una crisis geopolítica entre sus descendientes; su nieto Jacob, quien era un embustero y tenía favoritismo entre sus hijos; y Judá, quien era un patriarca pervertido (vea Génesis 38 si no conoce la historia) y ancestro de Jesucristo.

Estas son solo las desilusiones del primer libro de la Biblia, que los maestros de escuela dominical leen rápidamente, esperando que nadie levante la mano y pregunte. Antes de que el primer libro de la Biblia termine, encontramos el primer asesinato entre los primeros hermanos, seguido por adulterio, incesto, violencia, prostitución, robo y la violación de una joven y sus hermanos enojados que asesinan un pueblo entero como venganza mientras que su pasivo papá no dice ni hace nada.

En Éxodo aprendemos que Moisés era asesino y cobarde, a medida que vamos leyendo el resto de la Biblia, encontramos que el gran rey David también fue un adúltero y asesino, y que su hijo Salomón, quien construyó el templo, tenía nada menos que setecientas esposas, trescientas concubinas y un corazón convertido a la adoración de dioses falsos, demoniacos, incluso construyó santuarios paganos para que sus esposas

> Hemos escuchado que el pecado quebranta las leyes de Dios... Sin embargo, aprendemos trágicamente que, además, el pecado parte el corazón de Dios.

pudieran ofrecer sacrificios que posiblemente hasta incluían sacrificios de niños. Con esta historia en mente, Eclesiastés 7:10 toma completamente un nuevo sentido cuando dice: "No añores 'viejos tiempos'; no es nada sabio" (NTV).

Cuando lee la Biblia, es difícil creer en la evolución. En vez de eso, está más propenso a creer en la devolución. No empezamos como animales, pero nos estamos volviendo animales.

¿Alguna vez ha tenido una camisa con una mancha tan profunda que no la pudo sacar? De alguna manera, la marca se impregnó tanto que literalmente se volvió parte de la camisa.

Así es el pecado. Ha infectado y afectado completamente todo nuestro ser. La historia de la Biblia dice que todos hemos pecado y que Dios es paciente, amoroso y misericordioso; y perdona desde un corazón quebrantado por la única razón de que solo Él es bueno. De hecho, es tan bueno que añade humanidad a su divinidad cuando el Creador entra en su creación como el Dios hombre, Jesucristo.

La Biblia repetidamente enfatiza que Jesús, a diferencia del resto de nosotros, no tenía pecado.

Perfecto.

Impecable.

Inmaculado.

Intachable.

No obstante, la gente lo odiaba, lo amonestaban y lo agotaban.

Cuando leemos los cuatro evangelios en el Nuevo Testamento, descubrimos que solo dos de las biografías hasta mencionan el nacimiento de Jesús, que celebramos cada Navidad, pero cada biografía de Jesús dedica, por lo menos, una tercera parte de su contenido a una semana en particular en la vida de Jesús, la semana cuando murió y resucitó. El evangelio de Juan dedica casi la mitad de su contenido a esta última semana.

> La historia de la Biblia dice que todos hemos pecado y que Dios es paciente, amoroso y misericordioso; y perdona desde un corazón quebrantado por la única razón de que solo Él es bueno.

Antes de que analicemos el sufrimiento de Jesús, le pido que reflexione en una escritura. En lo que queda de este capítulo, mi objetivo es ilustrar una imagen del sufrimiento de Jesús que culminó en la cruz. Sin embargo, enmarcar esta ilustración para darle contexto, es algo escrito por el discípulo principal de Jesús, Pedro, quien aprendió del sufrimiento observando sufrir a su Salvador.

Hablando del sufrimiento de Jesús y el suyo, 1 Pedro 4:12-14 dice: "Amados, no os sorprendáis del fuego de prueba que os ha sobrevenido...sino gozaos por cuanto sois participantes de los padecimientos de Cristo, para que también en la revelación de su gloria os gocéis con gran alegría...sois bienaventurados, porque el glorioso Espíritu de Dios reposa sobre vosotros". La comentadora bíblica, Karen Jobes, dijo lo siguiente de esta escritura.

> Aquellos que sufren por Cristo...son bendecidos. La bendición no está en el sufrimiento mismo, sino se debe a la presencia del Espíritu de gloria y de la de Dios...La bendición viene no debido a una oportunidad de mejoramiento personal,

sino debido a la presencia de Dios...Repentinamente, cuando los creyentes sufren y enfrentan tiempos difíciles, ellos cuestionan dónde está Dios. ¿Han disgustado a Dios? ¿Dios los ha dejado solos? ¿Es su sufrimiento una señal de la desaprobación de Dios o incluso de su ira?...La enseñanza de Pedro corrige el entendimiento de sus lectores respecto a sus experiencias. Primero, el sufrimiento que viene porque uno vive para Cristo no debería sorprendernos; el sufrimiento de Jesús lo normalizó (y dignificó). Y, segundo, el Espíritu de gloria y de Dios descansa sobre el creyente que sufre en lugar de pecar. Pues es solo por el poder del Espíritu que uno encuentra la determinación y la fortaleza para llevar la vida de manera inflexible en una sociedad hostil a las convicciones fundamentales y los valores de uno. La disposición de uno para sufrir en lugar de ceder indica la transformación interna de la obra santificadora del Espíritu...Dios no ha abandonado al cristiano que sufre; por el contrario, Dios está poderosamente presente en la experiencia del sufrimiento por Cristo. La frase "el Espíritu de gloria y de Dios descansa sobre ti"...es probablemente una alusión a Isaías 11:2...Pedro afirma que el mismo Espíritu de Dios previsto a descansar sobre el Mesías también descansa sobre el creyente que está dispuesto a sufrir por Jesucristo. Pedro consuela a sus lectores en que debido a que el mismo Espíritu de gloria y de Dios descansa sobre ellos, su sufrimiento actual es, como lo fue el de Cristo, un preludio de la gloria venidera.[1]

Jesús sufrió y, aun así, fue bendecido porque el Espíritu Santo descansaba sobre Él en gloria durante su sufrimiento. Puede sufrir y ser bendecido porque el Espíritu Santo vendrá a descansar sobre usted en una manera única y gloriosa cuando usted sufra.

Para cuando Jesús llega a su semana final, ya lo habían corrido de su pueblo natal como profeta sin honra. Jesús empieza a hablar inquietante y abiertamente de su muerte inminente. Se reúne con sus discípulos judíos para la comida tradicional de la Pascua que el pueblo de Dios había estado comiendo desde su liberación de la atadura y la esclavitud en Egipto tal como se registra en Éxodo.

Hoy en día, llamamos a esa comida la "Última Cena" y ha sido conmemorada en la pintura de Leonardo da Vinci. La Pascua se trata de perdón y liberación. La Pascua conmemoraba la noche en Egipto cuando, por fe, el pueblo de Dios pintó los postes de la puerta de su casa con la sangre de un cordero. El cordero tenía que ser inmaculado, mostrando su pureza, y sacrificado como substituto del pecador. Ellos pintaron los postes de sus puertas con la sangre como un acto de fe, mostrando que los ocupantes de la casa creían ser pecadores merecedores de la muerte, pero que, a través de la muerte de un sustituto sin mancha ni defecto, recibían el perdón y la ira de Dios pasaba por encima de ellos. Por el contrario, aquellos que no estaban cubiertos por la sangre del cordero vieron la muerte entrar a su hogar. Este ritual presagiaba la muerte venidera de Jesús en Juan 1:29 cuando Juan el Bautista dijo: "«¡Miren! ¡El Cordero de Dios, que quita el pecado del mundo!" (NTV). Ahora que lo recuerdo, Pablo escribió más tarde en 1 Corintios 5:7: "Cristo, nuestro Cordero Pascual, ha sido sacrificado por nosotros" (NTV).

A la mesa, en la Pascua, Jesús rompió con quince siglos de tradición. Las Escrituras a leer y las palabras a pronunciar quedaron virtualmente iguales de generación a generación. Sin embargo, todo estaba a punto de cambiar en la cruz de Jesús. Lucas 22:19–20 (NTV) dice que mientras comían la Pascua,

> [Jesús] Tomó un poco de pan y dio gracias a Dios por él. Luego lo partió en trozos, lo dio a sus discípulos y dijo: "Esto es mi cuerpo, el cual es entregado por ustedes. Hagan esto en memoria de mí". Después de la cena, tomó en sus manos otra copa de vino y dijo: "Esta copa es el nuevo pacto entre Dios y su pueblo, un acuerdo confirmado con mi sangre, la cual es derramada como sacrificio por ustedes".

Mientras Jesús comía, su sufrimiento empezaba. ¿Qué tipos de sufrimiento ha soportado? Vamos a ver varios tipos de sufrimiento, mientras lo hacemos, tenga presente que Jesús soportó cada categoría de sufrimiento y tiene compasión por usted.

Sufrimiento espiritual: ataque satánico

Satanás, quien llegó a comer con nuestros primeros padres, también llegó mientras Jesús y sus discípulos estaban comiendo la Pascua. Satanás entró en Judas Iscariote, quien se había abierto tan completamente a la influencia demoniaca que fue poseído. Así como un estafador, Judas era un amigo falso de Jesús, quien había estado robándole dinero al ministerio de Jesús durante algún tiempo. Para cuando se sentaron a comer, Judas ya había acordado entregar a Jesús por treinta piezas de plata, tal como el profeta Zacarías lo había prometido cientos de años antes (Zacarías 11:12–13).

¿Le ha atacado Satanás a través de un agente de destrucción demoniaca? Él también atacó a Jesús.

Sufrimiento mental: estrés

Sabiendo que el tiempo que le quedaba era corto, Jesús fue al Huerto de Getsemaní a orar al Padre. A solas, en la oscuridad de la noche, Jesús sabía que su crucifixión era inminente. Él estaba tan angustiado por lo que le esperaba que la Biblia lo registra sudando como gotas de sangre. Jesús estaba literalmente al límite de lo que la mente y el cuerpo pueden soportar, y este era solo el principio del sangrado. Hebreos 5:7 resume este momento diciendo: "Mientras estuvo aquí en la tierra, Jesús ofreció oraciones y súplicas con gran clamor y lágrimas" (NTV). Doblado del dolor, gritando, llorando, agonizando y sangrando por el estrés, el evangelio de Marcos nos dice que Jesús estaba "afligido y angustiado profundamente" (Marcos 14:33, NTV). Lucas 22:43 dice que Jesús estaba tan agotado que "apareció un ángel del cielo y lo fortaleció" (NTV).

¿Alguna vez ha estado tan estresado que su corazón late a toda prisa, su mente se nubla, sus manos tiemblan y su aliento se estremece mientras sus lágrimas fluyen en el medio de la noche porque no puede dormir, sabiendo lo que le depara el futuro? Jesús también estuvo así.

Sufrimiento emocional: angustia

Puede percibir la angustia mientras Jesús ora en Lucas 22:42: "Padre, si quieres, te pido que quites esta copa de sufrimiento de mí. Sin embargo, quiero que se haga tu voluntad, no la mía" (NTV). Jesús le teme a lo que viene. Esta es una copa espantosa, horrible, terrible. Los profetas hablan de esta copa como beber toda la fuerza de la ira de Dios (Ezequiel 23:33; Isaías 51:17; Jeremías 25:15). La Biblia usa unas veinte palabras para hablar de la ira de Dios más de seiscientas veces. La ira de Dios es la justicia de Dios concentrada, directa y pura derramada sobre un alma pecadora. Sabiendo que Él va a tomar esta copa por nosotros, Jesús lucha hasta finalmente rendirse al plan del Padre, diciendo en Lucas 22:42: "quiero que se haga tu voluntad, no la mía" (NTV).

¿Le ha costado aceptar el camino de Dios para usted porque es seguro que tiene dolor y vergüenza? A Jesús también le costó.

Sufrimiento financiero: pobreza

En su crisis más grande, Jesús no tenía los recursos para cubrir cualquiera de sus necesidades prácticas. Aparentemente, su ministerio no estaba bien financiado: no poseía edificios, dependía de la bondad de otros para cosas como hospedaje y comida cuando viajaba, y Jesús mismo no tenía el dinero para pagar sus impuestos. Para empeorar las cosas, Judas, el presidente financiero, había estado robando dinero del ministerio por algunos años. Jesús no tenía abogado defensor cuando fue llevado preso en medio de la noche para un juicio falso. Él no tenía servicio de seguridad que lo protegiera, tampoco tenía un consejero o terapeuta para el cuidado del alma y apoyo emocional.

¿Qué hay de usted? ¿Lucha financieramente y carece de recursos para hacer su vida mucho más sana y fácil? Jesús también lo hizo.

Sufrimiento relacional: abandono y traición

En el Huerto de Getsemaní, Jesús les pidió a sus discípulos, los amigos en quienes había invertido por tres años, que le hicieran un favor y permanecieran despiertos por Él. ¿Qué hicieron sus "amigos"?

Se quedaron dormidos. No una, sino dos veces. Ellos abandonaron a Jesús en su hora de mayor necesidad.

Para empeorar las cosas, esta no sería la última vez que ellos lo abandonarían. En cuestión de horas, para salvar su cuello, Pedro llegaría hasta a negar tres veces que conocía a Jesús. Generalmente, pensamos en cómo Pedro se sintió por esta negación, sin considerar jamás cuánto le añadió al sufrimiento de Jesús saber que uno de sus amigos más cercanos negaría su relación tres veces.

Finalmente, Jesús sufrió la personificación de un amigo infiel cuando el plan de Judas para traicionarlo se desarrolló. Durante tres años, Jesús amó, sirvió, enseñó, alimentó y cuidó de Judas. Incluso hasta le lavó los pies, lo que era la tarea que el menor de los esclavos debía de hacer por el huésped más honorable. Deténgase y piense en esto. Dios lavó los pies del hombre que Él creó, un hombre que Él sabía que estaba robando dinero del ministerio.

Jesús nunca le falló a Judas, nunca lastimó a Judas, nunca traicionó a Judas. Sin embargo, Judas llegó al huerto con soldados y traicionó a Jesús con un beso: el beso de la muerte.

¿Ha sido abandonado por amigos en su hora de necesidad o traicionado por la gente en que más confiaba? Jesús también lo fue.

Sufrimiento público: difamación

En franca violación de sus derechos legales, Jesús fue arrestado injustamente y forzado a caminar por kilómetros al abrigo de la oscuridad. Su juicio fue falso. No hubo investigación porque todo el objetivo era una ejecución. Uno tras otro, los testigos falsos llevaron cargos falsos. El plan parecía ser "lancen suficiente lodo y finalmente algo se le tiene que pegar". Su testimonio contradecía el uno al otro porque, a diferencia de la verdad que siempre canta en armonía, los mentirosos discordantes nunca hacen un buen coro. Aun así, a nadie le importó porque este era un asesinato por una muchedumbre y no un juicio por la verdad.

¿Los mentirosos han destruido su reputación? La reputación de Jesús también fue destruida.

Sufrimiento físico: paliza

Hombres enojados rodearon cobardemente a Jesús cuando estaba bajo custodia. Le taparon los ojos y lo golpearon sin misericordia. La mentalidad de masa estaba a todo vapor mientras un hombre tras otro tomaba turno tras turno dándole un golpe tras otro.

Apaleado, hambriento, deshidratado y exhausto después de una noche estresante y sin dormir, Jesús fue despojado de su ropa hasta dejarlo casi desnudo, y la Biblia simplemente declara que Él fue azotado. La flagelación era tan bárbara y brutal que mataba a mucha gente antes de que siquiera pudieran llegar a la cruz.

Sujetaron las manos de Jesús sobre su cabeza de manera que su espalda y piernas estuvieran extendidas para que el látigo del soldado cortara en tiras su cuerpo. El soldado usaba un látigo específico llamado gato de nueve colas: un palo del que salían varias tiras largas de cuero con bolas pesadas hechas de metal o de piedra destinadas a suavizar la carne humana preparándola para los ganchos que luego se hundirían profundamente en el cuerpo. Una vez que los ganchos se hundían en la piel, el soldado arrancaba la carne del cuerpo del prisionero, a veces tan violentamente que una costilla salía volando. El trauma llegaba a la profundidad de los órganos vitales, muchas veces causando sangrado interno.

Anticipando esta horrible golpiza, unos setecientos años antes Isaías 52:14 profetizó: "Tenía el rostro tan desfigurado, que apenas parecía un ser humano, y por su aspecto, no se veía como un hombre" (NTV).

¿Su cuerpo ha sido golpeado por un enemigo, violador, padre violento, novio airado, o un abusador? El cuerpo de Jesús también.

Sufrimiento personal: vergüenza

Para burlarse del título de Jesús como Rey de los judíos, los soldados ensartaron una corona de espinas en la cabeza de Jesús mientras la gente reía. Luego, obligaron a Jesús a cargar su cruz sobre sus hombros y espalda ensangrentados por las calles del pueblo. La cruz, o posiblemente solo el travesaño, era probablemente una pieza áspera de madera astillada que pesaba por encima de las cien libras.

Goteando sangre, sudor y lágrimas, Jesús fue vergonzosamente obligado a cargar su cruz por el pueblo.

Yo he caminado el sendero por donde Jesús pasó, y es un sendero angosto lleno de gente comprando. En el mundo de hoy, sería como estar obligado a cargar su cruz a través de un centro comercial durante la época de compras más ocupada, llorando y sangrando mientras los niños miran fijamente y con horror. Jesús estaba tan golpeado y su cuerpo tan hecho pedazos que cayó bajo el peso de la cruz. Así que los romanos eligieron a Simón de Cirene para ayudar a llevar la cruz de Jesús el resto del camino. Cuando finalmente llegó a su lugar de ejecución, los guardias le jalaron la barba a Jesús (una falta de respeto vergonzosa en esa cultura), lo escupieron y se burlaron de Él mientras su familia y amigos lo veían, incluyendo a su horrorizada madre. Aquellos de nosotros del mundo occidental podemos no entender la vergüenza para la familia en todo esto. La mayor parte del mundo oriental está construido esencialmente sobre salvar las apariencias y no provocar vergüenza para uno ni para su familia.

¿Ha sido avergonzado públicamente? Jesús también lo fue.

Todos los sufrimientos de Jesús culminaron en la cruz. Antes de que analicemos su sufrimiento mayor y final, necesitamos pensar en el Espíritu. ¿Cómo pudo Jesús enfrentar su sufrimiento? ¿Cómo puede usted enfrentar su sufrimiento?

Hablando del sufrimiento de Jesús en la cruz, Hebreos 9:11–14 dice: "Cristo...al presentarse como sumo sacerdote...entró una sola vez y para siempre en el Lugar Santísimo. No lo hizo con sangre de machos cabríos y becerros, sino con su propia sangre, logrando así un rescate eterno...¡cuánto más la sangre de Cristo, quien por medio del Espíritu eterno se ofreció sin mancha a Dios, purificará nuestra conciencia de las obras que conducen a la muerte, a fin de que sirvamos al Dios viviente!" (NVI).

En el antiguo pacto, el Lugar Santísimo sobre la tierra era el templo. Era allí donde el Espíritu Santo habitaba y el sacerdote llegaba a ofrecer un sacrificio por los pecadores. El cuerpo de Jesús fue el templo mismo del Espíritu, y fue "a través del Espíritu eterno" que

Él tuvo poder para servir tanto como sacerdote y como sacrificio, ofreciéndose a sí mismo en substitución de los pecadores. El padre de la iglesia y famoso predicador Juan Crisóstomo dijo que tal como había una llama que ardía día y noche en el templo como fue ordenado por Dios (Levítico 6:9), así el Espíritu Santo mantuvo la devoción apasionada de Jesucristo ardiendo continuamente en su alma incluso mientras sufría.[2]

El sufrimiento tiene una manera de apagar la llama proverbial en una persona. Cuando usted sufre, puede llegar a agotarse, perder la esperanza y ceder al pecado. Jesucristo enfrentó todo esto cuando se dirigía a la cruz, y fue el Espíritu Santo quien mantuvo viva la llama en Él. Jesús le provee ese mismo Espíritu para mantener su llama ardiendo vívidamente durante su sufrimiento también. Si el Espíritu Santo puede mantener viva la llama de la pasión de Jesús aun cuando Él estaba muriendo, ¡Él puede hacer lo mismo por usted sin importar lo que esté atravesando!

Sufrimiento total: crucifixión

Todo el sufrimiento que Jesús experimentó culminó en la cruz. Allí nuestro amoroso Señor y moribundo Libertador sufrió completa y totalmente en cada categoría simultáneamente.

Lo que usted haya enfrentado, palidece en comparación a lo que Jesús soportó en aquel entonces. Los diez dedos de las manos y los diez dedos de los pies que María contó en su hijo recién nacido fueron clavados en una cruz. El hijo del carpintero que creció martillando clavos, ahora tenía clavos grandes martillados a través de los centros nerviosos más sensibles en el cuerpo humano. El cuerpo de Jesús pudo haberse retorcido involuntariamente mientras su garganta se fue poniendo ronca por gritar en la agonía. Luego, su cruz fue levantada y soltada en un hoyo mientras su cuerpo se sacudía del dolor.

¿Ha soportado dolor físico por alguna herida, enfermedad, padecimiento o agresión? Jesús también.

No adoramos a un Dios que se queda atrás, a una distancia segura, viendo la historia de horror de la humanidad, sino, más bien, a un fiel Sumo Sacerdote que empatiza con nosotros. Él ha atravesado lo mismo que nosotros, sentido lo que sentimos y conquistado lo que enfrentamos, incluyendo ataques satánicos, abandono, traición, estrés, luchas, pobreza, difamación, golpes, vergüenza y dolor. Nosotros gastamos la energía de nuestra vida buscando huir de esas cosas, pero Jesucristo corrió voluntariamente a ellas. Dios vino y, básicamente, saltó sin pensarlo a una trituradora llamada cruz.

La cruz

Se ha convertido en un símbolo de moda en nuestros días. Sin embargo, en los días de Jesús era, como el antiguo himno dice acertadamente, "el emblema del sufrimiento y la vergüenza".[3]

Los teólogos creen que los cristianos adoptaron la cruz como un recordatorio visual de Cristo y el cristianismo, empezando con el padre de la iglesia tertuliana, que vivió desde el final del segundo hasta el principio del tercer siglo DC. Alrededor de ese tiempo, los creyentes empezaron a hacer el signo de la cruz y a poner cruces en su casa y alrededor de ella para identificarse con Jesucristo.

La crucifixión era y es brutal. En tiempos recientes, la crucifixión continúa por los grupos terroristas extremos como ISIS. La BBC reporta: "Sheikh Dr. Usama Hasan, erudito islámico y principal investigador en Estudios Islámicos en la *Quilliam Foundation* en Londres, dice que esta forma de castigo surge de una lectura muy literal o fundamentalista del Corán. El verso 33 del quinto libro del Corán dice: 'Ciertamente, el castigo para los que hacen la guerra a Alá y a Su Mensajero y se dediquen a corromper la tierra, no es otro sino el de ser muerto o crucificado o que se les corte la mano y el pie contrario o que sean expulsados del país. Esto es para ellos una humillación en esta vida; pero en la última tendrán un inmenso castigo'".[4]

El objetivo de tal horror es siempre el mismo: infundir temor en el corazón de los demás. Crucificar a una persona públicamente es enviar un temor escalofriante al corazón de cualquiera y de todos los que podrían estar de acuerdo con ellos, alinearse con ellos y seguirlos. El mensaje es claro: no crean en lo que ellos creen o padecerán o que ellos padezcan. Los romanos ni siquiera crucificaban a sus propios ciudadanos, solo a los extranjeros. Para los judíos, la crucifixión significaba la maldición de Dios como lo dice Deuteronomio 21:22–23 (cf. Gálatas 3:13) con inquietante sencillez "todo el que es colgado es maldito a los ojos de Dios" (NTV).

Se cree que los persas podrían haber inventado la crucifixión alrededor del año 500 a. C., pero los romanos buscaron perfeccionarla. Algunos soldados romanos, quienes supervisaban la crucifixión, parecían deleitarse en experimentar con formas nuevas para infligir el máximo dolor, haciendo del sadismo un deporte. El dolor de la crucifixión era tan intenso y aplastante que la palabra en inglés *excruciating* literalmente significa "de la cruz" [NdelT: se refiere a un dolor sumamente intenso].

Además del dolor de la crucifixión, estaba la presión que esta ponía sobre la respiración de la víctima. A veces, una persona se desmayaba, entrando y saliendo de la conciencia, mientras colgaba de la cruz porque, cuando su cuerpo se desplomaba, el aire salía de los pulmones. Para que el aire volviera a los pulmones, la víctima tenía que empujarse a sí misma sobre los clavos en sus pies. Por eso, a veces, les quebraban las piernas, eso aceleraba la muerte ya que la víctima no podía alzarse para respirar. A Jesús no le quebraron las piernas en cumplimiento de la profecía (Salmo 34:19–20).

Se sabía que, bajo tal tormento, los hombres crucificados procurarían vengarse en cualquier forma que pudieran. Cuando las multitudes rodeaban y se burlaban de las víctimas, ellos procuraban escupir u orinar sobre la muchedumbre sedienta de sangre. Otros, maldecían a sus enemigos, difamaban públicamente el carácter de otros o intentaban defenderse dando su lado de la historia.

Toda la historia de la humanidad ha estado marchando a la cruz de Jesús. Mientras Jesús colgaba allí, sangrando, llorando y muriendo, la muchedumbre humana visible, así como las legiones invisibles de ángeles y demonios, esperaban ansiosamente la reacción de Jesús. Él sufrió noble, humilde y amorosamente. Luego, murió; y era necesario esperar para que el tiempo lo justificara.

Es lo mismo para usted. Si la historia no lo justifica, la eternidad lo hará.

En el próximo capítulo, compartiré más sobre el sufrimiento. Antes de que usted le dé vuelta a la página, sinceramente quiero decir que lamento su sufrimiento. Lo que estoy compartiendo en estos capítulos sobre el sufrimiento son cosas que aprendí cuando atravesaba mi propio valle de sombra de muerte. Es un honor si algo de lo que aprendí a través de esa etapa puede ser útil para usted, así que gracias por darme la oportunidad de atravesar con usted su valle de sombra de muerte.

Cuando estamos sufriendo, debemos recordar el ministerio del Espíritu Santo como dice Hebreos 3:7-8: "Por lo cual, como dice el Espíritu Santo: 'Si oyereis hoy su voz, no endurezcáis vuestros corazones, como en la provocación, en el día de la tentación en el desierto'". Cuando llega el sufrimiento, sí se siente como si estuviéramos en un desierto. Como un desierto seco y desolado, donde no hay suficientes recursos físicos, espirituales, emocionales o financieros para seguir adelante. Se siente agobiado, desanimado, temeroso y hasta sin esperanza. En sus peores momentos, el Espíritu Santo lo llama, rogándoles que no endurezca su corazón hacia Dios ni se rebele contra la voluntad de Dios para su vida. Nuestra mayor necesidad cuando sufrimos es el Espíritu. Él nos recuerda el sufrimiento de Jesús por nosotros y viene a ayudarnos a sufrir bien.

Con la cruz en el horizonte, Jesús nos enseña sobre uno de los ministerios más necesarios del Espíritu Santo. En Juan 13–17, Jesús sabe que su crucifixión se aproxima y prepara a sus seguidores para el sufrimiento que les espera también en lo que a los comentadores de la Biblia les gusta llamar "el discurso de despedida". Piense en esto por un momento: si usted supiera que va a morir pronto, ¿qué les diría a las personas a quien más amaba? Jesús preparó a su gente para el sufrimiento de ellos cuando Él estaba enfrentando su sufrimiento. Jesús prometió en Juan 14:26–28 (LBLA) que Él enviaría a "el Ayudador, el Espíritu Santo" para que usted pudiera experimentar una "paz" sobrenatural que viene solamente de Dios y que "no se turbe vuestro corazón, ni tenga miedo".

Hablando del ministerio del Espíritu Santo como nuestro Ayudador, el maestro de Biblia Charles Swindoll dice: "El término griego también puede traducirse como 'intercesor', 'animador' y hasta 'entrenador'. Porta la idea de un entrenador corriendo junto a alguien en una carrera para proporcionar consejo, corrección, esperanza, consuelo y perspectiva... Como un entrenador animando y desafiando a un atleta para alcanzar una meta en particular. Él entrena a los creyentes a dedicarse, a desechar estorbos y a volverse obedientes como Cristo. El Ayudador lo hace sobrenaturalmente".[5]

Tal como el Espíritu Santo caminó con Jesús hacia la cruz, preparándolo en el camino, Él también atravesará con usted su valle de sombra de muerte. Esto es especialmente reconfortante cuando pensamos que el sufrimiento es la escuela a la que *todos* asistimos; algo que aprenderemos en el siguiente capítulo.

Capítulo 10

EL SUFRIMIENTO ES LA ESCUELA A LA QUE TODOS ASISTIMOS

E L PRIMER DÍA en el jardín infantil me aterrorizó totalmente. Sintiendo que mi mamá me había abandonado, me senté en mi pequeño escritorio asustado y con los ojos bien abiertos, atrapado entre un niño que estaba tan asustado que se orinó en sus pantalones y una niña que trajo un almuerzo de sardinas. Mi mamá salió de la clase, caminando hacia atrás, viéndome suplicarle que me llevara a casa. Siendo un niño católico, pensaba que esto era mi purgatorio.

La escuela media fue difícil cuando me trasladaron de un colegio católico a una escuela pública donde había niños que fumaban y escuchaban rap de gánster mientras esperaban el autobús. Una vez vi en las noticias a unos lunáticos tomar el control de un asilo, y pienso que todos sus hijos viajaban en el mismo autobús que yo.

El bachillerato fue muy bueno, practicaba deportes, hice amistades y evité hábilmente entrar a una pandilla. Allí, conocí a Grace, y las únicas dos cosas que recuerdo del bachillerato son que *chapeau* en francés significa *sombrero* y que Grace era adorable.

La universidad empezó mal. Me uní a la fraternidad hasta que aprendí que *frat boy* es aparentemente una palabra griega que significa ruidoso, endemoniado, alcohólico sin camisa. Yo no bebía, pero me metí en una pelea con un ebrio. Los muchachos estaban haciendo cosas nefastas en las que yo no quería involucrarme, así que me salí justo antes de que arrestaran a los de mi clase de iniciación.

Poco después de eso, fui salvo, y Grace se transfirió a mi

universidad, así que pudimos estar juntos y casarnos, lo que hizo que la universidad fuera fantástica. Además, comí tantos pedazos de pizza que, aunque me gradué en 1993, todavía recuerdo de memoria el número de la pizzería.

Ir al seminario para sacar mi maestría mientras pastoreaba una iglesia y criaba a mis hijos fue divertido; aunque conducía a otro estado, un día al mes, en mi vehículo viejo y oxidado que no tenía velocímetro ni radio.

Todos tenemos algunos recuerdos curiosos de la escuela. ¿Cuáles son algunos de sus momentos escolares inolvidables?

EL SUFRIMIENTO ESCOLAR

Todos hemos estado en diferentes escuelas donde aprendimos cosas diferentes. Sin embargo, todo cristiano asiste a una escuela en particular y aprende una sola lección. Esa escuela es el sufrimiento, y esa lección es cómo parecerse más perfectamente a Jesús.

El libro de Hebreos dice mucho de la escuela de sufrimiento a la que Jesús asistió por nosotros y asiste con nosotros. Analizaremos cuatro escrituras diferentes que aparecen como tema en la primera mitad del maravilloso libro de Hebreos.

En Hebreos 2:10, leemos esta declaración sorprendente con relación al sufrimiento de Jesús: "Porque convenía a aquel por cuya causa son todas las cosas, y por quien todas las cosas subsisten, que habiendo de llevar muchos hijos a la gloria, perfeccionase por aflicciones al autor de la salvación de ellos".

¿Qué significa que Jesús fuera perfeccionado a través de las aflicciones? Jesús era perfecto antes de venir a la tierra y sufrir. Sin embargo, Él llegó a ser perfectamente perfecto a través de la experiencia del sufrimiento. Un comentario bíblico lo explica de esta manera.

> Cristo siempre ha sido perfecto en el sentido moral. Él *está* libre de pecado. La palabra que aquí se traduce *perfecto* ocurre con frecuencia a lo largo de esta carta. Significa la terminación de un proceso..."su uso aquí significa que

Jesús llegó a estar *totalmente cualificado* como pionero de la salvación de la humanidad por padecer la experiencia del sufrimiento humano, en la medida en que el sufrimiento es el camino a la salvación". Aunque Cristo era moralmente perfecto y sin pecado, su vida y obra fueron llevados por el sufrimiento hacia una forma de perfección o terminación que no pudo haber sido posible sin ello.[1]

Hay algunas cosas que puede aprender al ver las experiencias de otros que no puede entender por completo hasta que haya tenido esa experiencia también. Los solteros pueden saber *sobre* el matrimonio, pero lo entenderán mucho más una vez que hayan vivido juntos como marido y mujer durante unos años. Una pareja sin hijos puede saber *sobre* la paternidad, pero la entenderán mucho mejor una vez que estén criando a su propio hijo. Una pareja mayor, sin nietos, puede saber *sobre* ser abuelos, pero lo entenderán mucho mejor una vez lleven a su nieto a tomar un helado cuando vayan de camino al parque.

Así es con Jesús. Desde el cielo, Él observaba nuestro sufrimiento y sabía *sobre* el sufrimiento. Pero Él añadió la experiencia de su sufrimiento. De esta manera, su aprendizaje fue perfeccionado así que Él ahora comprende completamente nuestro sufrimiento.

Jesús, nuestro Rey, vino a la tierra a empezar un camino para que su pueblo marchara hacia su reino eterno. Este plan requería que nuestro Rey dejara su trono en gloria, donde los ángeles le servían, y viniera a la tierra en humildad a servirnos. Nuestro Rey Jesús humilde sufrió a causa de nuestro pecado y murió para librarnos de la muerte.

Hoy en día, nuestro Rey humilde ha regresado a su trono. Ahora, Jesús puede empatizar plenamente con usted y su sufrimiento. Él ha enfrentado lo que usted enfrenta, Él ha soportado lo que usted tiene que soportar, y Él ha vencido aquello que está en contra suya. Él le ama, Él le ayuda y Él ha enviado al Espíritu para que usted pueda tener poder para soportar el sufrimiento como Él lo hizo.

Al continuar hablando del sufrimiento de Jesús, Hebreos 2:17–18 dice: "Por lo cual debía ser en todo semejante a sus hermanos, para venir a ser misericordioso y fiel sumo sacerdote en lo que a Dios se refiere, para expiar los pecados del pueblo. Pues en cuanto él mismo padeció siendo tentado, es poderoso para socorrer a los que son tentados".

El grupo objetivo original para el libro de Hebreos eran los cristianos judíos. Ellos estaban familiarizados con el concepto de un sacerdote. Casi de la misma manera en que un puente sobre un abismo no puede conectarse de ninguna otra forma, el sacerdocio era parte del puente que nuestro Dios Santo en el cielo construyó para tener una relación con nosotros, pecadores, en la tierra. Como la embajada para el cielo sobre la tierra, el Espíritu de Dios habitó en el lugar santísimo en el templo. Una vez al año, el sumo sacerdote, como representante del pueblo, entraba a la presencia del Espíritu de Dios y sacrificaba a un animal inocente en sustitución de los pecadores. A esto lo llamamos *propiciación* porque la ira de Dios está propiciada o apaciguada; significa que fue desviada de nosotros e imputada o colocada sobre el substituto.

Así como la sangre sobre los postes de las puertas, este sistema sacrificial presagiaba la venida de Jesús. Su cuerpo era el lugar santísimo donde habitaba el Espíritu. Él vino como nuestro Sumo Sacerdote y se ofreció a sí mismo, a través de su sufrimiento, como el substituto por nuestro pecado.

Habiendo perdonado el pecado y vencido a la muerte, Jesús vive como nuestro Sumo Sacerdote. Él continúa intercediendo por nosotros ante Dios el Padre. Él perdona nuestro pecado y envía al Espíritu para hacer de nuestro cuerpo algo como el lugar santísimo donde Dios habita en la tierra, acompañándonos a donde vayamos. Jesús empatiza con nosotros cuando somos tentados ya que Él también fue tentado y necesitó la ayuda del Espíritu. Él envía el mismo poder del Espíritu por el que vivió para facultar nuestra vida cuando sufrimos y somos tentados.

Reflexionando sobre el sufrimiento de Jesús, Hebreos 5:7–10, dice: "en los días de su carne, [Jesús] ofreciendo ruegos y súplicas con gran clamor y lágrimas al que le podía librar de la muerte, fue oído a causa de su temor reverente. Y aunque era Hijo, por lo que padeció aprendió la obediencia; y habiendo sido perfeccionado, vino a ser autor de eterna salvación para todos los que le obedecen; y fue declarado por Dios sumo sacerdote".

El sufrimiento es una de las formas principales en que aprendemos obediencia como lo hizo Jesús. Meditando en aquella noche a solas en el huerto de Getsemaní, donde Jesús luchó con la voluntad del Padre por su vida nos recuerda que Él oró, lloró y clamó en angustia total. A medida que la cruz se aproximaba, Jesús sufrió y sabía que su sufrimiento apenas comenzaba. Esto demuestra que no es pecado volverse emocional, luchar con la voluntad de Dios para su vida o sentir preocupación genuina por el sufrimiento que enfrenta. Usted también luchará y se pondrá emotivo cuando sufra y, así como Jesús, necesita tomar tiempo a solas para luchar con Dios en oración hasta que estén de acuerdo en lo que viene para usted.

Jesús obedeció haciendo esto. Él fue sincero, emocional y relacional.

Lo que Cristo hace, lo mismo hacen los cristianos. Cuando sufre, el Espíritu quiere que usted recuerde los sufrimientos de su Salvador en dos maneras. Primero, el Espíritu Santo, quien inspiró la escritura de la Biblia quiere que estudie el sufrimiento de Jesús mientras sufre. Esto le permite apreciar el sufrimiento de Él por usted y le ayuda a que aprenda cómo sufrir de manera relevante y con propósito como lo hizo Él.

Segundo, el Espíritu Santo, que estuvo con Jesús en su sufrimiento, quiere ser invitado a su sufrimiento en maneras muy prácticas mientras procesa su dolor y toma decisiones sobre su futuro. Orando, alabando, escribiendo en un diario y buscando la presencia de Dios de otras maneras ayudará a su alma a tener más salud, aunque su vida física o emocional sufra. El Espíritu Santo trajo este ministerio al sufrimiento de Jesús, y Jesús envió al Espíritu para traerle el mismo ministerio a usted.

¿Qué sufrimiento enfrenta en este momento? Para el cristiano y el no cristiano, sufrimiento puede ser muchas cosas: una injusticia, dolor frustración terror, horror y desánimo. Sin embargo, para el cristiano, el sufrimiento también es un salón de clases. Su sufrimiento es una oportunidad de aprendizaje única para que sea perfeccionado como lo fue Jesús. A través del sufrimiento, aprenderá (1) a odiar perfectamente el pecado y el sufrimiento que causa, (2) a amar perfectamente a Jesús y al sufrimiento que Él soportó por usted, y (3) a crecer en una relación perfecta con Jesús que durará eternamente una vez acabado todo el sufrimiento.

Estimado cristiano, usted no quiere sufrir, pero usted sí quiere parecerse a Jesús, y no hay ningún otro camino hacia la perfección. Una forma de aprovechar al máximo su sufrimiento es aprendiendo sobre el lamento.

Aprenda a lamentar

Recuerdo una etapa tormentosa de la vida que hizo que me quedara en porciones conocidas de la Biblia, pero me había apartado sin detenerme para asimilar todo el panorama, lamentos. La mayoría de las canciones en el libro de los Salmos son lamentos, tanto públicos como privados, donde el pueblo de Dios derrama su dolor y pesar. El libro de Lamentaciones nos invita al lado de Jeremías, el profeta llorón. Muchos escritores proféticos del Antiguo Testamento incluyen momentos de lamentos personales.

> Usted no quiere sufrir, pero usted sí quiere parecerse a Jesús, y no hay ningún otro camino hacia la perfección.

Durante esa etapa, me di cuenta de que soy culpable de uno de los hábitos más inútiles de la cultura occidental: celebrar públicamente las victorias y lamentar privadamente las derrotas, lo que resulta en que muy pocos de nosotros sabemos cómo lamentar. Nos aislamos cuando estamos muy dolidos, lo que para muchos acelera caer en depresión. Los hombres modernos, especialmente, adoptan una pose silenciosa, de mirada fría; mientras que los hombres de la Biblia, incluyendo guerreros feroces como David, sabían cómo lamentar como los hombres. La presión en las redes sociales de dar continuamente la impresión de que todo está bien y somos ganadores, nos fuerza a ser mentirosos en cierto grado y empeora las cosas.

Estar centrado en Dios, empaparse en lágrimas, llenarse del Espíritu, fundamentarse en la Biblia, ser profundamente sincero, son algunos de los beneficios de lamentarse en medio de su sufrimiento.

Cuando lamenta, se permite sentir

Las personas con dolor muchas veces se automedican con cualquier cosa, desde drogas y alcohol hasta sexo, apuestas, comida, chisme e ira, o se desconectan de sus seres queridos para evitar la emoción del sentimiento. Sin embargo, insensibilizarse al dolor significa que deja de sentir todo lo demás en la vida. No solamente sigue teniendo dolor, sino que se aísla de quienes le aman. Deja de estar emocionalmente disponible para Dios y para sus semejantes. Lamentar le ayuda a sentir toda la gama de emociones normales de la vida para que pueda "pasar por el valle de sombra de muerte" al futuro que Dios tenga para usted en el otro lado.

Cuando lamenta, procesa el dolor

La vida duele, y si no tiene una manera de resolver sus heridas a través del lamento, se queda lastimado, desorientado, confundido, enojado o deprimido. No procesar el dolor solamente prolonga su agonía. Lamentar le ayuda a resolver las penas mientras sopesa lo que está atravesando, así su dolor impulsa su crecimiento. Lamentar conecta su mente para aprender de su dolor a fin de que, al igual que Jesús, usted pueda ser refinado por medio del sufrimiento. Tiene que sentir para poder sanar.

Cuando lamenta, llora su intervención y se despoja de su mentalidad de víctima

Cuando tiene dolor, las maldades y los errores de otros lo agobian tanto que es fácil pasar por alto sus propias maldades y errores. Al lamentarse con el Señor, usted se mira rápidamente desde la perspectiva de Dios. Lamentar le ayuda a evaluar lo que hizo, dónde tiene que cambiar y de qué otra manera puede actuar en el futuro.

Cuando lamenta, no ataca a los demás en venganza

Si se parece en algo a mí, usted reacciona naturalmente devolviendo el golpe. Pero la venganza, ya sea física, verbal o a través de las redes sociales es simplemente devolver mal por mal e insulto por insulto. Lamentar le ayuda a resolver con Dios la energía y la frustración que el dolor trae naturalmente.

Cuando lamenta, empatiza con los otros que sufren

Cuando Pablo dice que tenemos un ministerio consolando a otros con el consuelo que recibimos, él está en la jugada. Después de que ha lamentado su dolor con el Señor y experimentado la sanidad de su alma al punto de que ya no vocifera, usted puede invitar a personas, que han pasado por dolores, similares a compartirlos con usted.

Cuando lamenta, siente esperanza por el futuro

No lamentar lo deja eternamente dando vueltas alrededor del drenaje del pasado, sin poder escapar jamás de la toxicidad que lo rodea. Cuando alguien muere físicamente, hay una autopsia y un funeral. Lamentar permite ambas cosas. Al lamentar, usted descubre cómo algo viviente llegó a morir. También llora la muerte de lo que atesoraba: una relación, matrimonio, empleo, amistad, salud. Lamentar le permite apartar de sus lágrimas la mirada para ver lo que Dios podría tener en el horizonte.

Cuando lamenta, escapa de la ira y la depresión

Algunas personas, estancadas en una espiral de pesar son propensas a la depresión, con llanto y sentimientos de vacío, debilitados y vencidos. Otros, sienten enojo, desatan sentimientos de poder en vez de debilidad. En mis años de ministerio pastoral, he visto incontables hombres y mujeres deprimidos, pero veo con más frecuencia hombres enmascarándolo con ira. Lamentar le permite evitar la depresión, así como también la depresión enmascarada por la ira.

En la Biblia, lamentar no sucedía en privado. Era una parte aceptada de la vida pública de un individuo. La cultura del medio oriente estableció un patrón de luto que marcaba un periodo para que la gente expresara abiertamente su dolor. En el occidente, el dolor es raramente aceptable.

¿Cómo trató Jesús con su sufrimiento? Con lamento guiado por el Espíritu. Isaías 53:3 lo llama "hecho para el sufrimiento" (NVI), "varón de dolores" y "habituado al sufrimiento" (BLPH). Emocionales y llenas de lágrimas, las escenas del Nuevo Testamento nos dejan ver al Señor llorar por Jerusalén, lamentar la muerte de su querido amigo Lázaro y agonizar en la cruz. Jesús superó su sufrimiento por medio del lamento, y Él nos ayuda a hacerlo de igual manera.

Conectando el concepto de lamento con el ministerio del Espíritu Santo, Romanos 8:26–27 dice: "Y de igual manera el Espíritu nos ayuda en nuestra debilidad; pues qué hemos de pedir como conviene, no lo sabemos, pero el Espíritu mismo intercede por nosotros con gemidos indecibles. Mas el que escudriña los corazones sabe cuál es la intención del Espíritu, porque conforme a la voluntad de Dios intercede por los santos". Hay veces en que las palabras no pueden expresar nuestro pesar. En esos momentos, el Espíritu Santo nos ayuda a procesar nuestro dolor, a transferirle la carga que puede aplastarnos al Señor, pues solo Él puede llevarla, y a lamentar lo que no podemos arreglar o cambiar.

Nunca olvidaré una de las primeras visitas hospitalarias que hice cuando empezaba a ser pastor. Un joven estaba parado al lado de la cama de su madre, quien trató de suicidarse. Lo único que la mantenía con vida era una máquina, y al hijo, un cristiano recién convertido, lo llamaron para decir el último adiós antes de desconectar la máquina para que ella pudiera morir. Él no podía cambiar las circunstancias, así que lloró, oró y cantó en el Espíritu. En otras palabras, él lamentó el dolor, eso le permitió sanar a través del proceso.

Su mayor ministerio resulta de su dolor más profundo

Acertadamente se ha dicho que el mayor ministerio resulta del dolor más profundo. El mayor ministerio de Jesús resultó de su dolor más profundo. Lo mismo pasa con usted y conmigo. Su mayor ministerio resulta de su dolor más profundo. Sufrir no solamente lo santifica para que se parezca a Jesús, sino que, además, lo envía al mundo que sufre a ministrar como Jesús. Las experiencias, lecciones aprendidas y empatía ganadas a través del sufrimiento son precisamente las cosas que le hacen un mejor ministro. ¿Qué sufrimiento ha padecido? ¿Cómo lo ha cambiado, enseñado y mejorado? ¿Cómo puede usar su sufrimiento para servir a los que padecen?

Después de casi dos décadas de enseñar, tomé un descanso para sanar y aprender durante la época más difícil de la vida para mi familia y para mí. A medida que Grace y yo nos reuníamos con parejas devotas, de ministerio, consejeros profesionales y líderes profundamente espirituales para procesar lo que estábamos atravesando, cada reunión era marcadamente diferente y, aun así, increíblemente útil. Cada persona hacía preguntas muy diferentes, veía las cosas desde ángulos muy diferentes y proveía consejo bíblico y puntos de vista muy diferentes.

En cada reunión, tomaba notas que me ayudaran a recordar lo que Dios hacía por nosotros a través de estas personas maravillosas. En pocos meses, había llenado varios cuadernos. Después de haberme reunido con varias personas y meditado las cosas desde perspectivas diferentes, empecé a armarlo todo. Me di cuenta de que *todos* nos dieron consejo bíblico, piadoso, sabio, útil y necesario. Si hubiéramos recibido ministración desde una sola perspectiva, habríamos perdido mucho y hubiera sido mal diagnosticado.

Durante ese tiempo fuera del ministerio apartado para aprender y crecer, me di cuenta de que varios líderes cristianos tenían un paradigma a través del cual vieron mis problemas y ofrecieron soluciones. Cada uno tenía amarres bíblicos obvios, y parecía que varios equipos, familias y tradiciones tenían un paradigma predominante por medio del cual nos ministraban a Grace y a mí. Hallábamos increíblemente beneficioso que en lugar de sentarnos en la silla del "ayudador", nosotros estábamos sentados en el asiento del "ayudado".

Mientras líderes y consejeros cristianos de una amplia gama de trasfondos nos ministraban amablemente, la variedad de lo que nos enseñaban nos bendijo plenamente. Creo que esto ha despertado un entendimiento nuevo sobre cómo ayudar mejor a la gente, que procede de todo lo que el Espíritu Santo dice en la Biblia sin estar limitado a una sola tradición y a su énfasis en un solo paradigma para ayudar a la gente. Permítame detallarle los enfoques que vi, y entenderá rápidamente mi punto cuando vea tanto las fuentes como las soluciones al sufrimiento.

Pecado y arrepentimiento

El problema es el pecado, lo sabemos a través de la ley; la solución es el arrepentimiento que abre la puerta al poder del evangelio y la gracia.

Idolatría y adoración

Ponemos a alguien o a algo en el lugar de Dios como el objeto de la esperanza y el gozo al que nuestro corazón se apega, ese es el problema; la solución es arrepentirnos de nuestra idolatría y adorar solo a Dios.

Condenación y perdón

El problema es que nos sentimos culpables por nuestros pecados, y al no valernos del pecado de Dios, continuamos recriminándonos y vivimos sin esperanza; la solución es aceptar el perdón de Dios y vivir en la gracia y libertad que resulta de perdonarnos a nosotros mismos y a los demás.

Opresión y liberación

Satanás y sus demonios nos oprimen, ese es el problema; la solución es obtener liberación de la atadura y opresión rompiendo las fortalezas en el ámbito sobrenatural y andando en la autoridad de Jesús.

Esclavitud y libertad

El problema es que nuestros deseos pecaminosos nos esclavizan a algo o a alguien que nos gobierna; la solución es darnos cuenta de que Dios ya nos ha libertado y vivir en esa libertad.

Las mentiras y la verdad

El problema es que la gente cree mentiras y, por consiguiente, las vive. La solución es aplicar la verdad de la Palabra de Dios para combatir las mentiras y vivir en obediencia.

Disfuncionalidad y sanidad

Las personas son disfuncionales emocional, espiritual, física y mentalmente; ese es el problema. La solución es invitar al Espíritu Santo a entrar a la disfuncionalidad y traer sanidad interior.

Impureza y limpieza

El problema es que el pecado nos mancha, así que nos vemos sucios, impuros, inmorales y dañados; la solución es entender la doctrina de expiación: que Dios en Cristo nos limpia dejándonos blancos como la nieve y nos da una identidad nueva.

Estupidez y sabiduría

Las decisiones insensatas arruinan nuestra vida, ese es el problema. La solución es recibir consejo sabio y tomar decisiones prácticas, nuevas.

Enfermedad y bienestar

El problema es principalmente físico (heridas, enfermedad, desequilibrio químico u hormonal, etc.); la solución es sanidad física a través de un médico o un milagro de Dios, nuestro magnífico médico.

Injusticia y justicia

El problema son los sistemas humanos deficientes; la solución es rehacer estructuras sociales y gubernamentales y traer justicia para todos.

Estas categorías podrían justificar el escribir todo un libro para explicarlas; sin embargo, para nuestro propósito, un resumen es suficiente. Es más, estas categorías no son exclusivas mutuamente, y muchos tipos de sufrimiento pueden sucederle simultáneamente a alguien. Mientras recibíamos consejería de varios equipos y familias de la iglesia, llegamos a apreciar cada enfoque y a lamentar el orgullo y el cinismo que muchas veces divide estas enseñanzas bíblicas en campos de batalla. Necesitamos ser profundamente guiados por el Espíritu para ser verdaderamente efectivos. El Espíritu Santo conoce con exactitud el sufrimiento de alguien y la solución. Su ayuda no está limitada a una u otra perspectiva; Él puede traer entereza a nuestra alma en sufrimiento y, al mismo tiempo, perfeccionarnos.

La consejería cristiana es incompleta y, muchas veces, usa una misma solución para cada problema. Como ejemplo: una amiga asistía a la iglesia donde el paradigma de consejería se enfocaba principalmente en idolatría y adoración. Cuando ella continuó sin poder tener hijos, fue cayendo en una depresión profunda por su incapacidad para tener un bebé. En lugar de dirigirla hacia la sanidad de su disfuncionalidad, su consejero sugería que quizá tener un bebé era un ídolo y que ella debía arrepentirse. Al igual que la clase de matemáticas, la respuesta correcta a un problema no es la respuesta correcta para cada problema.

> No todo problema que enfrenta es un clavo, ni cada solución requiere un martillo.

¿Cómo entiende esta manera de ver el cambio? ¿Puede ver donde pudo haberse quedado atrapado en un mismo mecanismo para provocar transformación en usted mismo, en su familia o en su iglesia? ¿Cómo podría una perspectiva más incluyente alterar su caminar con el Señor o la manera en que enseña o aconseja a los demás?

Todo pastor y líder cristiano honesto llega al punto donde se da cuenta de que las mismas verdades, enseñadas en la misma forma, traen los mismos resultados incompletos. ¿Quién, en el mundo que lo rodea, podría aportar una perspectiva bíblica nueva a sus luchas como seguidor de Jesús? Hay una buena posibilidad que usted esté en una de las varias divisiones teológicas, metodológicas y relacionales, y la ayuda que necesita está justo del otro lado. Pídales, a los que no son parte de su familia, una sabiduría práctica, sacada de un ministerio real. Invítelos a contarle sus historias para que haya un cambio verdadero. Deje que ellos saquen entusiastamente de su énfasis bíblico y que desafíe al suyo. ¿Por qué? Porque no todo problema que enfrenta es un clavo, ni cada solución requiere un martillo.

Cuando usted sufre, es esencial que le pida al Espíritu Santo revelación sobre por qué está sufriendo y cómo puede crecer. Su sufrimiento es muy caro que usted no debería desperdiciarlo en el pecado, la estupidez o la rebeldía. En vez de eso, le convendría más invertirlo en reflexionar sobre el sufrimiento de Jesús por usted, así podrá volverse más como Él.

Admito que, a veces, he deseado que la situación fuera distinta. Deseo que pudiéramos comprar carácter por la internet, ingresar la información de nuestra tarjeta de crédito y que nos lo envíen a casa junto el resto de nuestro pedido en línea. Pero la vida cristiana no funciona así. Cuando Jesús dice que tomemos nuestra cruz y lo sigamos, nos está invitando a *sufrir con* nuestro Salvador para que podamos *llegar a parecernos* a nuestro Salvador. Muchas veces, la sanidad de nuestro sufrimiento empieza por perdonar a quienes nos lastiman, lo cual analizaremos en el siguiente capítulo.

Capítulo 11

LOS PERDONADOS
DEBERÍAN PERDONAR

PAGAR NUESTRAS DEUDAS nunca es agradable. La rutina de sentarse y revisar las facturas y pagar deudas puede ser muy deprimente. Cada mes se nos recuerda con precisión cuánta deuda hemos acumulado y cuánto debemos.

¿Cuánto debe en total actualmente?

Ahora, imagine cuán desesperante sería si Dios también le enviara una factura mensual enumerando cada deuda espiritual que usted ha acumulado por medio del pecado en el mes anterior. Imagine que su deuda espiritual se ha estado acumulando durante toda su vida, y usted nunca ha pagado siquiera una parte. Haga un retrato mental de cómo sería si cada mes, por el resto de su vida, llegara una factura tras otra, mostrando su deuda acumulada en devastador detalle. ¿Puede imaginar la cuenta masiva que tendría que ajustar cuando se pare ante Dios para la sentencia a la prisión infernal de deudores?

Pecamos por comisión cuando hacemos cosas malas que no debemos hacer. Pecamos por omisión cuando no hacemos las cosas buenas que sí debemos hacer. Pecamos en nuestros pensamientos que solo Dios ve. Pecamos con nuestras palabras y los hechos que Dios y los demás escuchan y ven. También pecamos en nuestros motivos que solo Dios conoce cuando, a veces, somos tan pecadores que hacemos lo que aparenta ser bueno con egoísmo y motivos impuros.

Jesús perdona nuestra deuda

Ahora, sopese la deuda colectiva que toda la humanidad tiene con Dios.

Usted sabe cómo es ser usted y todo el drama, decepción y devastación que tiene que soportar. Sin embargo, ¿se ha sentado y pensado sobre cómo sería ser Dios? Tendemos solamente a ver cosas, incluyendo la historia de la Biblia, desde nuestra perspectiva. Sin embargo, considere cómo es la vida para Dios.

Mientras la población total de la tierra permanecía en la enorme cantidad de dos personas, Satanás, el demonio líder, los reclutó para su plan de asalto de gloria para robarle a Dios. Ellos firmaron el pacto, sellaron el trato y pusieron a toda la humanidad en asociación con el dragón, desatando el infierno en un planeta que se suponía que fuera un paraíso.

Poco después, nuestros primeros padres pecaron; Dios los buscó misericordiosamente y prometió que Jesús vendría como el matadragones. Con el tiempo, Jesús llegó y la gente pecó continuamente en su contra. Ellos lo persiguieron, mintieron sobre Él, lo hostigaron, lo calumniaron públicamente, lo amenazaron, lo arrestaron, lo golpearon, lo azotaron y lo crucificaron.

Colgando en la cruz, con su mamá abajo, llorando, ¿qué diría Él? ¿Contaría su lado de la historia para defender su reputación? ¿Saldrían de su boca hechos verdaderos, pero dañinos, sobre los pecados secretos de sus enemigos? ¿Maldeciría a Dios el Padre por su destino horrible?

¿Qué haría Él? ¿Llamaría al ejército de ángeles para que fuera a destruir a sus enemigos? ¿Haría que cayera fuego del cielo como Elías? ¿El que con su voz creó todo, pronunciaría maldiciones sobre sus enemigos y sus descendientes?

Jesús no hizo nada. Él absorbió todo el dolor, la vergüenza y la ira.

Esforzándose para respirar mientras sangre, sudor y lágrimas caían sobre su cuerpo muerto, Jesús abrió su boca. Lucas 23:34 registra las primeras siete declaraciones pronunciadas por Jesús desde la cruz, "—Padre —dijo Jesús—, perdónalos, porque no saben lo que hacen" (NVI). En vez de atacar a sus enemigos, Jesús intercedió por ellos.

¿Perdonar? ¿A ellos? ¿Los que pensaron que estaban haciendo la voluntad de Dios al matar a Dios? ¿Los que ni siquiera se disculparon ni vieron que eran pecadores?

¿Cómo respondieron ellos? La Biblia dice que tomaron una esponja con vinagre, la pusieron en una vara y se la pusieron en la boca a Jesús. No había entendido realmente esto hasta que visité los antiguos lugares donde se inició el cristianismo en Israel, Grecia y Turquía. Allí, un profesor de arqueología me enseñó que Roma les daba a los soldados una esponja para usarla como papel higiénico y limpiarse después de ir al baño mientras estaban patrullando o en el campo de batalla. Ellos la colocaban en una vara para restregar sus heces y luego la sumergían en vinagre para evitar infecciones. Quizá fue precisamente este tipo de esponja la que metieron en la boca de Jesús para evitar que siguiera hablando de perdón desde la cruz.

Posiblemente con el sabor de la deposición más reciente de un soldado en sus labios, Jesús tuvo entonces más que decir antes de morir para que nosotros pudiéramos ser perdonados en respuesta a su oración. Durante tres horas, la oscuridad ocultó al sol, de la misma forma en que la oscuridad del pecado de la humanidad cubrió al Hijo. Con fuerte voz de triunfo, Jesús declaró: "Consumado es" (Juan 19:30).

Perdonado.

Si usted pertenece a Jesús o le da su pecado y se entrega a Él ahora mismo, Dios lo perdona. Está perdonado de todo lo que haya hecho o dejado de hacer: pasado, presente y futuro.

Jesús murió para que usted y yo pudiéramos ser perdonados. Para asegurarse de que Él estaba muerto, ellos tomaron una lanza y la ensartaron en el costado de Jesús. Esta perforó su corazón. Rompimos el corazón de Dios. Usted rompió el corazón de Dios, y de este brotó agua, como en los días de Noé, como el juicio que vino sobre los pecadores, ahora vino sobre su Salvador.

Los cristianos llaman a esto buenas noticias y lo celebran cada

Viernes Santo. ¿Alguna vez se ha preguntado cómo el peor trato de la persona más maravillosa puede ser buenas noticias? Son buenas noticias que Jesús muriera en nuestro lugar por nuestros pecados y como nuestro substituto. Romanos 5:8 dice: "Pero Dios demuestra su amor por nosotros en esto: en que cuando todavía éramos pecadores, Cristo murió por nosotros" (NVI).

Jesús murió por usted. Jesús murió por su perdón. Al dar su vida, Jesús estaba perdonando su pecado y dándole la capacidad para perdonar a los demás. Efesios 4:30–32 es una magnífica sección de la Escritura. La gran idea es que "Dios los perdonó a ustedes en Cristo". Debido a que Dios lo perdona, ustedes pueden seguir el ejemplo de Dios "perdonándose mutuamente".

¿Cómo es esto posible? ¿Cómo lo perdonó Jesús a usted? ¿Cómo puede usted perdonar a otros? El perdón se hizo posible únicamente por el "Espíritu Santo de Dios". El Espíritu Santo facultó a Jesús para morir en su lugar por el perdón de sus pecados. El Espíritu Santo entonces le trae a usted el perdón que Jesús compró y lo capacita para perdonar a otros como Él capacitó a Jesús.

Por consiguiente, cuando nos negamos a perdonar a alguien, nosotros "entristecemos al Espíritu Santo de Dios". Cuando no perdonamos, el Espíritu está triste. Él siempre está listo para facultarnos para experimentar el perdón comprado por Jesús y compartirlo con los demás. Rechazar su ayuda es romper su corazón. Si Jesús hubiera entristecido al Espíritu Santo en vez de someterse a Él, nadie sería perdonado.

PERDONAR, LO QUE ES Y LO QUE NO ES

Dicho sencillamente, perdonar es la cancelación de una deuda.

Acumulamos deuda al (1) tomar lo que no es nuestro o (2) no pagar lo que le debemos a alguien más. Perdonar es lo que sucede cuando debemos, pero no se nos requiere pagar porque alguien más ha decidido pagar por nosotros. En esta forma, perdonar es un regalo de gracia: recibir algo que no merecemos ni ganamos de alguna manera.

Jesús tenía esto en mente cuando nos enseñó cómo orar en Mateo 6:9–13 (énfasis añadido):

> "Oraréis así: "Padre nuestro que estás en los cielos, santificado sea tu nombre…El pan nuestro de cada día, dánoslo hoy. *Y perdónanos nuestras deudas, como también nosotros perdonamos a nuestros deudores.* Y no nos metas en tentación, mas líbranos del mal".

La deuda que tenemos que pedirle a Dios que perdone es la deuda del pecado. Jesús usa la palabra *pecado* de manera intercambiable por *deuda* cuando enseña lo mismo en Lucas 11:4, diciendo: "Y perdónanos nuestros pecados, así como nosotros perdonamos a los que pecan contra nosotros" (NTV). Los escritores de la Biblia ligaron los conceptos de pecado y deuda tan cercanamente que las versiones antiguas de la Biblia, como la Vulgata, habla de "dimitir los pecados", mientras que las versiones más recientes de la Biblia usando los mismos textos originales en griego dicen: "perdón de pecados".

Colosenses 2:13–14 dice que Dios ha "perdonado todos los delitos, habiendo cancelado el documento de deuda que consistía en decretos contra nosotros y que nos era adverso, y lo ha quitado de en medio, clavándolo en la cruz". Teníamos una deuda con Dios, pero Jesús la canceló por medio de su pago en la cruz. Este concepto forma el fundamento del cristianismo: Dios perdona la deuda del pecador a través del pago de Jesucristo en la cruz.

El pago del pecado es muerte. Dios le dijo esto a nuestros primeros padres, Adán y Eva, antes del pecado original, advirtiéndoselos con afecto paternal en Génesis 2:17, "ciertamente morirás". Pablo enfatiza claramente que la deuda del pecado es muerte, al decir en Romanos 6:23: "la paga del pecado es muerte". Tenemos que pagar esta deuda en una de dos formas: plan A o plan B.

En el plan A, los pecadores que no acuden a Jesucristo para recibir perdón pagan en esta vida al vivir separados de Dios y almacenan ira contra sí mismos. Luego, mueren para experimentar los tormentos eternos del infierno estando conscientes, sin oportunidad de recibir perdón al otro lado de la tumba.

En el plan B, los pecadores que sí acuden a Jesucristo para recibir perdón reciben la cancelación de la deuda que tienen con Dios por el pago de Jesús cuando tomó nuestro lugar en la cruz. Muchas veces, la Biblia se refiere a este pago como "rescate". Jesús lo explicó al decir en Marcos 10:45 que Él vino "para dar su vida en rescate por muchos".

Ahora imagine que un mes recibe su factura de Dios, la abre y encuentra el siguiente mensaje: "Su deuda espiritual total, pasada y futura, está pagada por completo y por la presente, ¡cancelada por Jesucristo!". Este perdón masivo sucedió el día en que se convirtió en cristiano y el pago de Jesús en la cruz fue acreditado a su cuenta. Este regalo misericordioso quita toda carga, cambia su vida, restaura el corazón y da vida. La respuesta correcta se encuentra en Romanos 4:7–8, que dice: "Oh, qué alegría para aquellos a quienes se les perdona la desobediencia, a quienes se les cubren los pecados. Sí, qué alegría para aquellos a quienes el Señor les borró el pecado de su cuenta" (NTV). Si usted disfruta de la cancelación de esta deuda, la pregunta ahora es si hará lo mismo por los demás.

¿QUIÉN LE DEBE?

- ¿Quién está en deuda con usted?
- ¿Qué se llevaron?
- ¿Qué le deben?

¿Es un padre que lo abandonó cuando era niño y le debe una vida de recuerdos, desde vacaciones de verano hasta visitas a la escuela? ¿Es un brabucón que pisoteó su dignidad y le debe una disculpa? ¿Es un socio que lo estafó y le debe financieramente? ¿Es un pervertido que le robó su pureza? ¿Es un novio o novia que le partió el corazón y le debe el final feliz de un cuento de hadas? ¿Es un cónyuge que traicionó su confianza cometiendo adulterio y le debe fidelidad?

De la misma forma en que la mayoría de las personas tienen varias cuentas bancarias, nosotros tenemos varias cuentas en nuestra vida, tales como emocionales, espirituales, financieras, relacionales y mentales. Para utilizar la enseñanza de Jesús, cuando alguien peca, hace un retiro de una de estas cuentas. Algunas personas hacen retiros cuantiosos y otras, toman unas cuantas monedas. Algunos hacen retiros de una cuenta y otros, de varias cuentas. En una relación, hay depósitos y retiros, y algunas personas ponen la relación en bancarrota cuando toman más de lo que dan.

¿Quién ha hecho el retiro más cuantioso de sus cuentas?

No hablo de retiros pequeños, ocasionales. En un mundo imperfecto, lleno de gente imperfecta, todos hacemos retiros a cada minuto, siempre. Decimos cosas que no deberíamos, nos ocupamos con nuestra propia vida y pasamos por alto las necesidades de quienes nos rodean, nos agotamos y no somos tan considerados como deberíamos; usted sabe cómo es esto. A ninguno de nosotros nos agrada ese familiar, amigo o compañero de trabajo que se comporta como auditor moral temperamental siguiéndonos por todas partes y llevando un listado de cada cosita que hacemos mal. Colosenses 3:13, dice: "Sean comprensivos con las faltas de los demás" (NTV).

Este capítulo no está hablando de las cosas pequeñas que necesita superar, dejar atrás, pasar por algo y dejar de ser quisquilloso al respecto. Estoy hablando de cosas grandes, aquellas cosas que usted desearía superar, pero no puede porque el retiro fue tan grande que perdonar la deuda parece simplemente malo. Podría ser un retiro significativo o retiros pequeños repetitivos. Hablo de algo que se hizo y que sencillamente era innecesario; no debió suceder. Degradamos el perdón cuando lo usamos con mucha frecuencia, aplicándolo a toda y cada molestia o inconveniencia. Como puntadas en una herida abierta que se infectará si no se cierra, debemos reservar el perdón para las verdaderas heridas; aquellas que nos hirieron profundamente, porque fueron muy personales y dolorosas, causando tanto daño que no podemos movernos sin haber sanado.

Sabiendo que este concepto es tan sobrenatural que muchos

podrían pasarlo por alto, ignorarlo o torcerlo, Pablo continua lo que su Señor inició. Colosenses 3:13 dice: "Perdonen a todo el que los ofenda. Recuerden que el Señor los perdonó a ustedes, así que ustedes deben perdonar a otros" (NTV). Efesios 4:32 dice: "sean amables unos con otros, sean de buen corazón, y perdónense unos a otros, tal como Dios los ha perdonado a ustedes por medio de Cristo" (NTV).

Se espera que las personas perdonadas sean perdonadoras. Ese es el gran avance bíblico. Es hipocresía ser perdonado y no ser perdonador.

- ¿Está perdonado?

- ¿Es perdonador?

- ¿Hay alguien a quien no ha perdonado completamente?

¿De quién es el rostro que le viene a la mente? Si hubiera una persona a la que pudiera enviar al infierno en este momento, ¿quién sería? Si alguien le viene a la memoria, no ha perdonado a esa persona.

Entienda el perdón

Aquí hay algunas cosas importantes para entender sobre el perdón.

El perdón es frecuentemente un asunto privado entre usted y Dios.

Muchas veces, la otra persona ni siquiera tiene que saberlo. Si usted ha alimentado un rencor en contra de alguien durante un largo tiempo y pretendido que lo ha perdonado cuando en realidad no, o si la persona no es de confiar y usted no quiere invitarlo a que vuelva a entrar en su vida, entonces, esa persona ni siquiera necesita saber del perdón que usted le otorga. A veces, la persona a la que debe perdonar está muerta, en cuyo caso no hay manera terrenal para que se entere de su perdón.

El perdón es tanto un suceso de una sola vez como un proceso continuo.

Perdonamos a alguien en un momento, pero el perdón completo a veces requiere tiempo para procesar el dolor. Es más, a veces, aprendemos más detalles y el asunto vuelve a surgir, o la persona a la que perdonamos vuelve a cometer la ofensa. En Mateo 18:21–22 Pedro le pregunta a Jesús cuántas veces debemos perdonar a alguien. La gente aparentemente debatía esto en aquel día, había gente muy liberal y amorosa diciendo que hasta siete veces era el máximo que se esperaba que alguien perdonara a otra persona. Jesús dijo que el límite era setenta veces siete; en otras palabras, no había límite.

El perdón es lo opuesto a la venganza.

Romanos 12:19 dice: "Amados, nunca os venguéis vosotros mismos, sino dad lugar a la ira de Dios, porque escrito está: 'Mia es la venganza, yo pagaré, dice el Señor'" (LBLA). Buscar la venganza es bajarse al nivel de su ofensor, y alejarse de Dios, para castigarlo haciéndole pagar de alguna manera. Perdonar es subir, apartarse de su ofensor y acercarse más a Dios y permitir que Él maneje el asunto.

La mentira de la venganza es que justifica un mal. El pasado no puede cambiarse, y todo lo que hace la venganza es intensificar, de manera que infligimos y padecemos más y más daño. Por eso, un proverbio chino dice: "El que busca venganza debe excavar dos tumbas". El perdón es lo opuesto a la negación, amargura, venganza, alimentar un rencor y continuar viéndose a sí mismo como una víctima herida y dolida sin esperanza futura debido al dolor del pasado.

El perdón no requiere una disculpa.

A veces, al delincuente no le importa lo que hizo. A veces, dos personas nunca están de acuerdo. A veces, una persona es simplemente mala. A veces, pasarán años y años antes de que la persona vuelva en sí y se arrepienta de su daño. Perdonar a alguien antes de que ofrezca una disculpa permite que usted sane y siga adelante en su vida en vez de permanecer atada en la prisión dolorosa que crea el aferrarse a su dolor.

El perdón no es permitir la insensatez, la irresponsabilidad ni el pecado.

Usted puede perdonar a alguien y, al mismo tiempo, dejar de darle dinero, de ser su conductor designado y de palear el desorden alrededor del circo de la vida de la persona.

El perdón no es confianza ni reconciliación.

El perdón es gratuito, pero la confianza se gana. El perdón es para toda la gente; la confianza es para la gente fiel. Solo porque perdona a alguien no significa que tenga que confiar o tener una relación cercana con esa persona ahora o en el futuro. Puede hacerlo si lo desea, pero no es obligatorio. Es más, si se está cometiendo un crimen, puede perdonar y llamar a la policía para que ayuden a evitar que se haga daño a otros. Esto difiere de la venganza porque el motivo del corazón no es dañar a su ofensor, sino evitar que haga daño a otros.

> El perdón es gratuito, pero la confianza se gana. El perdón es para toda la gente; la confianza es para la gente fiel.

Su perdón no es el perdón de Dios.

Cuando usted perdona, elije no sentarse en la silla del juicio y convocar a la corte sobre la vida de alguien. En vez de eso, envía el caso a la corte de Dios y deja que Él trate imparcial y justamente con todos y todo, y acepta cualquiera que sea el resultado que Dios elija para ambos. Puede perdonar a alguien sin importar si Dios lo manda al cielo o al infierno.

El perdón no es ocultar un crimen.

Una mentira que se miente en su mente es que, si perdona a alguien, está participando en una injusticia al permitirle a esa persona que se salga con la suya. Necesita recordarse continuamente esta verdad: cuando perdona a alguien, no le está permitiendo que se libre del castigo, sino que está permitiéndose a sí mismo librarse de todo. Cuando perdona, abandona el campo de batalla donde sucede todo lo sangriento. Deja de enfocarse en ganar y empieza a concentrar su atención en vivir. Perdonando es como empieza a sanar.

OCHO CATEGORÍAS DE PERSONAS RENCOROSAS

Después de unas décadas como pastor principal, debo decir que el problema número uno con el que la gente lucha es la falta de perdón.

¿Es usted una persona rencorosa? ¿Le importa alguien atrapado en el foso del rencor? Hay ocho tipos de personas rencorosas que he conocido a lo largo de los años. (Estos son una mezcla de personas que he encontrado en el ministerio, no descripciones de individuos específicos).

> Cuando perdona a alguien, no le está permitiendo que se libre del castigo, sino que está permitiéndose a sí mismo ser libre de todo.

1. La arqueóloga

Esta persona siempre escarba el pasado. Escarbará cualquier cosa que haya hecho recientemente y la lanzará como una roca sobre el montón de rocas que ha estado escarbando y reuniendo en una pila de rocas. Ella es como la esposa que pelea con su esposo durante toda la semana del crucero que era para celebrar sus cincuenta años de casados, y cuando le pregunta cuál es el problema, ella empieza a hablar de cosas que el esposo hizo mal durante su noche de bodas y continúa haciendo una lista de cada una de las cosas malas, dichas o hechas, en el curso de los cincuenta años, ¡en orden cronológico!

2. El acosador

Es alguien tan amargado y obsesionado que tiene una fijación en sus ofensores. Él controla a sus ofensores por medio de amigos mutuos, conduce por sus casas, aparece de sorpresa por sus lugares de trabajo, hurga en su información pública y los sigue en las redes sociales mirando sus vidas de cerca. Cuando ellos sufren, él se siente feliz. Cuando ve una fotografía de ellos felices, él sufre.

3. La narradora de historias trágicas

Esta persona ha contado su historia de dolor tantas veces que puede recitarla de memoria en cualquier momento y a cualquier persona. La historia de su vida es principalmente sobre el dolor de su pasado y cómo eso le ha robado su fe por el futuro. La narradora de historias trágicas puede ser ligeramente una exhibicionista emocional. Ella muestra rápidamente las partes más impactantes y privadas de su vida a gente que casi no conoce. Este garantiza que quien escucha su triste historia nunca la corrige por su comportamiento dañino, pues no quiere ser parte del siguiente capítulo de su saga permanente. Con el tiempo, su historia trágica crece cada vez más. Ella adorna cosas que sucedieron y añade otras que no. Empieza asignando libremente motivos a la persona o personas involucradas, y llena los espacios de su historia con especulaciones propias.

Un mejor uso para su energía podría ser involucrar a Dios en la historia de su vida y descubrir la manera en que Él usa algo terrible para darle una historia de transformación

4. El planificador negativo del aniversario fúnebre

Es alguien que no celebra en vez de celebrar. Él lleva un registro de los peores días de su vida y planea el equivalente a un funeral del corazón cada año. Es como el hombre que tiene unas fechas en su calendario digital y cuando sucede algo malo, él añade otra fecha. Tiene la fecha de cuando su novia terminó con él, la de cuando murió su papá, la de cuando su jefe lo despidió, la fecha cuando descubrió el adulterio de su esposa, y otras fechas así, marcadas en su calendario. Cuando estas fechas se aproximan, él le cuenta a quienes le rodean cuán horrible va a ser ese día y entra en una depresión en preparación del aniversario. ¿Por qué? Él no ha sanado de nada y solamente construye su vida alrededor de su amargura. Cuando los consejeros le dicen que necesita borrar esos aniversarios negativos de su calendario, perdonar, sanar y tener nuevos recuerdos, él deja de reunirse con ellos. ¡Tristemente, es posible que él marque la fecha de esa última sesión en su calendario de aniversarios negativos!

5. La gotera emocional

Esta persona está tan herida que lleva siempre su dolor a flor de piel. Cuando se cae una taza, lo que hay adentro se derrama. Lo mismo pasa con la gente. Lo que está dentro se derrama siempre que nos sacuden. La gotera emocional parece estar bien hasta que algo sucede y el dolor del pasado empieza a gotear. Ella se vuelve rápidamente muy emocional porque no está sana.

6. El guerrero digital herido

Es alguien que se pasa el tiempo patrullando y provocando por la internet a quienes lo han amargado, dejando comentarios negativos, incitando incendios digitales, encontrando razones para pelear y creando alianzas nefastas con otros pirómanos digitales que gustan de iniciar problemas. La tecnología permite un poco del efecto enjambre. El aguijón de una abeja no puede realmente lastimar a una persona, pero unos cuantos cientos es un problema. El guerrero digital herido lo sabe, y procura reunir un enjambre que lo acompañe a volar de un sitio a otro y de plataforma en plataforma, picando y matando. Debido a que ellos están heridos, hieren. Debido a que están dañados, dañan. Debido a que están atormentados, atormentan.

7. La poneapodos ofensiva

Esta persona ya no ve a la persona contra la que está amargada como un ser humano merecedor de alguna dignidad. Tendemos a ponerle apodos a la gente que más amamos; y a la gente que más odiamos. Cuando la poneapodos ofensiva decide que ya no considera a alguien con la dignidad que se merecen por el hecho de ser un semejante, portador de la imagen de Dios, los vuelve un personaje caricaturesco. Adorna sus faltas y pasa por alto cualquier cosa posiblemente buena o rescatable de sus ofensores. Él los ve como perdidos, los congela en la versión de sus peores momentos y los marca para siempre con una etiqueta vergonzosa.

8. El creyente amargado

Es alguien que culpa a Dios por su dolor. Si alguien tiene una mala percepción de la soberanía de Dios y cree equivocadamente que todo sucede exactamente como Dios lo quiere, esto es fácil en cierto modo. Una mujer que fue violada sexualmente estuvo amargada con Dios por muchos años. Cuando le pregunté por qué, ella dijo "¡porque Dios me violó!". Yo solo empecé a llorar. Soy padre de dos hermosas niñas. Sé que el corazón de Padre de Dios no conspira ni planea que sus hijas sean deshonradas. Dios es bueno, no malo. Dios no peca, la gente sí.

En el libro de Rut, conocemos a Noemí cuyo nombre significa dulce o agradable. Su insensato esposo mudó a su familia a una nación impía, sus hijos se casaron con mujeres impías, y luego, todos los hombres en la familia murieron. Ella dice en Rut 1:20, "No me llaméis Noemí, sino llamadme Mara; porque en grande amargura me ha puesto el Todopoderoso". Básicamente, ella culpa a Dios por amargarla y le pide a la gente que acepte el cambio de su nombre a Mara, que significa amarga.

El creyente amargado ha aceptado equivocadamente su amargura como su identidad y ve a Dios como el pecador que necesita pedirle perdón. Afortunadamente, Noemí regresó al pueblo y a la presencia de Dios donde, con el tiempo, un yerno llamado Booz la redimió y Dios la bendijo y sanó sus heridas. Las escenas finales de su vida la incluyen cargando a su nieto, de quien descendió Jesucristo.

El Espíritu de perdón

Ya que el pecado es tan pernicioso y penetrante, no podemos simplemente cambiar lo que hacemos. Mas bien, necesitamos que Dios nos cambie a nosotros. Los escritores del Nuevo Testamento comunicaron, usando palabras como *nueva creación, nuevo hombre,* y *nacido de nuevo,* para explicar el cambio profundo que sucede cuando alguien se convierte en cristiano. Cuando Dios el Espíritu Santo entra en una persona y empieza a transformarla para que sea más como Jesús de adentro hacia afuera, la gloria de Dios brilla más y más. La persona experimenta un cambio continuo, profundo, permanente, en sus pensamientos, sentimientos, decisiones, acciones, forma de hablar y anhelos más profundos.

Como una nueva persona con una identidad basada en una nueva naturaleza, usted también tiene un poder nuevo. Ya no se queda confiando solamente en sus capacidades, ahora, tiene a Dios el Espíritu Santo habitando en usted y dándole poder.

Mi familia y yo vivimos en el desierto. Cuando caminamos por las montañas, las colinas que las rodean primero son secas, estériles y sin árboles o vegetación. Sin embargo, todo es diferente— vivo, vibrante, creciente y floreciente—cerca de las corrientes que fluyen en el desierto. En el invierno, el nacimiento del agua está lejano, en lo alto de las montañas

> Ya que el pecado es tan pernicioso y penetrante, no podemos simplemente cambiar lo que hacemos. Mas bien, necesitamos que Dios nos cambie a nosotros.

donde la nieve la acumula durante todo el invierno. A medida que la nieve se derrite en la primavera, el agua fluye trayendo vida consigo.

El perdón es como ese río. No empieza en nosotros; más bien empieza en lo alto, en el corazón de Dios. Nuestro Padre celestial, quien nos perdona desde su corazón, coloca su Espíritu en nuestro corazón para que su perdón no simplemente fluya hacia abajo *hacia nosotros*, sino también *a través* de nosotros, llevando vida a otros en el recorrido de nuestra vida.

Pablo lo explica cuando dice en Efesios 4:23–24: "Dejen que el Espíritu les renueve los pensamientos y las actitudes. Pónganse la nueva naturaleza, creada para ser a la semejanza de Dios, quien es verdaderamente justo y santo" (NTV). Como una nueva criatura con una naturaleza nueva que Dios ve como santa, usted puede tener pensamientos nuevos sobre las personas y las actitudes hacia ellas si fluye con el Espíritu en vez de pelear contra el Espíritu. Él continúa diciendo: "No entristezcan al Espíritu Santo de Dios con la forma en que viven…Líbrense de toda amargura, furia, enojo, palabras ásperas, calumnias y toda clase de mala conducta. Por el contrario, sean amables unos con otros, sean de buen corazón, y perdónense unos a otros, tal como Dios los ha perdonado a ustedes por medio de Cristo" (versículos 30–32, NTV).

Como Dios lo expone, el perdón fluye de Él hacia nosotros por el Espíritu. Es una unción que no está diseñada para que cualquiera de nosotros la disfrute solo, sino que se comparta con los demás. Dios el Espíritu se entristece cuando el perdón fluye de Dios hacia nosotros, y en vez de permitirle que fluya libremente hacia los demás, nosotros detenemos la corriente de la unción misericordiosa de Dios a través de la falta de perdón con resentimiento. Cuando somos una persona misericordiosa, que elige fluir con el Espíritu de Dios y llevar un estilo de vida de perdón a los demás, nos exponemos a la experiencia de la llenura de lo que Dios puede lograr tanto en nosotros como a través nuestro. Jesús habló de esto en Juan 7:38–39, "¡Todo el que crea en mí puede venir y beber! Pues las Escrituras declaran: 'De su corazón, brotarán ríos de agua viva' (NTV). (Con la expresión 'agua viva', se refería al Espíritu)".

Mientras lee esto, a usted podría estarle costando perdonar una situación particularmente horrenda. Como pastor principal durante más de veinte años, lidiando muchas veces con casos brutales tales como abuso sexual, permítame decir que lo lamento mucho y que el poder sanador de Dios es muy real.

La gracia de Dios necesita fluir más poderosamente para que la corriente del perdón la limpie y arrastre lejos de la víctima del mal verdadero. Por eso, mientras mayor sea la ofensa, mayor será la medida de la unción del Espíritu que Dios da. La Biblia explica que donde el pecado aumenta, la gracia abunda aún más (Romanos 5:20). Por tanto, el mal y las acciones viles de los demás, que de otra manera lo destruirían, en realidad desatan más del poder de la unción del Espíritu Santo en su vida si usted fluye con Dios en la corriente del perdón. De esa forma, Él lava su alma, el mal y la mugre impuesta sobre usted. En el siguiente capítulo, analizaremos siete razones para perdonar.

Capítulo 12

SIETE RAZONES PARA PERDONAR

P AGUÉ POR ESTE capítulo con lágrimas.

En la etapa más difícil de nuestra vida, yo me encontraba en un lugar brutal y disfuncional sintiendo como si me habían disparado al alma. Aunque soy pastor, era domingo y había olvidado qué día era. Entré a la sala vistiendo ropa de dormir. Allí, nuestros cinco hijos devotos esperaban a su papá el pastor porque estaban determinados a reunirse como la pequeña iglesia en casa. Así que, con nuestra ropa de dormir puesta, nos reunimos en la sala para tener un culto como familia.

Afortunadamente, nuestros hijos se parecen a su mamá. Grace es una hija de pastor, fuerte que nunca falta a la iglesia. Si el fin del mundo sucediera en un domingo, encontrará a mi mejor amiga en la iglesia, tomando notas, cantando himnos, ofreciendo oración y amando a la gente. Ella es mucho más hermosa y firme que cualquier persona que yo conozco. Sus bebés iban a asistir a la iglesia en casa como su mamá.

Ese día se sintió como un funeral, todos tratábamos de tragarnos las lágrimas. Grace se sentó frente a mí, y yo trataba de no hacer contacto visual con ella porque temía que no me iba a controlar. Mi pequeño rebaño de caritas adorables me miraba, esperando que abriera mi boca, enseñara la Biblia y dijera algo útil.

Sostuve mi Biblia, incliné mi cabeza para orar y traté de ganar compostura. Luego, levanté la cabeza y vi los rostros devastados de mi familia, y no pude más. No pude retener mis lágrimas. Ellos tampoco. Con voz quebrada y el rostro inclinado, invité al Espíritu Santo a darme palabras de amor y a guiar a mi familia.

Sentí que este momento era una encrucijada, y lo que dijera nos pondría en un camino hacia la vida o hacia la muerte. No quería mostrar mi ira hacia Dios ya que eso habría alimentado un espíritu de rebeldía en nuestros hijos. No quería criar hijos que crecieran odiando la iglesia o dudando de la bondad de Dios. No quería que mi dolor se notara ni quería ventilarlo sobre mis hijos y provocar amargura contra otros. No quería ignorar su dolor y confusión haciéndolos a un lado. No quería que cargaran rencor. No quería que ninguno de nuestros hijos tuviera resentimiento hacia mí y causar una brecha peligrosa. Y no quería pretender que, en nuestra etapa más difícil, yo era el Jesús inmaculado y todos los demás unos demonios. Así que impartí lo que el Espíritu Santo trajo a mi mente en ese momento. Mientras llorábamos juntos, le enseñé a mi pequeño rebaño sobre el perdón.

Hebreos dice que solo una raíz de amargura en el corazón humano es suficiente para derribar todo un vergel, y yo quería asegurarme de que, con la pala del perdón, nosotros íbamos a arrancar esa raíz de nuestro vergel familiar. El resto de este capítulo es un resumen y expansión de lo que compartí, de improviso y desde mi corazón, con mi familia sobre el perdón. Lo compartí con ellos porque los amo. Lo comparto con usted porque le amo. Estoy contento de reportarles que les ayudó a ellos, y oro para que le ayude a usted también.

1. El perdón glorifica a Dios.

Puede percibir mucho de alguien por la forma en que se presenta. ¿Cómo se presenta a sí mismo? ¿Qué es lo primero que quiere que alguien sepa en su primer encuentro?

¿Sabía que Dios repite un guion breve una y otra vez cuando se presenta a Sí mismo? Dios nos da su introducción en los siguientes versículos, y estas descripciones de Dios se citan más veces que cualquier otra a lo largo de la Biblia.

El Señor pasó por delante de Moisés proclamando: ¡Yahveh! ¡El Señor! ¡El Dios de compasión y misericordia! Soy lento para enojarme y estoy lleno de amor inagotable y fidelidad. Yo derramo amor inagotable a mil generaciones, y perdono la iniquidad, la rebelión y el pecado. Pero no absuelvo al culpable".

—ÉXODO 34:6-7, NTV

El Dios de la Biblia quiere ser conocido por su misericordia compasiva, contención paciente y fidelidad amorosa que lo persuaden a perdonar pecadores rebeldes y culpables. Estas palabras empiezan su presentación ante los atribulados, maltratados y quebrantados que necesitan la esperanza, ayuda y sanidad del perdón. Sin embargo, así como no todos a quienes les extendemos una mano de amistad reaccionarán con bondad, Dios nos recuerda que Él también tiene personas que lo rechazan a Él y a su perdón. Ellos solo reciben justicia.

En varias religiones panteístas y panenteístas, así como también el budismo, no hay un Dios personal que ofrezca relación y perdón. En las religiones del este, como el hinduismo, no hay perdón de pecados por parte de un Dios amoroso, sino más bien ciclos de reencarnación hasta que pagamos nuestra deuda de karma. Según el judaísmo del Antiguo Testamento, no hay perdón de pecados excepto los sacrificios ofrecidos por el sacerdote que se hacen a favor del pecador en el templo; lo que no ha existido desde la destrucción del templo y el sistema sacrificial en el 70 d. C. En el islam, pecador debe merecer el perdón, en vez de que sea ofrecido por pura gracia porque no hay concepto de un Padre Dios amoroso o de un Hijo que expíe los pecados.

El perdón es crucial, esencial e irremplazable para toda la fe cristiana. A menos que Dios nos perdone a través de Jesucristo, no tenemos una relación gozosa con Dios en esta vida o en la eternidad. A menos que seamos perdonados por otros y perdonemos a aquellos con quienes compartimos el recorrido de esta vida, no tenemos relaciones alegres con otros. No es exagerar el decir que sin el perdón el cristianismo no puede y no podrá existir. Por esta razón, el antiguo

Credo de los Apóstoles nos enseña a confesar: "Yo creo en...el perdón de pecados".[1]

¿Por qué debería perdonar a alguien que le debe? ¿Qué razón posible podría haber para tal respuesta inmerecida, inusual e inesperada?

La gloria de Dios.

La gloria de Dios es un mega tema en la Escritura. El apóstol Pablo casi lo resume al decir: "Cualquier otra cosa que hagan, háganlo todo para la gloria de Dios" (1 Corintios 10:31, NTV).

Quienes están familiarizados con la teología confesional reformada saben que la primera pregunta y respuesta al Catequismo Menor de Westminster es "¿Cuál es el fin principal del hombre? El fin principal del hombre es glorificar a Dios, y gozar de Él para siempre".[2]

Seguramente, esto tiene que tener algunas implicaciones y complicaciones muy realistas y prácticas. Lo que genera la pregunta, ¿qué significa glorificar a Dios?

Al hacernos hombre y mujer, Dios nos confirió la máxima dignidad que a cualquier cosa creada: nos hizo a su imagen y semejanza. Más sencillo: nos hizo para reflejar. En nuestras casas, bolsos y vehículos tenemos espejos. El propósito de un espejo es reproducir, o reflejar, su parecido. La próxima vez que se vea en un espejo, recuerde que se espera que usted sea un espejo que refleja la bondad, grandeza y gloria de Dios a Él mismo y a los demás.

Solamente Jesús es el espejo perfecto que reflejaba impecablemente la gloria de Dios el Padre en todo lo que dijo e hizo mientras estuvo en la tierra. Cualquier cosa y todo lo que podemos saber de Dios el Padre lo aprendemos al ver a Dios el Hijo. Jesús dice en Juan 14:9: "¡Los que me han visto a mí han visto al Padre!" (NTV). Colosenses 1:15 dice: "Cristo es la imagen visible del Dios invisible" (NTV). Hebreos 1:3 dice: "El Hijo irradia la gloria de Dios y expresa el carácter mismo de Dios" (NTV).

Cuando vemos a Jesús perdonando a la gente, Él está reflejando el corazón de Padre perdonador de Dios. Cuando Jesús le dice al ladrón culpable que su deuda será perdonada pronto, al decir en Lucas 23:43: "Te aseguro que hoy estarás conmigo en el paraíso", Dios es glorificado porque su corazón perdonador está reflejado en Jesucristo para que los demás lo vieran. Hacemos lo mismo cuando cargamos nuestra cruz para seguirlo y perdonamos a los demás.

Para el cristiano, el perdón tiene mucho más que ver con usted y Dios que con usted y la persona a la que está perdonando. Aunque doloroso y terrible, cuando usted está herido y ofendido, también se le da la oportunidad de darle Gloria gran gloria a Dios a través del perdón. Eso es lo que Jesús quiso decir cuando habló de que actuamos como "hijos del Altísimo" (Lucas 6:35), cuando amamos a nuestros enemigos y somos amables y misericordiosos con los que nos deben sin obligarlos a pagar por medio de la venganza. Si ha escuchado el adagio: "de tal palo, tal astilla", sabe que significa que, a medida que llega a conocer a un hijo y a su padre, puede empezar a ver el parecido familiar. De la misma manera, como cristiano, usted tiene un parecido o glorifica a su Padre al perdonar a otros como Él lo perdonó a usted. Esto también es a lo que Pablo se refiere cuando escribe en el contexto del perdón: "Imiten a Dios en todo lo que hagan porque ustedes son sus hijos queridos" (Efesios 5:1, NTV).

2. El perdón lo bendice a usted.

Dios es tan bueno y misericordioso que cuando perdonamos no solo lo glorificamos, sino que, además, nos bendecimos a nosotros mismos. La Biblia nos dice repetidamente que no estemos obsesionados con nosotros mismos al punto de ignorar la voluntad de Dios y el bienestar de otros; sin embargo, sí nos dice que debemos preocuparnos por nosotros mismos. Por esta razón, Jesús dice en Mateo 22:39, "Amarás a tu prójimo como a ti mismo". Pablo también nos dice en Filipenses 2:4: "No se ocupen solo de sus propios intereses, sino también procuren interesarse en los demás" (NTV). Dios quiere que tengamos cuidado tanto de nosotros mismos como de los demás.

El doctor Fred Luskin, director y cofundador del *Standford University Forgiveness Project*, dijo que el perdón se ha convertido en el trabajo de su vida. No es de sorprenderse cuando usted considera que él dirige el proyecto más grande que se haya llevado a cabo sobre la investigación interpersonal de la práctica del perdón.[3] Para ayudarnos a descubrir cualquier falta de perdón en nuestra vida, el Dr. Lusking hace cuatro preguntas sobre nuestra situación dolorosa y da una valoración:

- ¿Piensa en esta situación dolorosa más de lo que piensa en las cosas buenas de su vida?

- Cuando piensa en esta situación dolorosa, ¿se pone físicamente incómodo o emocionalmente molesto?

- ¿Cuándo piensa en esta situación, ¿lo hace con los mismos pensamientos viejos, repetitivos?

- ¿Se descubre a sí mismo contando la historia de lo que pasó una y otra vez en su mente?

Si su respuesta es "sí" a cualquiera de estas cuatro preguntas, lo más probable es que haya formado una ofensa que está rentando demasiado espacio en su mente. Si su respuesta es "sí" a cualquiera de estas preguntas, lo más probable es que tenga una ofensa que puede ser curada.[4]

Aunque no está basado en la fe y no tiene una referencia explícita para ser perdonado por Dios a través de Jesucristo o facultado para perdonar por el Espíritu Santo, la investigación alentadora de Luskin concluye con este resumen.

Ha surgido una investigación fascinante... que documenta el poder sanador del perdón. En estudios científicos cuidadosos, la práctica del perdón ha demostrado reducir la depresión, aumentar la esperanza, minimizar la ira, mejorar la conexión espiritual, aumentar la confianza en sí mismo, y ayudar a sanar relaciones. Aprender a perdonar es bueno tanto para su bienestar mental y físico como para sus relaciones. Los estudios revelan:

- Las personas que perdonan más reportan pocos problemas de salud.

- El perdón lleva a menos estrés.

- El perdón implica menos síntomas físicos de estrés.

- No perdonar puede ser más significativo que la hostilidad como un factor de riesgo para las enfermedades cardíacas.

- La gente que culpa a otros por sus problemas tiene incidencias más altas de enfermedades como la cardiovascular y las diferentes formas de cáncer.

- La gente que imagina no perdonar a alguien muestra cambios negativos en la presión arterial, tensión muscular y la respuesta inmune.

- La gente que imagina perdonar a su ofensor nota mejoría inmediata en sus sistemas cardiovascular, muscular y nervioso.

- Aun la gente con pérdidas devastadoras puede aprender a perdonar y sentirse mejor física y emocionalmente.[5]

El rencor es un camino hacia la enfermedad. Dios quiere que usted esté sano y avanzando, no enfermo y retrocediendo. Pablo, quien fue el asesino de un líder cristiano antes de convertirse en un líder cristiano perseguido, tuvo mucho de que ser perdonado, así como una lista de enemigos que necesitaban perdonar. Él dice en Filipenses 3:13: "Me concentro únicamente en esto: olvido el pasado y fijo la mirada en lo que tengo por delante" (NTV).

Hay un mito terrible que dice que el tiempo sana todas las heridas. El tiempo no sana nada. En realidad, el tiempo puede empeorar las heridas. Un disparo al cuerpo o al alma no va simplemente a mejorar mientras más tiempo la deje sangrar e infectarse. Solamente el tiempo con Dios, el gran médico, sana todas las heridas del alma. El tiempo con Dios le ayuda a hacer lo mismo que Pablo: enterrar el pasado con Jesús y levantarse para marchar hacia adelante a una vida nueva, llena de esperanza y gozo, con Jesús.

¿Por qué le entregaría su mejor energía y sus mejores años a la peor gente y las peores experiencias? Dios quiere que usted entierre el pasado con Jesús y continúe con su nueva vida en Cristo.

- Emocionalmente, perdonar le quita una carga y le permite manejar sus sentimientos, encontrar plenitud y empezar a disfrutar una relación sana con Dios y los demás.

- Mentalmente, perdonar le permite dejar de obsesionarse sobre un problema no resuelto y libera su mente para empezar a pensar sobre la bondad y Dios en vez del dolor del pasado.

- Prácticamente, perdonar le permite dejar de tratar de controlar a todos y poner todo en orden, permitiéndoles a los demás que tomen sus propias decisiones y lidien con las consecuencias.

- Relacionalmente, perdonar le permite entrar en una nueva relación con nuevo conocimiento para experimentar una nueva intimidad con personas sanas, piadosas y confiables.

- Espiritualmente, el perdón le permite a Dios, y no a su dolor, ser el centro de su vida para que la vida de Dios pueda fluir en la suya, trayendo la sanidad de Él a su alma.

Una persona amargada, a quien llamaré Sheila, que había sido tratada brutalmente por quienes estuvieron cerca de ella durante su vida, dijo que ella sentía como si su alma tuviera migraña. Ella magnificaba cada conflicto, decepción y herida por pequeña que fuera, haciéndolas increíblemente dolorosas. Después de haberse esforzado a través del proceso de perdón con el Señor, ser perdonada por Dios por sus pecados y perdonar a quienes habían pecado contra ella, Sheila dijo que se sentía como si la "migraña de su alma" estaba sanada para siempre. Dios quiere lo mismo para usted.

¿Quién le ha causado dolor y amargura? Lo más probable es la gente por la que usted más se preocupa. Muchas veces, la gente amargada no está amargada contra quienes han cometido las peores ofensas. Un verdadero extraño o conocido distante puede hacer algo

> Hay un mito terrible que dice que el tiempo sana todas las heridas. El tiempo no sana nada. En realidad, el tiempo puede empeorar las heridas.

mayor, pero eso casi no le afecta a usted. Sin embargo, alguien que le importa profundamente puede hacer comparativamente algo menor, y se siente lastimado hasta la médula. Usted continúa obsesionado con eso, se entristece y lo repasa mentalmente muchos años después. Aprendí esta lección a la fuerza siendo pastor.

Un joven emocional me dijo una vez que yo lo había herido unos años antes. Honestamente, no recuerdo el evento al que se refería. Lo vi a los ojos y le dije: "Lo siento mucho. Puedo darme cuenta de que mi pecado contra usted fue muy doloroso. Lamento que haya llevado esta carga por tanto tiempo. Además, le pido perdón y me gustaría que oráramos juntos para quitar esta carga de usted".

Oramos juntos. Antes de que saliera de mi oficina, dijo algo de paso que nunca olvidaré: "Lo que dijo no es importante para mí, sino que usted es importante para mí".

Yo le había fallado, y él fue lo suficientemente amable para enseñarme una lección vital. No es tanto el tamaño de la ofensa, sino el afecto que siente por el ofensor lo que determina el grado de la decepción.

3. El perdón bendice a otros.

Si usted es rencoroso, quizá no le guste mucho esa palabra. En cambio, podría usar palabras como *amargura, herida, disfuncionalidad, dolor, daño, decepción*, o algo más que diga lo mismo de manera que la presente como una víctima con una buena razón para sentirse así. Quiero ser sensible al abordar un área dolorosa en su alma, pero también quiero pedirle que considere honestamente, si quizás, usted se ha vuelto egoísta a causa de su sufrimiento. A veces, cuando usted está dolido se vuelve tan consciente de sus propios problemas y dolor que descuida las pruebas y problemas de otros. Es más, puede pasar por alto la manera en que usted está realmente lastimando a las personas que lo aman, y viven en una relación con usted, al arrastrarlas a su drama.

Cuando nos dolemos y necesitamos sanidad, deberíamos invitar al consejo seguro de amigos confiables o líderes llenos de la sabiduría de Dios para ayudarnos a salir de donde estamos atrapados. Sin embargo, muchas veces, filtramos y ventilamos inesperadamente conversaciones con personas que no deben estar involucradas. Aun peor, compartimos con personas que también están amargadas, y juntos formamos una alianza nefasta que nos permite a ambos mantenernos amargados y responder de manera poco saludable.

La amargura puede crecer desapercibida en su corazón durante mucho tiempo, muy parecido a las raíces debajo de la tierra. Hebreos 12:15–16, advierte: "Mirad bien, no sea que alguno deje de alcanzar la gracia de Dios; que brotando alguna raíz de amargura, os estorbe, y por ella muchos sean contaminados; no sea que haya algún fornicario, o profano". Con el tiempo, las raíces salen a la superficie, se vuelven una planta madura y empiezan a dispersarse y extenderse, así que la planta se multiplica una y otra vez. Cuando la raíz es amargura, asfixia el fluir de la gracia en sus relaciones, empezando con Dios, hasta que sale como chisme y ataque en las redes sociales. Cuando esto sucede, usted se ha convertido en una persona enferma que está contagiando a otros.

El resultado es falso, un comportamiento de "nosotros contra ellos" que lleva a la división de familias, ministerios y comunidades. Con el tiempo, las cosas empeoran cada vez más hasta que la gente se ve a sí misma como víctima que se ha ganado el derecho de hacer lo que quiera. Se comporta de maneras que son nefastas, incluso desechando el control y volviéndose sexualmente inmoral.

Dios nos da a cada uno una pala de perdón para desenterrar la raíz de amargura. Usted necesita aceptar el perdón de Dios por su pecado, incluyendo su rencor amargado, y luego perdonar a quienes pecaron en su contra. De otra manera, la raíz de amargura ahogará todas las relaciones saludables en su vida.

4. El perdón vence lo demoníaco.

Satanás y sus demonios nunca son perdonados por nada, y ellos, a su vez, nunca perdonan a nadie más por nada. El perdón es divino. El rencor es demoniaco. Negarse a perdonar es abrirse uno mismo al ámbito de la actividad demoniaca. Un creyente amargado facultado por el ámbito demoníaco puede desatar el infierno en la iglesia. Se vuelve envalentonado, poderoso e imparable porque tiene acceso al poder sobrenatural.

El Espíritu Santo me reveló este hecho durante un estudio bíblico extenso que dirigí sobre perdón y rencor. Una y otra vez, las mismas secciones de la Escritura que enseñaban este tema también mencionaban a Satanás y sus demonios. Esta sabiduría tremenda me ayudó, y ruego que le ayude a usted también. A continuación, algunos ejemplos.

- A través de la cruz de Jesús, Dios ha "perdonado todos nuestros pecados" y "despojado a los principados y a las potestades" (Colosenses 2:13–15).

- "Y al que vosotros perdonáis, yo también; porque también yo lo que he perdonado, si algo he perdonado, por vosotros lo he hecho en presencia de Cristo, para que Satanás no gane ventaja alguna sobre nosotros; pues no ignoramos sus maquinaciones" (2 Corintios 2:10–11).

- "Ni deis lugar al diablo...Quítense de vosotros toda amargura, enojo, ira, gritería y maledicencia, y toda malicia. Antes sed benignos unos con otros, misericordiosos, perdonándoos unos a otros, como Dios también os perdonó a vosotros en Cristo" (Efesios 4:27, 31–32).

- "Pero si tenéis celos amargos y contención en vuestro corazón, no os jactéis, ni mintáis contra la verdad; porque esta sabiduría no es la que desciende de lo alto, sino terrenal, animal, diabólica" (Santiago 3:14-15).

Aquellos que son perdonados por Dios, pero se niegan a perdonar a otros, terminan en una prisión de tormento demoniaco. Allí, viven en la angustia agobiante de los días más dolorosos de su vida, volviendo a vivir el horror una y otra vez. En Mateo 18:21-35, Jesús cuenta la parábola donde un hombre debe un montón de dinero, digamos que es un millón de dólares. Como no puede pagar, va con la persona que le prestó y le suplica que no lo venda como esclavo junto a su esposa e hijos para pagar la deuda. Misericordiosamente, la persona que le dio el préstamo perdona toda la deuda y la paga él mismo. Esta es una imagen del evangelio del perdón. Luego, el hombre perdonado se dirige a su casa para darle las buenas noticias a su familia.

Entonces, la escena cambia y el hombre perdonado encuentra a otro hombre que le debe a él un poco de dinero, digamos que son mil dólares. En vez de perdonar al hombre por su deuda menor en la misma manera en que él había sido perdonado por su deuda de un millón de dólares...podemos leerlo al principio del versículo 28: "y asiendo de él, le ahogaba, diciendo: 'Págame lo que me debes'. Entonces su consiervo, postrándose a sus pies, le rogaba diciendo: 'Ten paciencia conmigo, y yo te lo pagaré todo'. Mas él no quiso, sino fue y le echó en la cárcel, hasta que pagase la deuda".

Los testigos de esta escena horrenda contactaron al hombre que perdonó la deuda masiva. Su respuesta en el versículo 32 es: "Toda aquella deuda te perdoné, porque me rogaste. '¿No debías tú también tener misericordia de tu consiervo, como yo tuve misericordia de ti?'. Entonces su señor, enojado, le entregó a los verdugos, hasta que pagase todo lo que le debía. Así también mi Padre celestial hará con vosotros si no perdonáis de todo corazón cada uno a su hermano sus ofensas".

El punto de Jesús es que cuando usted permite que su dolor se vuelva odio, se encontrará atrapado en una prisión amarga de tormento demoniaco. Todos conocemos a alguien que vive en una celda así, y es triste verlo. Si usted es el que está atrapado en el rencor, la buena noticia es que puede ser libertado.

La pregunta es, ¿quién tiene la llave para poner en libertad al prisionero? Usted podría pensar que su ofensor tiene la llave y que, si tan solo la insertaran en el cerrojo, arrepintiéndose y reconociendo lo que hicieron y si le pidieran perdón, usted podría ser libre. Pero si así fuera, el ofensor tiene todo el poder sobre su vida y su futuro, y usted tendrá que rogar y vencer para que esté de acuerdo y se disculpe y usted pueda salir de su celda. Tristemente, hay una categoría de consejería "bíblica" que enseña que usted no puede perdonar a nadie hasta que la persona se arrepienta. Esto sentencia a la gente a toda una vida de amargura y una condena de por vida de tormento demoniaco.

Afortunadamente, nosotros tenemos la llave de nuestra liberación en nuestras propias manos. Podemos poner la llave en el cerrojo por medio de recibir el perdón de Dios y dar ese regalo a otros al perdonarlos a ellos, ya sea que se disculpen alguna vez o no.

5. El perdón es gracia para su ofensor.

Muchas veces es más fácil recibir el perdón misericordioso de Dios de lo que es dar gracia y perdonar a otros. Es más fácil que Jesús page su deuda que pagar la deuda de alguien más. La verdad es, si alguien le debe a usted, esa deuda tiene que pagarse. Si usted los perdona y cancela su deuda, usted pagará por ella al permitirles a ellos que lo saquen de su cuenta.

Jesús nos pide que hagamos precisamente esto: amar a nuestros enemigos, así como Él nos amó cuando éramos sus enemigos. Jesús se refiere a esto en Lucas 6:27–36. Cualquiera que dice que el cristianismo es fácil, nunca ha prestado atención a estas palabras de Jesús. Este es el listado de lo que debemos hacer:

- Ame a sus enemigos.

- Bendiga a los que lo maldicen.

- Ore por los que los lastiman.

- Soporte un insulto de buen modo.

- Deje que un ladrón se quede con sus posesiones.

- Haga cosas buenas por la gente mala.

- Preste dinero sin esperar que le paguen.

- Sea amable con el ingrato y el extremadamente malvado.

- Sea compasivo con la gente despiadada.

Por un momento, piense en que usted es el enemigo que ha maldecido, herido, insultado y robado, además de ser malagradecido, malvado y despiadado. ¿Las palabras de Jesús suenan como buenas noticias para usted? Ahora, considere por un momento ponerse en los zapatos de otro, y usted es aquel cuyo enemigo le maldijo, hirió, insultó y robó. Ese enemigo ingrato responde a toda su bondad solamente con maldad y crueldad. ¿Las palabras de Jesús todavía suenan como buenas noticias para usted?

Las palabras de Jesús son buenas noticias sin importar de qué lado está. Si usted es perdonado *por* Dios, entonces usted debe perdonar *como* Dios.

Ahora, veremos dos versículos de Jesús que se alinean como dos cañones en un arma para destruir el rencor. En Mateo 6:14–15, Jesús dice: "Si perdonas a los que pecan contra ti, tu Padre celestial te perdonará a ti; pero si te niegas a perdonar a los demás, tu Padre no perdonará tus pecados" (NTV). Para asegurarnos de que no perdimos el punto, en Marcos 11:25 Jesús también dice: "Cuando estén orando, primero perdonen a todo aquel contra quien guarden rencor, para que su Padre que está en el cielo también les perdone a ustedes sus pecados" (NTV).

Se espera que la gente perdonada sea gente perdonadora. Esa es la gran idea de Jesús. Ser perdonado y no ser perdonador es una hipocresía. Lo que usted le ha hecho a Jesús es peor que lo que le han hecho a usted. No tiene derecho de ser perdonado y luego ser rencoroso. No puede tener las dos cosas.

La gracia es un regalo para que usted los disfrute, pero también para que lo comparta. Dios le dio gracia, aunque usted era su enemigo, y le pide que usted le dé la gracia de Él a sus enemigos. Quién sabe, quizá al-

> Si usted es perdonado *por* Dios, entonces usted debe perdonar *como* Dios.

gunos de ellos hasta se conviertan en sus amigos amados, así como usted se ha convertido en amigo amado de Dios, quien le dio gracia. Esta es la esperanza que recibe de Romanos 2:4, que dice: "La bondad de Dios te guía al arrepentimiento" (RVA2015).

6. El perdón es un testigo para los demás.

Es particularmente dañino para la causa del evangelio de Jesucristo cuando los cristianos amargados discuten frente a los no cristianos porque todos pierden, solo Satanás gana. Es muy desafiante invitar a la gente a recibir el perdón de pecados y unirse a nuestra familia cuando somos rencorosos y peleamos en público. En nuestra era de las redes sociales, este mal se ha vuelto más horrible.

Una de las historias de perdón más inspiradoras involucra a un hombre llamado Esteban en Hechos, capítulo 7. Líderes religiosos amargados, envidiosos, endemoniados llegaron para asesinar a Esteban, pero el versículo 55 dice: "Pero Esteban, lleno del Espíritu Santo, puestos los ojos en el cielo, vio la gloria de Dios, y a Jesús que estaba a la diestra de Dios".

En un evento deportivo, cuanto un equipo está a punto de ganar un gran juego, todos los aficionados saltan de sus asientos para aclamarlos. Cuando Esteban perdonó a sus enemigos, Jesucristo saltó de su trono para darle un aplauso de pie y aclamarlo. La próxima vez que usted perdone a alguien, recuerde que Jesús está saltando alegremente en el reino, aclamándolo mientras representa al "Equipo Jesús", el cual es el "¡Equipo Perdón!". Jesús aclamó que Esteban estaba "lleno del Espíritu Santo" y con poder para perdonar en la misma manera en que Jesús lo hizo en su ejecución pública.

Muriendo en manos de quienes estaba perdonando, en Hechos 7:59–60 Esteban "él invocaba y decía: 'Señor Jesús, recibe mi espíritu'. Y puesto de rodillas, clamó a gran voz: 'Señor, no les tomes en cuenta este pecado'". Mientras moría, Esteban hizo lo mismo que Jesús, confiar su alma a Dios y orar por el perdón de sus enemigos.

> Los días más horribles de su prueba se volverán los días más maravillosos de su testimonio.

Luego, cuando leemos Hechos 8:1 "Y Saulo consentía en su muerte". ¿Quién vio a Esteban orar por el perdón de sus asesinos? Un hombre que más adelante le pediría a Jesús que perdonara su pecado y pasó a ser un predicador del perdón de los pecados por medio de Jesucristo: ¡el apóstol Pablo! Sí, Saulo el asesino se volvió el perdonado y perdonador Pablo. Él vio a Esteban morir y escuchó la oración de él, y Dios respondió esa oración y perdonó ese pecado.

Hijo de Dios, cuando usted está dolido, por favor, recuerde que otros lo están viendo. Los días más horribles de su prueba se volverán los días más maravillosos de su testimonio.

7. El perdón lo expone al fluir del Espíritu Santo.

Aparte de Jesucristo, el acto de perdón más extraordinario en toda la Escritura podría ser la historia de José (Génesis 38–50). Como la mayoría de nosotros, él nació en una familia con conflictos, y todos sabemos que perdonar a la familia es el perdón más difícil de todos. Su padre, Jacob (también llamado Israel), tuvo con sus cuatro mujeres doce hijos y una hija. Jacob demuestra muy obviamente que José es su favorito, dándole una túnica ostentosa de muchos colores para alardear como pavoreal. Cuando José era un muchacho, por medio de un sueño, Dios le revela su destino de gobernar sobre su familia.

Los hermanos sintieron tanta envidia de José que pensaron en asesinarlo; pero, en cambio, lo lanzaron a un pozo y lo vendieron como esclavo. José es llevado, con grilletes de hierro en sus manos, pies y cuello, lejos de su casa a la nación pagana de Egipto (Salmo 105:17–18). Un líder militar, llamado Potifar, compra a José y, en poco tiempo,

José está administrando toda su casa. Sin embargo, la caprichosa esposa de Potifar procura continuamente seducir a José, pero él rechaza repetidamente sus insinuaciones por lealtad al esposo de ella y al Señor.

Aunque él es virgen e inocente, ella lo acusa falsamente de violación, eso manda a José a prisión. En poco tiempo, este siervo fiel está administrando la prisión. Con el tiempo, el poderoso faraón, quien gobernaba Egipto, tuvo un sueño que sus consejeros espirituales no podían interpretar. Traen a José para revelar lo que Dios quiere que faraón sepa: la nación está por tener siete años de abundancia, seguidos de siete años de hambruna. A José le dan la tarea de administrar los alimentos para la hambruna que está por venir y lo ponen a gobernar a la derecha de faraón como el segundo hombre más poderoso en el imperio más poderoso y más duradero del mundo.

Por arte del destino, allá en la Tierra Prometida, la familia de José está muriendo de hambre. Sus hermanos llegaron ante él en busca de alimentos. Ellos no reconocieron a José porque el parecía y hablaba como egipcio, pero él sí los reconoció a ellos.

Por el contrario, él se entera de que le mintieron a su padre, diciéndole que José estaba muerto, y hasta se pusieron de pie en el funeral simulando que estaban de luto y extrañaban a su hermano. En vez de buscar venganza, José, después de perder más de veinte años de su vida debido al pecado de sus hermanos, es misericordioso con ellos dándoles plata y granos.

José ya había perdonado a sus hermanos años antes, pero aún no confía en ellos. Durante unos años los prueba sin que ellos lo sepan. Con el tiempo, José ve que sus hermanos han cambiado y que él puede confiar y reconciliarse con ellos. Toda la familia se traslada a Egipto, seguida por una reunión alentadora entre José y su amado padre quien ahora es abuelo de los dos hijos de José.

Después de que Jacob muere, los hermanos todavía no aprenden sobre la bendición del perdón. Génesis 50:15–18, dice: "Viendo los hermanos de José que su padre era muerto, dijeron: 'Quizá nos aborrecerá José, y nos dará el pago de todo el mal que le hicimos'.

205

Y enviaron a decir a José: 'Tu padre mandó antes de su muerte, diciendo: "Así diréis a José: 'Te ruego que perdones ahora la maldad de tus hermanos y su pecado, porque mal te trataron'"; por tanto, ahora te rogamos que perdones la maldad de los siervos del Dios de tu padre'".

Al oír esto, José llora. Los hermanos habían sido perdonados, pero ellos no habían aceptado completamente el perdón de Dios o de José. ¿Es usted así? ¿Dios o alguien más lo ha perdonado, pero usted no ha recibido ese regalo, y en cambio vive equivocadamente en la vergüenza o el temor? José era tan perdonador y sano emocionalmente que lloró porque quería que sus hermanos fueran sanados y libertados por medio del perdón.

Luego, José les dice a sus hermanos: "No temáis; ¿acaso estoy yo en lugar de Dios?" (versículo 19). Lo cierto es que en Egipto él *estaba* en el lugar de Dios. Faraón era dios, y José se sentaba a su derecha, gobernando y reinando sobre un reino como su versión de Jesús. José pudo haberlos mandado a matar, castigarlos, o echarlos a ellos y sus familias en la misma prisión donde él había sufrido. Sin embargo, no lo hizo porque él los había perdonado de corazón muchas veces a lo largo de muchos años.

José continúa en el versículo 20, diciendo: "Vosotros pensasteis mal contra mí, mas Dios lo encaminó a bien, para hacer lo que vemos hoy, para mantener en vida a mucho pueblo". José había vivido por fe en el poder del perdón toda su vida adulta. Él les dice a sus hermanos que lo que ellos "pensaron mal", pero que Dios usó su maldad para bien y para salvar muchas vidas. Luego los afirma al decirles: "'Ahora, pues, no tengáis miedo; yo os sustentaré a vosotros y a vuestros hijos'. Así los consoló, y les habló al corazón" (versículo 21).

Podemos ver, sin duda, que los hermanos nos representan a nosotros y José representa a Jesús. Él nos perdona, llora por nosotros, nos ama, nos bendice y paga el precio de nuestra maldad. Solo vea a todos los parecidos entre José y Jesús.

- Tanto José como Jesús fueron hijos amados por sus padres, terrenal y celestial.

- Ambos fueron destinados por el Padre celestial para salvar y gobernar.

- Ambos fueron pastores, tenían una familia que no creía en su destino y sus hermanos envidiosos los odiaban.

- A ambos los vendieron por piezas de plata.

- Ambos fueron despojados de sus ropas, mancharon sus túnicas con sangre y los echaron en un hoyo.

- A ambos los llevaron a Egipto cuando eran jóvenes.

- A ambos los acusaron falsamente y pagaron un precio brutal por algo que no hicieron.

- Ambos fueron separados de sus padres, aun así, ambos perdonaron a los que pecaron contra ellos y llevaron salvación a muchos después de salir de su pozo.

- Ahora, ellos están juntos en el reino, preparándose para la reunión colosal de toda la familia de Dios.

¿Cómo José perdonó, sanó y cumplió el destino de Dios para su vida? De la misma manera en que Jesús lo hizo y que usted puede hacerlo. Por el poder del Espíritu Santo. Cuatro veces en Génesis 39, se nos dice que José vivió toda su vida en la presencia de Dios. Es más, el pagano faraón, quien tenía todo, excepto al Espíritu Santo, refiriéndose a José en Génesis 41:38, dijo: "¿Acaso hallaremos a otro hombre como éste, en quien esté el espíritu de Dios?". Usted puede perdonar por medio del poder del Espíritu Santo y empezar a desatar el poder de Dios en toda su vida.

Hemos hablado de Jesús. Hemos hablado de mi familia. Hemos hablado de José y su familia. Ahora, hablemos de usted.

¿Ha recibido verdaderamente el perdón de Dios por todo su pecado? ¿Hay algo de su pasado que continúa persiguiéndolo porque no ha aceptado completamente ni invitado al Espíritu Santo para que le ayude a experimentar la aplicación de la muerte de Jesús en sustitución de usted? ¿Quién lo ha herido más, empezando con sus familiares? ¿Ha tomado tiempo a solas con Dios, escrito sus pensamientos franca y realmente, y ha invitado al Espíritu Santo para que le ayude a perdonarlos? ¿Hay alguien contra quien todavía esté amargado, tenga alguna querella con él o ella, o de quien esté conspirando venganza? Si así es, usted está entristeciendo al Espíritu Santo quien está listo para ayudarle a perdonar.

Antes de que le dé vuelta a la página, y medite en la vida en el Espíritu versus la vida en la carne, necesito que se tome un tiempo a solas con el Espíritu. Apague su tecnología y sintonícese en su presencia. Entone canciones de adoración, ore honestamente, hágalo como una conversación, escriba sus heridas, e invite al Espíritu de Dios a los lugares en que su alma necesita más sanidad.

Escríbale una carta de corazón a la gente que necesita perdonar. Enumere sinceramente lo que ellos hicieron y lo que eso le hizo a usted. Sea sincero y franco para poder perdonar y ser libre. Luego ore para perdonarlos y rompa su carta. La Biblia dice que usted no debe llevar un registro de los males. Al hacer un registro de los males, perdonar la deuda y no mantener el registro, usted deja a su alma en libertad para sanar. He tenido esa experiencia muchas veces, y cada vez ha sido bueno para mi alma y ha cambiado mi vida. Quiero lo mismo para usted y sepa que el Espíritu lo está esperando para reunirse.

Capítulo 13

EL ESPÍRITU, NO LA CARNE

NTES DE QUE mi familia se mudara al desierto, tener un tiempo familiar, apartados, era difícil. Los inviernos eran largos y el sol se ocultaba temprano, las bajas temperaturas, los fuertes vientos y suficiente lluvia como para querer empezar a construir un arca.

Durante un receso de invierno, un amigo ofreció dejarnos usar su cabaña cerca de la costa. Anhelando un poco de descanso, subimos a los cinco niños al vehículo y condujimos hacia la playa. Los vientos soplaban tan fuertemente que yo temía que nuestro hijo menor saliera volando. Tratamos de caminar en la playa muy abrigados, pero las ráfagas soplaban a tal velocidad que nos sentíamos como vehículos limpiados con chorros de arena en un taller de pintura.

Subimos a los niños al vehículo y fuimos al pueblo buscando hacer algo divertido. Allí fue cuando vimos una gran tienda de cometas. Al detenernos, los niños salieron del vehículo a toda prisa y entraron a la tienda.

La tienda de cometas era un paso atrás en el tiempo. Obviamente, el viejo edificio había estado allí por mucho tiempo y estaba lleno de todo tipo de cometas imaginables. Cada uno de los niños escogió su cometa favorito junto con suficiente hilo para dejarlo subir hasta lo que Pablo llama "el tercer cielo" donde Jesús vive.

Los cometas no tenían vida y no fueron interesantes hasta que soltamos la cuerda. Los niños empezaron a gritar de alegría mientras cada uno de sus cometas subía rápidamente al cielo. Cuando los cometas danzaban arriba, nuestros hijos danzaban en la tierra, debajo de ellos. Los niños estaban fascinados en tanto sus cometas volaban por el poder del viento.

Mientras el viento llenaba cada cometa, el Espíritu Santo trajo a mi memoria dos escrituras. Juan 3:8 dice: "El viento sopla de donde quiere, y oyes su sonido; mas ni sabes de dónde viene, ni a dónde va; así es todo aquel que es nacido del Espíritu". Efesios 5:18, dice: "sed llenos del Espíritu".

Una persona sin el Espíritu es como un cometa sin brisa. Una persona llena del Espíritu es como un cometa traído a la vida, vuela y danza en el viento. La vida cristiana no pude vivirse lejos de la llenura poderosa del Espíritu Santo.

Después de su resurrección, los primeros cristianos querían contarle al mundo sobre Jesús. Sin embargo, Él les dijo que esperaran, prometiendo en Hechos 1:8: "Recibiréis poder, cuando haya venido sobre vosotros el Espíritu Santo". Luego, Jesús volvió al cielo y envía al Espíritu a llenar a su pueblo, y en Hechos 2:4, leemos: "Y fueron todos llenos del Espíritu Santo". Una vez que la gente estuvo llena, el cristianismo se elevó.

La Biblia es muy simple. Podemos vivir de una de dos fuentes: la carne o el Espíritu. Cuando la Biblia habla de la carne, habla de lo que es pecaminoso, caído y contrario a Dios. La carne es nuestro lado oculto, nuestro lado oscuro, y nuestra personalidad desconectada de Dios y yendo a la deriva hacia las tinieblas, la destrucción y la muerte.

Cuando la Biblia habla del Espíritu, habla de la presencia de Dios en acción en y a través de usted. Prácticamente, esto significa que, si vive por el Espíritu, experimenta un proceso continuo en el que su vida y carácter se vuelven cada vez más como Jesucristo. Este contraste entre la carne y el Espíritu, que se encuentra en Gálatas 5:13–6:5, nos ayuda a entender la vida en el Espíritu.

La carne funciona de dos formas: Religión y rebelión

Santiago, el hermano de Jesús habla de "religión pura", la que cuida de los necesitados. También hay una religión impura, corrompida por los deseos carnales, humanos, y sus acciones. Una de las iglesias más religiosas en el Nuevo Testamento era la de Galacia. Pablo escribió una carta para reprenderlos con aspereza por su arrogancia, falta de amor y hacer reglamentos impíos. Pablo alcanza un tono agitado en Gálatas 5:13–15: "Porque vosotros, hermanos, a libertad fuisteis llamados; solamente que no uséis la libertad como ocasión para la carne, sino servíos por amor los unos a los otros. Porque toda la ley en esta sola palabra se cumple: Amarás a tu prójimo como a ti mismo. Pero si os mordéis y os coméis unos a otros, mirad que también no os consumáis unos a otros".

Nutra los deseos más profundos que el Espíritu Santo le da

Cuando yo era un niño pequeño, me encantaba quedarme en la casa de mi abuelo George. Él era un hombre amoroso, divertido y generoso. Vestía overol y botas, y yo también porque yo era su pequeño compañero. Yo le ayudaba con proyectos en madera en el garaje y juntos hacíamos diligencias en su vehículo color café que siempre tenía una bolsa de caramelos para los nietos en la guantera.

A veces, él me arropaba a la hora de dormir y me guiñaba un ojo. Esa era nuestra señal secreta de que cuando la abuela se durmiera, nos saldríamos de la cama para comer manzanas con caramelo y regaliz negro y ver la lucha libre. La abuela no aprobaba nuestro pasatiempo preferido, así que teníamos que hacer nuestra mejor personificación *ninja* tarde en la noche.

Una noche en particular, comí lo que parecía ser el peso de mi cuerpo en regaliz negro mientras mirábamos la lucha con el abuelo. En poco tiempo, empecé a sentirme mal. Sabía que iba a vomitar, pero no quería hacer ruidos que despertaran a la abuela. Apreté los dientes y…vomité el regaliz masticado por la nariz.

El olor cambió mi vida. Puedo marcar mi vida en dos periodos. Uno, es antes de ese momento, cuando me encantaban los caramelos de regaliz. El otro periodo es después de ese momento cuando totalmente odié el regaliz. Desde aquel día, no puedo siquiera oler el regaliz sin sentirme un poco indispuesto. En un instante, sencillamente mis deseos cambiaron.

Algo similar nos pasa a los cristianos; una vez recibimos al Espíritu Santo, nuestros deseos se transforman al nivel más profundo cuando Dios cambia nuestros apetitos. Gálatas 5:16–18, dice: "Andad en el Espíritu, y no satisfagáis los deseos de la carne. Porque el deseo de la carne es contra el Espíritu, y el del Espíritu es contra la carne; y éstos se oponen entre sí, para que no hagáis lo que quisiereis. Pero si sois guiados por el Espíritu, no estáis bajo la ley".

Los deseos más profundos de un cristiano vienen del Espíritu y guían hacia la vida; los deseos del que no es convertido vienen de la carne y guían hacia la muerte. Una vez que se convierte en cristiano, el Espíritu Santo habita en los niveles más profundos de su ser, lo que Dios quiere que usted haga es lo que usted quiere hacer. Un cristiano lleno del Espíritu quiere aprender la Biblia, quiere orar, quiere vivir en santidad y quiere adorar libremente a Dios. Si alguien es verdaderamente salvo, es cambiado a nivel de naturaleza y deseo. Esto explica por qué un cristiano pecador es un cristiano miserable.

La clave para la santidad cristiana es nutrir los deseos más profundos que le da el Espíritu, resista sus deseos débiles para gratificar a la carne y haga lo que usted y el Espíritu acuerden que es lo mejor. Piénselo como la jardinería. En cualquier jardín hay plantas maravillosas que crecen, y hay mala hierba horrible que crece. Un mal jardinero solo pone fertilizante y riega todo el jardín, permitiendo que la naturaleza tome su curso. Cuando esto sucede, al final las malas hierbas ahogan a las plantas y el jardín se arruina. Un buen jardinero saca la mala hierba y procura garantizar que la luz del sol, el fertilizante y el agua se invierten en las plantas y no se desperdician en la mala hierba.

Su vida es un jardín. Usted es el jardinero. Para llevar fruto necesita sacar la mala hierba y alimentar a las plantas. De esa manera, una vida llena del Espíritu se parece mucho a la jardinería.

LAS OBRAS DE LA CARNE

¿Cómo sabe cuándo está viviendo de la carne en vez del Espíritu? Afortunadamente, muy parecido a cuando un doctor entra en la habitación del paciente con un listado para revisar los indicadores de salud, Gálatas 5:19–21 nos da un listado por medio del cual examinamos las "obras de la carne":

Inmoralidad sexual: tiene la misma palabra raíz que pornografía, e incluye toda sexualidad fuera del matrimonio heterosexual

Impureza: cualquier suciedad moral que nos separa de Dios

Sensualidad: falta de recato o decencia

Idolatría: alguien o algo que ocupe el lugar de Dios como centro de nuestra vida

Hechicería: espiritualidad sin el Espíritu Santo, incluye religiones falsas

Enemistad: una devoción a ser una persona llena de odio

Pleitos: lucha, drama, muchas veces provocando una escena

Celos: sentirse con derechos, egoísmo

Ira: emocionalmente desatado o dañino

Contiendas: escalar posiciones a través de malos procedimientos, competencia impía

Disensiones: fragmentar, votantes que sirven para un solo problema, que se preocupan de sus asuntos favoritos, compinches

Divisiones: Dos visiones que conducen al conflicto

Envidia: enojo profundo al ver que alguien más prospera

Borracheras: puede ser cualquier abuso de substancias, desde el alcohol hasta las drogas

Orgías: fiestero, pornografía, pecados sexuales de varios tipos

Cosas semejantes: cualquier otro pensamiento, palabra o hecho impío

Al inspeccionar esta lista, es evidente que el mundo en que vivimos es un gran contenedor del fuego de la carne. La carne está controlando al mundo y creando una cultura. La lista de la mala conducta de Pablo es muy parecida a las palabras más buscadas en la internet. La gente tiene desfiles por cosas que deberían tener funerales. Las cosas se han puesto tan mal y la carne

> Un cristiano pecador es un cristiano miserable.

prevalece tanto que, en lugar de arrepentirse de su comportamiento, la gente quiere que Dios se arrepienta de su Palabras y que quite partes de la Biblia para que ellos puedan empezar a quitarse los pantalones. Este caos necesita un Mesías.

Parte del problema es que hay algunos, que profesan ser cristianos, y no poseen al Espíritu. Una de las maneras más sabias para ayudar a alguien a saber si es verdaderamente un cristiano es ayudarle a destapar y descubrir sus deseos y anhelos más profundos. Cuando los anhelos más profundos se alinean con el Espíritu Santo y la tentación, los deseos menores, se alinean con la carne, la persona es cristiana. Cuando los deseos más profundos se alinean con la carne, la persona no es cristiana. Pablo habla de esto en sus propias experiencias en Romanos 7:18–8:9, diciendo que él tiene una batalla entre lo que quiere hacer y lo que no, y lo que él no quiere hacer, pero sigue haciéndolo. Usted puede percibir su agonía cuando confiesa que no está viviendo según sus más profundos deseos. Pablo concluye que él no puede vivir en victoria sobre la carne si no fuera por el poder del

Espíritu, y cierra diciéndole a los creyentes: "Mas vosotros no vivís según la carne, sino según el Espíritu, si es que el Espíritu de Dios mora en vosotros. Y si alguno no tiene el Espíritu de Cristo, no es de él".

Cualquier cristiano verdadero lleno del Espíritu que empieza a vivir según la carne se vuelve miserable pues está viviendo contra la esencia de su naturaleza como cristiano nacido de nuevo con un nuevo Señor externamente, nuevos deseos internamente y nuevo destino eternamente. Está luchando contra la nueva naturaleza que Dios el Espíritu le ha dado y trabajando contra la gravedad espiritual. Un cristiano pecador es un cristiano miserable.

DEL DESEO A LA MUERTE

Después de pasar la mayor parte de mi vida adulta en el ministerio como pastor principal, he observado un patrón de la carne. Hay un proceso de desencanto que sucede con frecuencia, especialmente en la vida de un líder ya que tienen tendencia a tener deseos más grandes que la demás gente debido a su naturaleza visionaria. Lo que quizá hasta empieza como un deseo bueno y piadoso lleva a la muerte. Y mientras más grande la visión, más grande el dolor. Este ciclo es doblemente cierto para los cristianos llenos de ambiciones para cambiar el mundo para Cristo. Un deseo piadoso puede terminar en decepción y muerte cuando progresa a través de los siguientes siete pasos.

1. Deseo

Hay un anhelo por algo, muchas veces es bueno y piadoso. ¿Cuáles son sus planes más ambiciosos, sueños más grandes y objetivos mayores? ¿Son piadosos y sabios? ¿Son para la gloria de Dios y el bien de los demás, o principalmente para su propia grandeza?

2. Demanda

Cuando algo que usted desea se convierte en algo que exige, las cosas empiezan a oscurecer, y usted está en el sendero de la muerte. ¿Sus deseos han empezado a dar una vuelta oscura hacia la exigencia?

¿Se encuentra ahora enojado o deprimido porque sus deseos no se han hecho realidad? ¿Ha empezado a sentir algún indicador de derecho que otros como—el Señor, la gente o su familia—le deben lo que desea en algún grado?

3. Decepción

Cuando sus deseos no se cumplen, la decepción se establece cuando usted percibe la pérdida de algo a lo que sentía tener derecho pero que no obtuvo. ¿Sus esfuerzos por alcanzar su deseo se han encontrado con el fracaso y la decepción? Si sus sueños son grandes o su pasión por ellos es intensa, entonces la posibilidad de la decepción es más grande.

4. Desilusión

Lo que usted tanto deseaba, ahora ya no va a suceder, así que se desilusiona con los esfuerzos de su vida, pierde motivación y se siente estafado. ¿Ha manejado su decepción en el pasado y el presente? ¿Se ha hartado, desilusionado o empezado a perder la esperanza? ¿Ha empezado a preguntarse por qué trató de ir tras sus deseos en primer lugar, ha empezado a perder la motivación para seguir adelante, o incluso acaba de empezar a ir a través de las emociones, soñando sobre renunciar o darse por vencido del todo?

5. Demonizar

Entonces, tiene que culpar a alguien (quizá incluso a Dios o a todo un grupo de personas o a la organización) por "robarle" lo que había venido a usted y termina demonizándolos a ellos. ¿Ha empezado a referirse a alguien, o a un grupo de personas con apodos peyorativos? ¿Hay alguien o un grupo de personas, a quienes le cuesta perdonar mientras dominan su mente y emociones? ¿Qué pensamientos dolorosos o hasta dañinos acosan su mente? ¿Ha empezado a culparlos a "ellos" por el dolor, la pérdida, y el pesar en su vida y permitido que la amargura y el odio eche raíz en su corazón?

6. Destruir

Debido a que usted siente que lo han arruinado, busca destruir a la persona, grupo u organización que usted considera que provocó su desilusión. Hasta podría hacer de esto su cruzada moral, donde usted se vuelve la justa víctima que se convirtió en salvador, quien protegerá a los demás del daño que recibió. La gente muchas veces hace esto en el nombre de algún ministerio dado por Dios, que es honestamente solo otra agresión en el interminable desfile bufo de enojo, superioridad y gente peligrosa. ¿De quién ha empezado a hablar mal y se encuentra enojado y emocional sobre el tema de manera dañina? Cuando los nombres de ciertas personas surgen, ¿su sangre empieza a hervir, se siente un poco indispuesto en su estómago, y desearía que sufrieran lo mismo que le hicieron sufrir a usted? ¿Su dolor ha empezado a volverse odio?

7. Muerte

Este ciclo, al igual que todo pecado, mata las relaciones. Lleva a la muerte de amistades, familias, empresas, organizaciones y ministerios. Es la forma más demoniaca, hasta lo daña a usted mientras se va volviendo autodestructivo, no solo hiriendo a otros sino a sí mismo también. ¿Dónde ha llegado la muerte a su ministerio, familia, negocio, organización o corazón?, La muerte que hay en un área de su vida, ¿qué otras áreas ha empezado a invadir? ¿Cómo ha empezado a quitarle su gozo, ha hecho que usted se aleje de personas confiables que le aman y hasta ha provocado que no esté emocionalmente presente con su propia familia, sino más bien distraído, desanimado y desesperado? ¿Cómo llegó desde lo que usted pensaba (y fue probablemente) que era un deseo dado por Dios a la muerte?

La carne se niega a rendirse a la voluntad de Dios y en cambio prefiere la muerte. ¿Cuál es su historia? ¿Ha tomado el tiempo para meditar en ella, escribirla, orar, regocijarse y lamentarse? ¿Está listo para apartarse de la muerte de la carne hacia la vida en el Espíritu?

El fruto del Espíritu

Cuando nuestros hijos eran pequeños, unos viejos amigos estaban en la ciudad y pasaron por nuestra casa. Ellos vivían en un huerto de árboles frutales enorme y cultivaban unos duraznos tan grandes que podían confundirse con pelotas de sóftbol. Afortunadamente, llegaron a nuestra casa durante la temporada y nos llevaron cajas de duraznos para disfrutarlos. En unos minutos después de que llegaron, nuestros hijos estaban comiendo duraznos con crema, y haciendo malteadas de durazno. Nuestros amigos eran fructíferos y compartieron la abundancia de su fruto con nosotros para que también fuéramos bendecidos. La vida en el Espíritu es así.

La Biblia contrasta la vida en el Espíritu con la vida en la carne en Gálatas 5:22–25, donde encontramos este menú del fruto del Espíritu.

- Amor: el amor de Dios por nosotros, en nosotros y a través de nosotros

- Gozo: una consciencia clara permitiendo una relación con Dios que da vida

- Paz: con Dios y con los demás

- Paciencia: buscar el tiempo de Dios en vez del nuestro

- Bondad: considerado, no grosero

- Benignidad: generosidad en nuestras palabras, riqueza y obras

- Fidelidad: confiable, digno de confianza

- Amabilidad: no autoritario ni dominante

- Dominio propio: no autocomplaciente ni fuera de control, sino bajo la influencia de Dios

La carne es tan poderosa que ningún otro poder, incluyendo el poder de la voluntad humana, puede vencerla; solo el poder de Dios es más importante que la carne. Para vivir libre de la carne, tenemos que vivir por el poder del Espíritu.

Ya que Jesús murió, usted puede hacer morir a los pecados de la carne. No necesita negarlos, esconderlos disculparlos o procurar manejarlos. Ya que Jesús está vivo, usted puede tener una nueva vida por el poder de Él.

VIDES Y PÁMPANOS

Haciendo eco al fruto del Espíritu, Jesús, como es bien sabido, habla de sí mismo como la vid, y de los creyentes, como los pámpanos (Juan 15:1–11). Un pámpano está lleno de la vida de la vid y lleva fruto en tanto permanezca conectada a la vid que la nutre. Ser un cristiano es estar conectado a Jesús para que la fuente de vida del Espíritu fluya de Jesús hacia usted dándole la misma salud y vida. El fruto del Espíritu, que es su carácter, existe para nutrir a los demás de manera muy parecida a la rama fructífera conectada a un árbol sano que provee nutrientes para otros.

Hay muchas maneras de permanecer en Cristo y tener el alimento del Espíritu Santo fluyendo en su alma. Pero nada, incluyendo el estudio de la Biblia y la adoración de corazón, reemplaza una vida vibrante de oración.

En Lucas 11:1, los discípulos le dicen a Jesús: "Señor, enséñanos a orar". Y Jesús responde en Lucas 11:13: "Pues si vosotros, siendo malos, sabéis dar buenas dádivas a vuestros hijos, ¿cuánto más vuestro Padre celestial dará el Espíritu Santo a los que se lo pidan?".

La respuesta de Jesús a la petición "Enséñanos a orar", se trata de recibir el don del Espíritu Santo. El Espíritu Santo realmente nos enseña a orar.

En Gálatas 4:6, Pablo escribe: "Y por cuanto sois hijos, Dios envió a vuestros corazones el Espíritu de su Hijo, el cual clama: '¡Abba, Padre!'". Esto significa que cuando clamamos a Dios como nuestro Padre, es en realidad el Espíritu en nuestro corazón quien lo hace. Antes de la salvación, nuestros corazones pecadores no querían orar y tampoco entendían cómo orar. Sin embargo, al recibir la salvación, el Espíritu habitando en nosotros empieza a cambiar nuestro corazón y nuestras oraciones empiezan con Él.

Jesús mismo oraba por el Espíritu. Lucas 10:21–22 dice: "Jesús se regocijó en el Espíritu y dijo: 'Yo te alabo, oh Padre, Señor del cielo y de la tierra, porque escondiste estas cosas de los sabios y entendidos, y las has revelado a los niños. Sí, Padre, porque así te agradó. Todas las cosas me fueron entregadas por mi Padre; y nadie conoce quién es el Hijo sino el Padre; ni quién es el Padre, sino el Hijo, y aquel a quien el Hijo lo quiera revelar'".

Lucas describe esta oración de Jesús como el momento donde Él "se regocijó en el Espíritu", indicando que el Hijo conduce su oración al Padre en el poder gozoso del Espíritu Santo. Esta hermosa descripción de una oración llena de adoración nos muestra cómo el Espíritu nos faculta para orar.

Nadie es más grande que su vida de oración. Nadie puede permanecer en Cristo sin una vida de oración llena del Espíritu. Dios no necesita oración, usted sí. Al orar usted no cambia a Dios, sino que lo invita a que lo cambie a usted. Sencillamente, no hay manera de permanecer en Cristo y crecer en el Espíritu aparte de los momentos en oración sinceros y constantes.

> Nadie es más grande que su vida de oración.

Sin embargo, usted podría preguntarse por qué todavía lucha con la carne, aunque es un cristiano que tiene al Espíritu. Hay veces en que usted, sin importar cuán piadoso sea, "apaga al Espíritu" (1 Tesalonicenses 5:19). Cuando esto sucede, usted alimenta la carne y cae en pecado.

¿Qué hay de usted? ¿Hay alguna obra de la carne en su vida que necesite morir? ¿Está creciendo en su sensibilidad hacia la sumisión del Espíritu? ¿Cómo ve aumentar el fruto del Espíritu en su vida? ¿Cómo está su vida de oración? A veces, nos cuesta orar porque parece que no funciona.

VIVIR POR FE

Robert era un hombre que amó mucho a su madre. Su madre era una mujer piadosa que amó y oró por Robert durante todos sus muchos años de rebeldía como un hijo pródigo que dormía con mujeres, bebía en exceso y tenía una deuda significativa. Tal como la parábola del hijo pródigo, Robert, con el tiempo, volvía en sus sentidos, a su madre y a su Señor. Robert empezó a asistir a los servicios de la iglesia con su mamá y a crecer en su fe cristiana.

Repentinamente, la mamá de Robert se puso muy enferma y le diagnosticaron un cáncer avanzado. Robert y su mamá asistían regularmente a las reuniones de oración en su iglesia, pidiéndole a Dios por sanidad. Allí escuchaban testimonios de personas que Dios había sanado. Un pastor se reunió con Robert y le mostró, en el libro de los Hechos, cómo era sanada la gente en la iglesia primitiva y le dijo que ellos tenían que tener fe para que Dios pudiera sanar a su madre. Robert se aferró a la esperanza de la sanidad de su madre.

Con el tiempo, la madre de Robert murió. Entonces, el pastor le mostró a Robert cómo la gente muerta también era resucitada en el libro de los Hechos. Así que él fue a la tumba de su madre y le suplicó a Dios, en oración, que la resucitara.

La mamá de Robert no sanó de cáncer.

La mamá de Robert no resucitó.

Robert se desanimó mucho y sentía culpa por no haber tenido suficiente fe en Dios para darle vida a su madre. Robert empezó a visitar otra iglesia que enseñaba que los milagros en la Biblia habían terminado y que Dios ya no hacía esas cosas. Robert sintió que su primer pastor había prometido demasiado y los resultados no fueron suficientes. Además, Robert sintió que su segundo pastor ayudaba a aligerar su carga de culpa por falta de fe, pero se preguntaba por qué Dios no querría sanar al menos a algunas personas.

La experiencia de Robert es común. El cristianismo es el camino al cielo, y hay dos líneas marcando los límites a los lados del camino. En el medio, la mayoría de los cristianos no se sienten cómodos diciendo que Dios no puede hacer cosas como sanar al enfermo o resucitar a los muertos. Sin embargo, ellos no se sienten cómodos diciendo que Dios frecuentemente sana a los enfermos y resucita a los muertos.

Cuatro verdades podrían ayudar a iluminar este aspecto difícil de la oración llena del Espíritu:

1. El reino de Dios ya ha empezado con la resurrección de Jesús, pero no ha sido develado completamente sino hasta la segunda venida de Jesús. Una vez que Jesús regrese, *todo* el pueblo de Dios será sanado y resucitado para siempre. Hasta entonces, *algunas* personas del pueblo de Dios reciben sanidad y son resucitadas.

2. El libro de los Hechos registra lo que el Espíritu Santo hizo en, a través de y por la iglesia primitiva. Una página tras otra registra los eventos sobrenaturales extraordinarios. Usted puede sentarse y leer todo el libro de los Hechos en unas cuantas horas. Sin embargo, Hechos registra más de treinta años de historia. Cuando se sienta a leer Hechos, si cree que el registro corresponde a unos pocos días, podría asumir que lo sobrenatural era constante. Era común, pero extendido sobre décadas, no días.

3. Aunque los cristianos tienen al Espíritu en medida, nosotros no tenemos al Espíritu al mismo grado que Jesús. Juan 3:34 dice que Jesús tenía "el Espíritu sin medida". En cambio, los creyentes tienen la gracia de Dios a través del Espíritu en una "medida" (Efesios 4:7) en vez de "sin medida" como Jesús. La distinción puede remontarse hasta el padre de la iglesia Agustina, así como también al comentarista de la Biblia, Juan Calvino.[1]

   Un comentarista de la Biblia dice: "Es cierto que los creyentes reciben el Espíritu en medida abundante... Sin embargo, no es cierto que el Nuevo Testamento se refiera a los creyentes como receptores del Espíritu sin medida. En primer lugar, nadie más tiene al Espíritu en ninguna forma comparable a Jesús. Y, en segundo lugar, hay una limitación implícita cuando se nos dice que 'a cada uno de nosotros fue dada la gracia conforme *a la medida* del don de Cristo' (Efesios 4:7)".[2]

Jesús está lleno de la plenitud total del Espíritu, y el resto de nosotros estamos llenos de la plenitud que Jesús tiene. Quizá una analogía ayudaría. Una vez vi una fuente enorme en un centro turístico hermoso que era una cascada de fuentes. En la cima de las fuentes había un lago gigante lleno de la plenitud de toda el agua. De ese lago, el agua fluía en una serie de fuentes, de manera que la plenitud del lago fluía y llenaba fuentes más pequeñas. Jesús es como ese lago, dada la plenitud del Espíritu "sin medida", y de Jesús, el Espíritu fluye hacia las fuentes que son nuestras vidas para que nosotros también estemos llenos con una medida de su plenitud.

4. Hasta que seamos resucitados y nuestra carne se haya ido para siempre, seguiremos siendo vasos imperfectos por, en y a través de los cuales el Espíritu de Dios obra. Sin embargo, Jesús fue un vaso perfecto para que el Espíritu obrara en y a través de Él. Usted no es perfecto. Jesús estaba y está perfeccionándolo por el Espíritu.

Cuando pienso en mí, pienso en mis vehículos. El primero que tuve era un Chevy 1966 que le compré a un granjero de Idaho. El vehículo funcionaba, pero era irregular. Yo estaba constantemente trabajando en él, y a veces, funcionaba bien, pero otras, era irregular o no

funcionaba del todo. Unos años después, compré un
vehículo nuevo, y funcionaba perfectamente.

Usted y yo somos como mi vehículo viejo: funcio-
namos irregularmente. Después de la resurrección,
usted y yo funcionaremos como mi vehículo nuevo.
Así que no se desanime en sus días malos. Afine lo que
pueda, agradezca a Dios por las mejoras que ha hecho
y siga adelante.

A medida que crece en su relación con el Espíritu Santo, su vida
empieza a ser vivida cada vez más en el reino en vez de en la cultura,
tal como lo estudiaremos en el siguiente capítulo.

Capítulo 14

VENGA A NOSOTROS TU REINO Y NO LA CULTURA

PARA EL CRISTIANO, esta vida es lo más cerca que usted estará del infierno. Para el que no es cristiano, esta vida es lo más cerca que se estará del cielo.

Su trabajo terminará. Sus deudas terminarán. Su enfermedad terminará. Sus responsabilidades terminarán. La pila de platos por lavar, la de ropa por lavar, los textos y correos electrónicos, las páginas de redes sociales y la luz del motor de su vehículo, todo desaparecerá para siempre.

Finalmente, todo lo que conoce: su vida, familia, comunidad y nación, terminará, y cuando todo desaparezca, un reino vendrá. Ese reino es el reino de Dios. El reino de Dios reemplaza toda cultura en la tierra. El reino de Dios es su hogar eterno si usted es hijo de Dios. Su residencia podría estar en su ciudad y país, pero su ciudadanía es de ese reino. Ese reino tiene un rey llamado Jesús. En Mateo 6:10, el Rey Jesús nos dijo que viviéramos y oráramos "venga a nosotros tu reino" y no "venga a nosotros la cultura".

> Venga tu reino, hágase tu voluntad, en la tierra como en el cielo.

Hoy día, vivimos en el tiempo entre los tiempos. En un sentido, el reino de Dios ya ha empezado con la derrota del diablo en la cruz, la victoria de la resurrección de Jesús, el Espíritu Santo viniendo en poder a la iglesia y la expansión del evangelio en todas las naciones de la tierra. En otro sentido, el reino de Dios no ha empezado completamente; porque, a diferencia de Jesús, nosotros aún no hemos resucitado de los muertos ni entrado a nuestro estado eterno y glorificado libres de maldición y el diablo y sus demonios sentenciados finalmente al lago de fuego eterno.

Cuando reducimos toda nuestra vida, historia y cultura a su mínima expresión, el asunto se vuelve muy simple: la gente vive ya sea en las nubes de la cultura o en el Reino en la tierra. Aquellos que viven en las nubes de la cultura tienden a ver su moralidad cultural, política y espiritualidad como superior y normativa. Tales personas, entonces, juzgan a otras personas y a otras culturas por medio de la propia. La gente de las otras culturas hace lo mismo a cambio. Los resultados son llamados acertadamente "choques culturales", y estos llevan a guerras culturales. Las guerras culturales suceden cuando dos visiones chocan y se libra una guerra cultural, política, moral, espiritual y, a veces, verdadera donde la cultura ganadora gobierna a la otra. Claro está, este estado continúa hasta que la siguiente subcultura o contracultura surge para derrocar a la cultura mayoritaria.

Visualícelo como el juego infantil "el rey de la colina". En ese juego, los niños se empujan y combaten en una batalla por quién será el próximo en la cima de la colina como rey. Finalmente, el niño más grande y más fuerte gana y se para en la colina jactándose de su victoria. Entonces, los demás niños, los que perdieron, se unen, como en una alianza, con la esperanza de que sus esfuerzos combinados derroquen al rey de la colina. Con el tiempo, cansan al rey de la colina y alguien de su grupo se vuelve el nuevo rey. Aquellos que no son el rey, repiten el proceso de conspirar y derrocar al rey actual.

Sí, toda la historia de la humanidad es una versión del juego infantil representado por adultos que combaten para salirse con la suya por medio de maniobras legales, amenazas personales, ataques públicos y acuerdos secretos.

Si presta atención a lo que sucede culturalmente en nuestro país, se sentirá desanimado rápidamente. Lados opuestos combaten para colocar a su rey sobre la colina, e incluso si lo logran, con el tiempo, alguien más lo derroca y la culminación de toda la batalla aparentemente no nos lleva a ninguna parte.

Afortunadamente, hay otra opción. La Biblia nos dice que esa historia tiene un destino y avanza hacia el Señor Jesús, quien va a regresar a la tierra para ser nuestro Rey de la Colina eternamente.

LA VISIÓN DE JUAN

La división en el mundo se debe realmente a que hay dos visiones. De hecho, la palabra *división* significa literalmente dos visiones. Cada vez que hay dos visiones de lo que debería ser, hay una división.

La visión de quienes piensan que la cultura debe gobernar es que, si Dios existe, Él debería hacer la visión de ellos una realidad. La visión del reino en la tierra es que Dios sí existe, Él nos ve a nosotros y a nuestro mundo de manera diferente y nosotros deberíamos hacer la visión de Él una realidad. El libro de Apocalipsis no solo es el último libro de la Biblia, sino que, además, es literalmente una visión dada por Dios.

Apocalipsis 9:10 dice: "Yo Juan, vuestro hermano, y copartícipe vuestro en la tribulación, en el reino y en la paciencia de Jesucristo, estaba en la isla llamada Patmos, por causa de la palabra de Dios y el testimonio de Jesucristo. Yo estaba en el Espíritu en el día del Señor, y oí detrás de mí una gran voz como de trompeta". Tuvo que haber sido triste para el pastor Juan estar solo un domingo, el día del Señor y día de la resurrección de Jesús. Él no tenía un rebaño que pastorear, no tenía sermón que preparar ni ministerio que emprender. Pero en un momento maravilloso de la historia de la humanidad, Jesucristo regresa del cielo para encontrarse con su viejo amigo, Juan.

Apocalipsis se trata de perspectiva. Todo lo que podemos ver en las noticias es un juego eterno del Rey de la Colina. Sin embargo, cuando abrimos nuestra Biblia, leemos las buenas noticias de Dios. El Espíritu Santo nos lleva por encima de todo para que podamos ver el plan de Dios más grande y mejor. La Palabra de Dios nos da la perspectiva de Dios tal como lo hizo con Juan.

Quizá una analogía popularizada por la sobreviviente del Holocausto, Corrie ten Boom, ayudará. Ella dijo que la vida es como un telar. Si usted sostiene un telar en alto y lo mira desde abajo, todo lo que verá es una mezcla diversa, enredada, de hilos y nudos que parecieran ser una serie de fallas, errores y pérdida de tiempo y recursos.

> La palabra *división* significa literalmente dos visiones. Cada vez que hay dos visiones de lo que debería ser, hay una división.

Sin embargo, si usted cambia la posición desde donde lo observa y mira el telar desde arriba, repentinamente ve lo que el tejedor vio: un tapete muy intencional y hermoso marcado con una simetría increíble y magistral. Dios vive encima del telar. Nosotros vimos debajo del telar. Dios tiene un plan para tomar todos los extremos raídos de la cultura, los nudos políticos y los hilos diversos de las naciones y está tejiendo fiel, paciente y diariamente un tapete hermoso llamado el reino de Dios. Lo que Jesús le dio a Juan, y nos lo da a nosotros por medio de los escritos de Juan, es un asiento por encima del telar con Jesús, el maestro tejedor.

En Apocalipsis, la pieza central del mobiliario en la visión profética de Juan es un trono. Ese trono aparece unas cuarenta y cinco veces en Apocalipsis, lo que es casi dos tercios de las veces que se menciona un trono en todo el Nuevo Testamento. En un tiempo cuando la gente se reclinaba en el piso, una silla de cualquier tipo era un símbolo de estatus; así fue como los tronos llegaron a estar asociados con gobernadores y la realeza. Jesucristo, nuestro Rey de reyes, es gobernador y realeza. El trono de Jesús es el centro del reino y el centro de la historia de la humanidad. Ninguna persona, cultura, nación, partido político, identidad de género, espiritualidad, moralidad ni ideología se sentará jamás en ese trono ni gobernará en ese asiento de autoridad soberana. En Apocalipsis, toda la verdad, justicia y autoridad proceden desde ese trono a través de todo el reino, lo que incluye toda la creación. Toda la gloria, honor y adoración a lo largo de la creación se dirige hacia ese trono y al Rey de la colina sentado en él.

Ya que Jesús es su Rey, su máxima lealtad debe ser para Él. Debido a que el reino es su hogar eterno, su estilo de vida debe seguir el modelo del reino y no el de la cultura. Y ya que su identidad en el reino es su real y verdadero yo, la manera en que se ve a sí mismo y se comporta debe estar de acuerdo con quien usted será cuando Dios haya terminado su obra y revelado la versión perfecta de usted. El lugar donde vive hoy no es donde vivirá eternamente. Quien usted es hoy, no es quien será eternamente. Así que, en vez de vivir según su lugar de procedencia o de lo que usted era, ¡la vida en el reino se trata de vivir a la luz del lugar hacia donde va y la persona que llegará a ser!

No tema

Como cristianos, vivir con el reino sobre la tierra es la manera en que llevamos una vida de fe. Confiamos que el mismo Dios que empezó la buena obra en nosotros la completará hasta el final, ¡transformándonos completa, total y eternamente de un grado de gloria al otro! Conocer el final nos ayuda a vivir en el medio de la historia. Conocemos el final, y ¡Jesús gana!

Por el contrario, vivir con la cultura en mente es como llevamos una vida de temor. Si olvidamos nuestro destino eterno, estamos propensos a perdernos en la cultura, y a estar cansados, agitados y aterrados. Estar temeroso toma muchas formas. Hay temor al éxito y al fracaso, temor a ser atacado, temor de ser despedido o de tener que "hacer este trabajo con esta gente" para siempre, como si fuera una sentencia en una prisión, y el temor de decepcionar a la gente. Sentimos estos temores a pesar del hecho de que el mandato número uno en la Biblia, y que aparece casi ciento cincuenta veces, es "¡No temas!". Dios continúa hablando de nuestros temores porque nosotros seguimos olvidando vivir por fe en su reino.

Los consejeros pueden decirnos un sinnúmero de maneras en que manifestamos el temor. El miedo prepara nuestro cuerpo para luchar o huir, poniéndonos al borde, interrumpiendo nuestro sueño o nuestra capacidad para descansar mientras estamos despiertos. El temor hace que nuestros pensamientos compitan con imaginaciones desenfrenadas, y eso nos pone en un estado de terror. Las etapas de temor extendidas pueden llevar a una ansiedad generalizada, un sentimiento de que estamos bajo un asedio sin perdón, lo que puede llevar a ataques de pánico. El temor se revela en nuestras emociones, como: desánimo, emotividad e hipersensibilidad. El temor alimenta la ansiedad social y el retraimiento. Arruina las relaciones al aislarnos, avivando la desconfianza y dejándonos avergonzados y humillados. El temor también puede presentarse como egoísmo, donde ignoramos las necesidades de los demás mientras esperamos que ellos nos cubran las nuestras. El temor aparece en nuestra actitud general, minimizando nuestro gozo del presente y la esperanza del futuro. La gente que se automedica con comida, alcohol, compras, sexo o drogas muy posiblemente está reaccionando al temor. Incluso, una ira descontrolada, la cual puede hacernos sentir poderosos en vez de débiles, es una reacción al temor.

> En vez de vivir según su lugar de procedencia o de lo que usted era, ¡la vida en el reino se trata de vivir a la luz del lugar hacia donde va y la persona que llegará a ser!

Existen soluciones sencillas que puede implementar para evitar que el temor haga presa de usted en primer lugar. Cuando sienta que el temor surge en usted, revise cómo está manejando las siguientes áreas:

- Su mente: ¿Cómo puede procesar una situación en lugar de reaccionar? ¿Cuáles son las posibilidades de que lo que teme suceda? ¿Qué es lo peor que puede suceder? ¿Cómo puede usar mejor su energía en este momento para que el problema se vaya?

- Su cuerpo: ¿Qué señales de advertencia está tratando de comunicarle su cuerpo? ¿Cómo está su sueño, alimentación, hidratación, ejercicio y respiración? ¿Se está automedicando con comida, cafeína, alcohol, sexo, drogas, etc.?

- Su alma: ¿Cómo puede interrumpir sus temores escribiendo, orando, leyendo, adorando o lamentando? ¿Cómo pueden las prácticas pequeñas, diarias, impedirle edificar un gran déficit en su relación con el Señor?

- Sus relaciones: ¿Quién se lleva la peor parte de sus temores? ¿En quién confía para que vaya a su lado y lo ayude a salir adelante?

- Su vida: ¿Cómo puede reducir el ruido al desconectar la tecnología? ¿Cómo puede bloquear recursos inútiles de malas noticias, especialmente sobre eventos que usted no puede controlar? En medio de su rutina demandante, ¿cómo puede crear espacios de recuperación?

Ninguna de estas tácticas de sobrevivencia es nueva. Sin embargo, sí sé que muchos de nosotros estamos desafiados a vivir estas prácticas. Si no somos guardianes de nosotros mismos en las áreas básicas, lo más seguro es que el temor gane el control sobre nosotros.

Si quiere dejar de sentirse frenético, exhausto y abrumado en la vida, estas tácticas solo le llevarán hasta cierto punto. La clave mayor para el manejo de energía y la recarga de energía es liberarse de vivir basándose en el miedo para vivir basándose en la fe. A la gente que se basa en el temor se le acaba la energía; mientras que la gente que se basa en la fe encuentra su energía renovada por Dios como el maná de la mañana. La gente basada en la fe está motivada por la convicción que viene de Dios y no por la condenación que viene de las personas.

El agotamiento alcanza a todo creyente, aun al más devoto y talentoso. Jesús se cansó. Pablo habló de ser derramado como una ofrenda líquida (Filipenses 2:17). Así que no es vergonzoso estar vacío. El problema es que el temor evita la paz interna y el descanso externo que nos permite recuperar, reponer y renovar nuestra energía.

El temor es lo opuesto al amor, el cual es proactivo y nos impulsa a acercarnos más al Señor y a las personas. El temor hace que nos retraigamos, escondamos, acobardemos y tengamos el corazón de un ermitaño. En 1 Juan 4:18, leemos: "En el amor no hay temor, sino que el perfecto amor echa fuera el temor; porque el temor lleva en sí castigo. De donde el que teme, no ha sido perfeccionado en el amor".

La única salida del ciclo de temor es conocer el amor y la presencia de Dios. El temor es un espíritu demoníaco que tiene que ser "echado fuera" y reemplazado con la presencia del amor de Dios por medio del Espíritu Santo. Por eso, casi cada vez que Dios nos dice "no temas", Él también dice algo como "yo estoy contigo". La fe en la presencia amorosa de Dios es la respuesta para nuestro temor melancólico.

Hace algunos años, en nuestra familia nos estábamos preparando para un viaje a Escocia. Yo empecé a mostrarles fotografías a los niños de los lugares donde estaríamos y lo que haríamos. Todos los niños estaban emocionados, excepto mi hijo más pequeño. Él seguía diciendo firmemente que se negaba a ir en el viaje, así que yo continué aumentando mi tono de venta. "Hijo, vas a ir en un avión. Vas a viajar en un vehículo antiguo. Vas a subir a un autobús de doble nivel y verás la ciudad. Visitarás castillos. Verás la casa y la iglesia de John Knox, tú recuerdas al predicador que movía una espada de dos filos con una mano y le dio un golpe a su púlpito tan duro ¡que las astillas salieron volando!".

Mientras más le vendía el viaje, más se negaba a ir.

Yo estaba desconcertado, perplejo y confundido.

Exasperado, me agaché, lo vi a los ojos y dije algo como: "Pero, hijo, si no vas conmigo, no será tan divertido. Yo de verdad quería llevarte conmigo en esta aventura".

De inmediato, su semblante se transformó y preguntó: "Papá, ¿entonces tú vas a ir conmigo?". Papá había fallado en señalar lo obvio: yo no lo estaba enviando solo, sino que yo iba con él. De hecho, este fue un viaje familiar, y todos íbamos a ir juntos. Tan pronto como él escuchó lo más importante, lo que sonaba como una marcha fúnebre cambió a una aventura épica. Así que mientras Papá estuviera cerca, guiando el camino y cuidándolo, mi hijo estaba de acuerdo.

La presencia de Dios en su vida es el Espíritu Santo. El Espíritu Santo es como la mano de Dios el Padre que baja para acompañar amorosa y confiablemente a cada uno de sus hijos e hijas a casa, al reino de Dios.

A lo largo del viaje a casa, una vida vivida con el reino en mente en vez de con la cultura, no se sorprende al ver al Rey aparecer de vez en cuando y dar una muestra de su reino por venir. Estas ocasiones son los momentos de salvación, sanidad, liberación, milagros y momentos sagrados cuando experimentamos la presencia del Rey como un anticipo del reino venidero.

¿Cómo ganó Juan esta perspectiva? Muy sencillo, él nos lo dice en Apocalipsis 1:10: "Yo estaba en el Espíritu". Así es con usted. La única manera de tener una perspectiva del reino de Dios es recibir la revelación del Espíritu, empezando con las Escrituras, para que su fe pueda crecer.

Vivir con la cultura en mente es lo que la Biblia quiere decir por ser "del mundo". Vivir con la cultura en mente hace que la gente espere que Dios se arrepienta de sus caminos en vez de que las personas nos arrepintamos de nuestros caminos. Vivir con el reino en la tierra, es llevar una vida en el Espíritu bajo el gobierno del Rey Jesús cuando nos arrepentimos de nuestros caminos procuramos ver al reino transformar las culturas de la tierra.

Cuando nos acercamos al final de la Escritura, leemos una invitación en Apocalipsis 22:17: "Y el Espíritu y la Esposa dicen: 'Ven'. Y el que oye, diga: 'Ven'. Y el que tiene sed, venga; y el que quiera, tome del agua de la vida gratuitamente".

233

Jesús es su Rey, y el reino es su hogar. Su vida es un caminar con Jesús hacia la casa del Padre por el poder del Espíritu. Al igual que con cualquier caminar, la clave es pasar tiempo a solas con el Espíritu de Dios para preguntarle constantemente cuál es su próximo paso de obediencia para usted. ¿Quiere saber cuál es su próximo paso?

El Rey y su reino vienen, y el Espíritu de Dios le invita a una relación con Jesús lleno del Espíritu que cambia su vida, satisface su alma, transforma su mente, altera la eternidad, tiene el reino en la tierra, y que dura eternamente. Esta es la vida de fe que se vive con el reino en la tierra.

¡Usted puede vivir por el poder del Espíritu Santo!

UNA PALABRA DE ÁNIMO PARA LÍDERES DE MINISTERIO

APRECIADO LÍDER DE ministerio:

Muchas gracias por su servicio a Jesucristo y a las personas que Él ama tanto y por quienes murió. Lo cierto es que, en este libro, procuré apartar la conversación sobre el Espíritu Santo de las categorías ya desgastadas. He leído una pila de libros sobre el Espíritu Santo más alta que yo (lo cual no es una gran hazaña), y casi todos cubren el mismo fundamento, caen en los mismos debates y continúan dando el mismo discurso una y otra, y otra vez.

Los debates más grandes en cuanto al Espíritu Santo están en relación con los dones espirituales sobrenaturales, tales como sanidad, profecía, expulsar demonios, milagros, sueños, visiones, hablar en lenguas, etc. Hay un espectro de creencias sobre estos temas con un extremo que básicamente dice no a todo, y el otro extremo, que básicamente dice sí a todo. Las siguientes categorías son ciertamente imprecisas y las comparto solo para mostrar un espectro en el que caen varios grupos y tradiciones (incluyendo la suya).

1. Cesionista

Como el nombre lo sugiere, los cristianos cesionistas creen que los dones sobrenaturales han cesado. Ellos aseveran que los dones sobrenaturales del Espíritu Santo fueron usados por Dios en los inicios de la iglesia primitiva para afirmar la autoridad de los primeros líderes apostólicos y su mensaje. Sin embargo, una vez los libros de la Biblia fueron escritos, ya no hubo necesidad de estos dones sobrenaturales puesto que la Biblia fue, de una vez por todas, la perfecta revelación de Dios y, por lo tanto, suficiente para todo lo que necesitamos. Además, ellos tienden a considerar el hablar en lenguas solamente como un idioma terrenal conocido y niegan la afirmación de los cristianos continuistas de que hay un idioma de oración celestial, angelical, también referido como lenguas. La preocupación de muchos cesionistas es que, cuando la revelación extrabíblica se permite, algunas veces, si no es que muchas veces, se convierte en revelación no bíblica que está en desacuerdo con la Biblia. Algunos de mis amigos, quienes son pastores cesionistas de alto perfil, hablan en privado del dolor personal que experimentaron como consecuencia de las revelaciones falsas que la gente afirmaba que provenían de Dios. Cuando era niño, uno de los líderes internacionales de este movimiento recibió, por parte de un predicador invitado a uno de los avivamientos, la noticia de que él moriría a cierta edad. Esta horrenda profecía falsa provocó que el niño sufriera ansiedad mientras se iba acercando a la edad que le dijeron que iba a morir. Por supuesto, él vivió hasta llegar a ser un hombre mayor, con buena salud y su meta ahora es predicar la Biblia fielmente y evitar la falsa revelación porque le causó mucho sufrimiento. Para ser justos, tenemos que admitir que algunas veces el cesacionismo es una reacción al abuso de los dones espirituales.

2. Sin bloqueos, pero precavidos

Los cristianos sin bloqueos comparten muchas de las mismas preocupaciones que los cesionistas. Ellos luchan por dejar en claro el caso bíblico de que todos los dones sobrenaturales, de hecho, han cesado. Además, cuando leen el registro de la historia bíblica, rápidamente descubren que hay informes de dones espirituales sobrenaturales que continúan entre el pueblo de Dios en cada era y nunca se han detenido desde los días del Pentecostés en Hechos. Sintiendo la tensión entre funcionar más como un cesionista, pero teniendo una posición bíblica e histórica débil, este grupo de cristianos sin bloqueos, pero precavidos cree que los dones espirituales sobrenaturales son hipotéticamente posibles en funcionamiento, pero improbables y con numerosas falsificaciones de las que hay que desconfiar. Sin embargo, este grupo se preocupa muchas veces de la posibilidad de estarse perdiendo de algo que el Espíritu Santo tiene para ellos, así que lo intentan y permanecen cautelosamente sin bloqueos.

3. Continuistas

Los cristianos continuistas creen que los dones espirituales sobrenaturales han continuado y continuarán en cada era hasta la segunda venida de Jesucristo. Hay un rango amplio de cristianos en esta posición doctrinal, desde católicos, metodistas hasta carismáticos y pentecostales. Las diferencias entre los cristianos continuistas incluyen lo que se conoce como "el bautismo del Espíritu Santo" y si este se refiere a algo que les sucede a todos los creyentes al convertirse, o si es una segunda y posterior experiencia marcada por el hablar en lenguas. Otra diferencia sería si los dones espirituales sobrenaturales deben ocurrir públicamente en un culto dominical o si se reservan para ocasiones más privadas donde lo más seguro es que todos los presentes sean cristianos.

4. Dementes

Siempre están los que afirman ser cristianos, pero tienen cosas que proclaman como visiones de Dios, palabras que vienen de Dios u otras formas de revelación, tales como experiencias angelicales que los hacen sonar como el equivalente a la instrucción de un conductor ebrio. Los dementes pueden fungir como falsos maestros negando las enseñanzas claras de las Escrituras, o incluso transformarse trágicamente en líderes de culto. Tristemente, pueden volverse tan orgullosos que creen tener la misma autoridad que la Palabra de Dios o hasta exceder la Palabra de Dios con nuevas revelaciones que sustituyen o agregan a las Escrituras.

Como probablemente puede adivinar, los cesionistas están justamente preocupados por los dementes. Tristemente, a veces se sostiene la idea de que solo hay dos categorías en la práctica: usted puede ser un cesionista o un demente. Entonces los cesionistas empiezan a sacar todos los versículos aterradores en la Biblia sobre los falsos maestros, el incremento del engaño demoníaco en los últimos días y la apostasía mientras nombran a otros pastores y autores a quienes atacan como si fueran la piñata del Cinco de Mayo.

En respuesta, los dementes empiezan a sacar versículos de la Biblia donde se nos ordena a no afligir, apagar o resistir al Espíritu Santo mientras también se obedecen los mandamientos claros de la Biblia: "No impidáis el hablar lenguas" (1 Corintios 14:39) y "no desprecien las profecías" (1 Tesalonicenses 5:20, NVI). Desafortunadamente, los debates sobre el Espíritu Santo se pueden convertir rápidamente en un amotinamiento carcelario y terminar con los colchones incendiados.

Una cosa es segura cuando se trata del ministerio del Espíritu Santo: Él quiere que nosotros seamos "solícitos en guardar la unidad del Espíritu en el vínculo de la paz" (Efesios 4:3). Este mandamiento es quizás más importante que nunca. Siempre he sido un continuista, pero el seminario al que asistí es una mezcla del continuismo y de sin bloqueos, pero precavidos. La primera iglesia donde trabajé era cesionista, y la mayoría de los pastores con los que comparto, y de quienes aprendo en esta época en mi vida, son continuistas carismáticos y pentecostales.

En mi experiencia, somos mejores juntos y muchas veces estamos hablando de lo mismo, pero usando diferentes palabras. Por ejemplo, algunos hablarán sobre andar en su destino, mientras que otros hablarán mucho sobre la predestinación de Dios; de cualquier forma, la gran idea es que Dios gobierna sobre nuestro futuro y necesitamos andar en su voluntad.

En la fe cristiana hay fronteras entre ciudades y fronteras entre naciones. Los temas de fronteras en la ciudad incluyen cosas como dones espirituales junto con otras cosas tales como la forma del bautismo, el rol de las mujeres en el ministerio, el estilo de la música de alabanza, y la edad de la tierra. Los temas de fronteras nacionales incluyen cosas como la Biblia siendo la Palabra de Dios, la Trinidad, la humanidad y divinidad de Jesús, su muerte en la cruz por nuestros pecados y su resurrección de la muerte como nuestro Salvador.

Si estamos de acuerdo con los temas de la frontera nacional, así como lo estaban las doce tribus de Israel, aún necesitamos vernos a nosotros mismos como una nación, incluso si somos de tribus que difieren teológicamente.

Cuando alguien cruza la línea del tema de frontera nacional, ha abandonado la fe cristiana. A esto se le llama apostasía y la iglesia está enfrentando una apostasía muy avanzada.

He sido testigo de lo que creo que es la apostasía de esta generación. Sobre la mesa están los temas de la identidad de género y el matrimonio. Durante toda mi carrera ministerial he tenido amigos pastores que continuamente cambian por este tema. Incluso hay exlíderes ministeriales, incluyendo pastores y miembros de junta directiva que han trabajado conmigo en el pasado, y que ahora vehementemente defienden temas tales como transgénero y matrimonio entre personas del mismo sexo como una conducta cristiana aceptable. Hay algunos que quieren convertir estos temas en fronteras de ciudad, mientras que otros los ven como problemas de frontera nacional. Los problemas son tan públicos que no pueden ser ignorados, y tan fundamentales e importantes en la Escritura que no pueden minimizarse.

La Biblia se trata de arrepentimiento. Nuestra cultura se trata de tolerancia. En el arrepentimiento, cuando estamos en desacuerdo con Dios, nos arrepentimos de nuestros pensamientos, palabras, hechos y motivos pecaminosos para evitar su ira. En la tolerancia, alimentamos nuestros deseos pecaminosos y exigimos que Dios se arrepienta de su Palabra y que tolere y celebre nuestro estilo de vida o que le haga frente a nuestra ira. Es tiempo de hacer un alto al fuego en la guerra sobre lo secundario, los problemas de fronteras de ciudad, tales como los dones espirituales sobrenaturales, y de concentrar nuestra atención en lo principal: temas de fronteras nacionales. Las diferencias entre cristianos no deben crear división entre los cristianos.

El debate sobre tales cosas como hablar en lenguas es importante, pero no es de máxima importancia. Jesús es el ejemplo perfecto de cómo vivir una vida llena del Espíritu. Sin embargo, nosotros no sabemos si Jesús alguna vez habló en lenguas. La Biblia simplemente no lo menciona. Tomo esto para decir que, ya sea que hable en lenguas, o no, usted puede vivir una vida llena del Espíritu como Jesús, marcada por un carácter santo y amor por la Palabra de Dios. La gente de la Palabra también debe ser gente del Espíritu ya que el Espíritu de Dios inspiró la escritura de la Biblia. Con la Palabra y el Espíritu, el pueblo de Dios puede crecer unido, protegido, en el mismo barco hacia el Reino de Dios.

> Las diferencias entre cristianos no deben crear división entre los cristianos.

Mi meta en este libro ha sido enfocarme en el ministerio del Espíritu Santo en los problemas diarios y más mundanos de la vida: perdonar a las personas, ser emocionalmente saludables, tener relaciones sanas, vencer la tentación, tener una familia devota, y vivir por el poder de Dios en todo en la vida; las mismas cosas que con las que la mayoría de las personas está luchando cada día cuando ignoran a la persona de Jesús y la presencia de su poder para ayudarles. Por último, mi objetivo al enfocarme en la persona de Jesús llena del Espíritu es señalarlo a Él para que todos los cristianos que creen en la Biblia puedan congregarse y vivir en unidad por el poder y en la presencia del Espíritu en un mundo donde la Palabra de Dios es cada vez menos bienvenida.

NOTAS

Introducción
Dos años después...

1. Hechos 1:8.
2. Si desea escuchar los sermones sobre Lucas, visite markdriscoll.org o descargue la aplicación Mark Driscoll Ministries.
3. De acuerdo al número de palabras, los dos libros de Lucas son bastantes largos y consta del 27% de texto del Nuevo Testamento, seguido cuidadosamente por todas las cartas de Pablo, las cuales agregan hasta 23% del texto. Pablo escribió más libros del Nuevo Testamento, pero Lucas produjo más en volumen. Juan fue el tercer escritor más prolífico, con sus libros hizo un total de 20% del texto del Nuevo Testamento. ("¿Quién escribió la mayor parte del Nuevo Testamento? Apologika, consultado el 5 de junio de 2018, http://apologika.blogspot.com/2014/05/who-wrote-most-of-new -testament.html).
4. William Mitchell Ramsay, *The Bearing of Recent Discovery on the Trustworthiness of the New Testament* (London: Hodder y Stoughton, 1915), 222.

Capítulo 1
Jesús lleno del Espíritu

1. Mark Water, *The Life of Jesus Made Easy* (Alresford, Hampshire: John Hunt Publishers Ltd, 2001), 35.
2. Water, *The Life of Jesus Made Easy*, 33.
3. Como fue citado en F.F. Bruce, *The New Testament Documents* (Downers Grove, IL: InterVarsity, 1981), 15.

4.   William J. Federer. *America's and Country Encyclopedia of Quotations* (St. Louis, MO: AmeriSearch, 2001), 463.

5.   Kenneth L. Woodward, *"2000 Years of Jesus"*, *Newsweek*, 28 de marzo, 1999, http://www.newsweek.com/2000-years-jesus-163776.

6.   Kenneth Scott Latourette, "The Christian Understanding of History," Grace Theological Journal 2, No. 1 (1981).

7.   Maurice Burrell, "Twentieth Century Arianism: An Examination of the Doctrine of the Person of Christ Held by Jehovah's Witnesses," The Churchman 80, No. 2 (1966): 134-135, http://archive.churchsociety.org/churchman/documents/Cman_080_2_Burrell.pdf.

8.   Larry A. Nichols, George A. Mather, y Alvin J. Schmidt, *Encyclopedic Dictionary of Cults, Sects, and World Religions* (Grand Rapids, MI: Zondervan, 2006), 195.

9.   Nichols, Mather, y Schmidt, *Encyclopedic Dictionary of Cults, Sects, and World Religions*, 195.

10.   Mark Water, *Teachings of the Bible Made Simple* (Chattanooga, TN: AMG Publishers, 2002), 13.

11.   Por ejemplo, en 1 Timoteo 1:17 Jesús es el Rey quien tiene atributos divinos de eternidad, inmortalidad, invisibilidad y se le llama "el único Dios". De acuerdo a otras escrituras, otros atributos divinos de Jesús durante Su vida en la tierra incluye omnipresencia (Salmo 139:7–12; Mateo 28:28), creador (Isaías 37:16; 44:24; Juan 1:3; Colosenses 1:16; Hebreos 1:2), salvador (Joel 2:32; Romanos 10:9–13), y deidad como único Dios (Isaías 45:21–23; Filipenses 2:10–11).

12.   *"What Is the Apostles' Creed?"* BGEA, consultado el 6 de junio de 2018, https://billygraham.org/answer/what-is-the-apostles-creed/.

13.   W. A. Wigram, *An Introduction to the History of the Assyrian Church* (London: Aeterna Press, 2015), 167.

Capítulo 2
Cómo cumple una familia llena del Espíritu su destino

1.   *"All the Men of the Bible – James,"* Zondervan, consultado el 6 de junio de 2018, https://www.biblegateway.com/resources/all-men-bible/James.

2. J.A. Kirk, *"The Meaning of Wisdom in James: Examination of a Hypothesis," New Testament Studies* 16, No. 1 (octubre 1969), 24–38; William Sailer ed., *Religious and Theological Abstracts* (Myerstown, PA: Religious and Theological Abstracts, 2012).

3. En el Antiguo Testamento, Deuteronomio 24:9 dice que: "Josué...fue lleno del espíritu de sabiduría". Al ver a Daniel, un líder impío percibe algo divinamente distinto en él y dice en Daniel 5:14: "Yo he oído de ti que el espíritu de los dioses santos está en ti, y que en ti se halló luz, entendimiento y mayor sabiduría". En Isaías 11:2 se prometió que Jesús vendría y "reposará sobre él el Espíritu de Jehová; espíritu de sabiduría y de inteligencia..." "En el Nuevo Testamento, cuando llegó el tiempo de elegir líderes en la iglesia primitiva, Hechos 6:3 reporta a los apóstoles diciendo: "Buscad, pues, hermanos, de entre vosotros a siete varones de buen testimonio, llenos del Espíritu Santo y de sabiduría". La Biblia muchas veces habla de la causa (Espíritu) y efecto (sabiduría) con varios autores quienes acentúan uno o el otro cuando hablan de ambos términos.

4. D.A. Carson, *The Gospel According to John* (Grand Rapids, MI: Wm. B. Eerdmans Publishing Company, 1991), 389.

5. James D. Tabor y Simcha Jocobovici, *The Jesus Discovery* (New York: Simon and Schuster Inc., 2012), 122.

CAPÍTULO 3
MADURE COMO SU MESÍAS

1. Alfred Plummer, *A Critical and Exegetical Commentary on the Gospel According to S. Luke* (Edinburgh, London: T&T Clark International, 1913), 74.

2. A.T. Robertson, *Word Pictures in the New Testament* (Nashville, TN: Boradman Press, 1933), Lucas 2:52.

3. Allen C. Myers ed., *The Eerdmans Bible Dictionary* (Grand Rapids, MI: Eerdmans, 1987), 207.

4. Abraham Kuyper, *The Work of the Holy Spirit,* trad. Henri de Vries (Grand Rapids, MI: Wm. B Eerdmans, 1975), 97.

5.   Gerald F. Hawthorne, *The Presence and the Power: The Significance of the Spirit in the Life and Ministry of Jesus* (Dallas, TX: Word, 1991), 234.

Capítulo 4
Aprenda a amar

1.   Joel C. Elowsky, ed., *Ancient Christian Commentary on Scripture New Testament* (Downers Grove, IL: InterVarsity Press, 2007), 140.

Capítulo 5
Cinco armas para vencer lo demoníaco

1.   Francis Foulkes, *The Epistle of Paul to the Ephesians* (Grand Rapids, MI: Wm. B. Eerdmans, 1989), 78.

2.   Dan Lioy, *David C. Cook's NIV Bible Lesson Commentary 2009–2010* (Colorado Springs, CO: David C. Cook, 2009), 158.

3.   C.S. Lewis, *Cartas del diablo a su sobrino* (New York: HarperCollins, 2001), ix.

4.   Rudolf Bultmann citado en J. D. G. Dunn: *"Myth"*, eds. Joel B Green y Scot McKinght, *Dictionary of Jesus and the Gospels* (Downers Grove, IL: InterVarsity Press, 1992), 567.

5.   *Unusual Suspects* dirigido por Bryan Singer (Beverly Hilss: MGM, 2006), DVD.

Capítulo 6
El secreto de Jesús

1.   Sam Williams, *"Toward a Theology of Emotion,"* Southern Baptist Journal of Theology 7, no. 4 (2003): 63.

2.   F. L. Cross and E. A. Livingstone, eds., *The Oxford Dictionary of the Christian Church* (New York: Oxford University Press, 2005), 376.

3.   William Barclay, ed., *The Gospel of John*, vol. 2, The Daily Study Bible Series (Philadelphia, PA: Westminster John Knox Press, 1975), 98.

4.   William Hendriksen and Simon J. Kistemaker, *New Testament Commentary: Exposition of the Gospel According to Luke* (Grand Rapids: Baker Book House, 2004), 583.

5.   R. C. H. Lenski, *The Interpretation of St. Luke's Gospel* (Minneapolis, MN: Augsburg Fortress, 2008), 586.

6.   Williams, *"Toward a Theology of Emotion,"* 56.

7.   G. Walter Hansen, *"The Emotions of Jesus,"* Christianity Today 41, no. 2 (3 de febrero de 1997), 43–46.

8.   B. B. Warfield, *The Emotional Life of Our Lord* (Amazon Digital Services LLC, 2013), Kindle.

9.   Wayne A. Grudem, *Systematic Theology: An Introduction to Biblical Doctrine* (Downers Grove, IL: InterVarsity Press, 2004), 533–534.

10.   Robert G. Hoeber, *Concordia Self-Study Bible*, edición electrónica (St. Louis, MO: Concordia Publishing House, 1997), Lucas 22:44.

11.   Elton Trueblood, *The Humor of Christ* (New York: Harper & Row, 1964), 10.

12.   Trueblood, *The Humor of Christ*, 15.

13.   Leland Ryken, James C. Wilhoit, and Tremper Longman III, eds., *Dictionary of Biblical Imagery*, s.v. "Jesus as Humorist," 410.

14.   Trueblood, *The Humor of Christ*, 127.

15.   Ryken, Wilhoit, y Longman, *Dictionary of Biblical Imagery*, s.v. "Humor—Jesus as Humorist," 410.

16.   Stephen Voorwinde, *Jesus' Emotions in the Gospels* (London; New York: T&T Clark, 2011), 2.

17.   Voorwinde, *Jesus' Emotions in the Gospels*, 2.

18.   Voorwinde, *Jesus' Emotions in the Gospels*, 9.

19.   Voorwinde, *Jesus' Emotions in the Gospels*, 59.

20.   Voorwinde, *Jesus' Emotions in the Gospels*, 119; En el testo griego, de acuerdo al programa Gramcord, Lucas tiene 19,496 palabras, Mateo 18,363, Juan 15,675, y Marcos 11,313. (El Sistema de Concordancia Gramatical 194 Gramcord está basada en la edición

número 26 de Nestle-Aland Novum Testamentum Graece [Stuttgart: Deutsche Bibelgesellschaft, 1979]).

21. Voorwinde, *Jesus' Emotions in the Gospels*, 119.

22. Lucas tiene ochenta y seis referencias, Juan setenta y siete, Marcos cincuenta y una, y Mateo cuarenta y siete.

23. Voorwinde, *Jesus' Emotions in the Gospels*, 151.

24. Leon Morris, *Luke* (Downers Grove, IL: InterVarsity Press, 1988), 204–205.

25. A. T. Robertson, *Word Pictures in the New Testament* (Nashville, TN: Broadman Press, 1933).

26. Oswald Chambers, *Biblical Ethics* (Hants UK: Marshall, Morgan & Scott, 1947).

27. Chambers, *Biblical Ethics*.

28. John Piper, *What Jesus Demands From the World* (Wheaton, IL: Crossway Books, 2006), 52–53.

Capítulo 7
Redima sus relaciones

1. Les and Leslie Parrott, *Real Relationships* (Grand Rapids, MI: Zondervan, 2011).

2. Parrott, *Real Relationships*.

Capítulo 9
Sea perfeccionado a través del sufrimiento

1. Karen H. Jobes, *1 Peter* (Grand Rapids, MI: Baker Academic, 2005), 287–288.

2. Martin Emmrich, *"'Amtscharisma': Through the Eternal Spirit (Hebrews 9:14),"* ed. Craig A. Evans, Bulletin for Biblical Research 12, no. 1 (2002): 17–18.

3. *"The Old Rugged Cross,"* por George Bennard, 1912. Dominio Público.

4. Alison Gee, *"Crucifixion From Ancient Rome to Modern Syria,"* BBC, May 8, 2014, http://www.bbc.com/news /magazine-27245852.

5.   Charles R. Swindoll, *Insights on John* (Grand Rapids, MI: Zondervan, 2010), 250.

Capítulo 10
El sufrimiento es la escuela a la que todos asistimos

1.   Raymond Brown, *The Message of Hebrews* (Downers Grove, IL: InterVarsity Press, 1988), 61–62.

Capítulo 12
Siete razones para perdonar

1.   *¿Qué es el credo de los Apóstoles?*, BGEA.
2.   El catequismo breve de Westminster, *The Westminster Presbyterian*, consultado el 8 de junio de 2018, http://www .westminsterconfession.org/confessional-standards/the -westminster-shorter-catechism.php.
3.   Fred Luskin, *Forgive for Good: A Proven Prescription for Health and Happiness* (New York: HarperCollins Publishers Inc., 2002), xvi.
4.   Luskin, *Forgive for Good*, 10–11.
5.   Luskin, *Forgive for Good*, xv.

Capítulo 13
El Espíritu, no la carne

1.   *St. Augustine, Homilies on the Gospel of John, Homilies on the First Epistle of John, and Soliloquies, The Nicene and Post-Nicene Fathers* (American repr. of the Edinburgh edn.; Grand Rapids, MI: 1956), primera serie, vol. VII; John Calvin, *The Gospel According to Saint John*, trans. T. H. L. Parker (Grand Rapids, MI: Eerdmans,1959, 1961).
2.   Leon Morris, *The Gospel According to John* (Grand Rapids, MI: Wm. B. Eerdmans Publishing Company, 1995), 218.